上海立信会计金融学院
序伦财经文库学术专著

中国国际人道主义援助战略研究

China's International Humanitarian Assistance Strategy

燕玉叶 / 著

世界知识出版社

图书在版编目（CIP）数据

中国国际人道主义援助战略研究 / 燕玉叶著作 . --北京：世
界知识出版社，2024.12
ISBN 978-7-5012-6742-2

Ⅰ.①中… Ⅱ.①燕… Ⅲ.①人道主义—国际主义—对外援
助—研究—中国 Ⅳ.①D822.2

中国国家版本馆CIP数据核字（2024）第026050号

书　　名	**中国国际人道主义援助战略研究**
	Zhongguo Guoji Rendao Zhuyi Yuanzhu Zhanlüe Yanjiu

作　　者	燕玉叶
责任编辑	车胜春
责任出版	李　斌
责任校对	陈可望
出版发行	世界知识出版社
地址邮编	北京市东城区干面胡同51号（100010）
网　　址	www.ishizhi.cn
电　　话	010-65233645（市场部）
经　　销	新华书店
印　　刷	北京虎彩文化传播有限公司
开本印张	710mm×1000mm　1/16　22¾印张
字　　数	320千字
版次印次	2024年12月第一版　2024年12月第一次印刷
标准书号	ISBN 978-7-5012-6742-2
定　　价	98.00元

本书在国家社科基金青年项目
"中国国际人道主义援助战略研究"
（13CZZ057）结项成果的基础上修改完成

目　录

绪　论

上篇：国际人道主义援助：一种体系的分析

中篇：中国国际人道主义援助：历史与结构

下篇：中国国际人道主义援助的战略部署

绪　　论

第一章 中国国际人道主义援助研究引论

在自然灾难和人为灾难频发的当今世界，跨国人道主义援助已经成为国家之间交往的重要手段之一。通过综述国内外对"中国国际人道主义援助"的相关既有研究，我们发现，在全球人道主义援助体系的背景下，追踪中国融入世界人道主义援助体系的历史，分析中国国际人道主义援助的结构，总结中国国际人道主义援助的实践经验，并重思未来中国国际人道主义援助的进一步发展战略具有重要的理论和实践意义。同时，为了将"中国国际人道主义援助"这一议题研究清楚，我们有必要厘清国际人道主义援助的理论渊源，并对本书涉及的主要概念进行界定。

第一节 研究概况

21世纪以来，随着国际社会对人道主义援助的需求持续增加，中国对外人道主义援助的规模不断扩大，国内外学术界对"中国国际人道主义援助"的研究兴趣也不断上升。西方学者沉迷于猜测中国增加国际人道主义援助的战略意图，并借此鼓吹"中国威胁论"。中国学者从多学科尝试解释中国国际人道主义援助的"国家道义"和"国际主义"的战略意图，但尚缺乏更加系统、有力的总结和分析。因此，在当前世界急需中国增加国际人道主义援助的背景下，有必要从跨学科角度对中国的国际人道主义援助作一全景式研究，驳斥西方业界、学界对中国的战略猜忌，还原中国国际人道主义援助的本来面目。

一、研究意义

在人道主义灾难此起彼伏的今天，研究中国在国际人道主义援助体系中的地位、作用、潜力有助于缓解当前日益恶化的人道主义局势，有助于澄清中国国际人道主义援助的真实动因，更好发挥中国的作用。

（一）国际人道主义援助及其全球治理的需求持续增加

国际人道主义援助是一个相对较新的研究课题，在全球治理中占据重要地位，关系到当今和未来人类的生存与发展，值得引起理论界和业界的重视。从数据上看，21世纪以来，自然灾难发生的频率和程度都显著加剧。气候变化也带来了极端天气增多。干旱、洪水和极端天气，正在威胁人类社会中的弱势群体。与此同时，全球人口流动规模前所未有，移民、政治避难者、难民交织在一起。仅在2015年，全球1/7的人口在迁徙。[①] "2018年，全球流离失所的人口已经达到7100万"。[②]

战争进一步推高了国际社会对跨国人道主义援助的需求。全球80%的人道主义行动是和武装冲突联系在一起的。[③] 当前，人为灾难主要是由于局部战争，日益频繁的恐怖主义袭击，以及在地区发生的国家间武装冲突引起的。2002—2013年，联合国及其人道主义救助合作伙伴发起了大约340次人道主义呼吁，请求资金超过960亿美元，其中

---

① 陆克文:《迈向2030的联合国：在裂变的世界里重塑全球秩序》，国际和平机构报告（International Peace Institute, IPI），2016年8月，第51页，https://www.ipinst.org/wp-content/uploads/2016/08/IPI-ICM-UN-2030-Chairs-Report-Chinese.pdf。

② 《秘书长关于联合国工作的报告》，2019年7月19日，联合国文件A/74/1，第79页。

③ Sherine El Taraboulsi, Hanna B. Krebs, Steven A Zyck and Barnaby Willitts-King, *Regional Organizations and Humanitarian Action: Rethinking Regional Engagement*, Humanitarian Policy Group (HPG) Report, May 2016, p.11.

的830亿美元（约86%）被用于支援受武装冲突影响的人群。① "因武装争端，全世界约有20亿人受到影响，6500万人生活受到波及，战争冲突每年造成12万亿—14万亿美元的经济损失，约占全球GDP的12%—15%"。②

严重的自然灾害，不断升级的武装冲突，持续不断的公共卫生危机，影响广泛的国际金融危机，持续走高的粮食食品价格，日益匮乏的能源和水资源，贫困人口增长与城市化，以及灾害带来的区域性与全球性的联动与传播，都刺激了国际社会对跨国人道主义援助的需求增长。2019年底，新冠疫情发生后，世界对人道主义援助的需求再创新高。据联合国人道主义事务协调厅（United Nations Office for the Coordination of Humanitarian Affairs，OCHA）2021年12月初发布的《2022年全球人道主义状况概览》的统计和估算，2022年，世界将有2.74亿人口需要人道主义救助和保护，所需资金为410亿美元。③

国际人道主义援助的需求内容正在逐渐多元化，正在从最初的粮食援助和医疗援助，扩展到包括排雷、房屋及避难所修建、交通运输、疾病防治、气候环境保护等多个领域。④ 传统的国际人道主义援助提供健康服务、水、食品、防护场所，而现代的国际人道主义援助内容已经延伸到教育、农业、人力资源、人权、法律、通信、后勤，以及临时避难营协调、早期恢复和保护等众多行业。

---

① *Strengthening of the Coordination of Emergency Humanitarian Assistance of the United Nations—Report of the Secretary General*, United Nations (UN) Document A/69/80—E/2014/68, April 29, 2014, p.13.

② 2018年5月30日，国际红十字委员会主席彼得·莫雷尔（Peter Maurer）在清华大学五道口金融学院演讲时作出上述表示。参见《国际红十字委员会主席做客清华五道口，讲论人道主义危机》，2018年5月31日，清华大学五道口金融学院网站，http://www.pbcsf.tsinghua.edu.cn/content/details186_14329.html。

③ Martin Griffiths, "Introduction," in *Global Humanitarian Overview 2022*, The United Nations Office for the Coordination of Humanitarian Affairs (OCHA), p.7, https://reliefweb.int/sites/reliefweb.int/files/resources/Global%20Humanitarian%20Overview%202022%20%28Introduction%29.pdf.

④ 李志明：《国际人道主义援助的经验与框架》，《中国减灾》2016年4月，第59页。

人道主义危机持续时间也正在不断延长。根据联合国人道主义事务协调厅2018年12月发布的《2019年全球人道主义状况概览》，人道主义危机延续的时间已经从2014年的平均5.2年增至2018年的9.3年；在2018年获得资金援助的人道主义危机中，有近3/4的危机持续了7年以上。①

为了拯救自然、人为以及其他情况下的灾难受害者，国际社会投入了前所未有的巨大的人力、物力，并且正在继续增长中。2021年度，全球国际人道主义援助耗资313亿美元，几乎是10年前的一倍。②专门的国际人道主义组织大约5000个，比10年前增长10%。③即使如此，面对日益增长的全球人道主义援助和治理需求，以联合国为中心的国际人道主义援助体系仍然凸显出局限性。国际社会普遍缺乏援助资金，援助的能力、效率和公平性有时也遭受质疑。加强对全球人道主义援助体系的投入、建设、改革势在必行。国际人道主义援助在全球治理中的重要性正在不断增加。

（二）中国在国际人道主义援助体系中的地位、作用和未来战略值得研究

在国际人道主义援助及其全球治理亟待加强的当今世界，各国都在思考自身在国际人道主义援助体系中的角色与未来发展定位。中国作为世界上最大的发展中国家，其在国际人道主义援助体系中的角色、地位、贡献值得总结，中国未来的国际人道主义援助战略值得深思。

长期以来，西方发达国家在国际人道主义援助体系中占主导地位④，但是包括中国、印度、巴西、波斯湾阿拉伯国家在内的新兴发展

---

① 联合国人道主义事务协调厅等：《2019年全球人道主义状况概览》，2018年12月，第4页，https://www.unocha.org/sites/unocha/files/GHO2019-CH.pdf。

② *The State of the Humanitarian System*, Active Learning Network for Accountability and Performance (ALNAP Report, publish on Sep. 7, 2022), p.49.

③ *The State of the Humanitarian System*, (ALNAP Report, publish on Sep. 7, 2022), p.55.

④ 美国控制了联合国，许多非政府组织也是美国主导下的。

经济体在国际人道主义援助体系中的重要性在增加。尤其是2004年印度洋海啸之后,中国虽非经合组织发展援助委员会（DAC）[①]成员,但其在国际人道主义援助领域已经成为重要的捐助国之一。

自19世纪末参加国际人道主义援助体系后,尤其是21世纪以来,中国在该领域作出了突出的贡献。中国在国际人道主义援助体系中的作用已经受到了国际社会的关注,其未来地位备受期待。总结和制定更加完善的中国国际人道主义援助战略迫在眉睫。

二、国内外研究现状述评

虽然国内外对"中国国际人道主义援助"都进行了一定的研究,研究的成果也在不断增加,但总体而言,研究碎片化,未能完整描绘中国国际人道主义援助的起源、历史发展脉络、当代结构与特征、未来发展趋势等基本问题。有必要使用跨学科方法多角度对"中国国际人道主义援助"开展全景式研究。

（一）研究文献综述

长期以来,国际社会对国际人道主义援助行为主体国家的研究集中于经济合作与发展组织下属发展援助委员会成员,忽视了对非发展援助委员会成员的关注。中国国内的学者也是如此。2004年的印度洋海啸发生后,中国初步建立了国际人道主义援助机制,显示出其新兴发展中援助大国地位和未来在国际人道主义援助领域中的潜在领导地位。之后,国内外对"中国国际人道主义援助"的研究和重视程度开

---

① 发展援助委员会是经济合作与发展组织属下的委员会之一。该委员会负责协调向发展中国家提供的官方发展援助,是国际社会援助发展中国家的核心机构。发展援助委员会现有29个成员（28个经合组织成员国和欧盟）。分别是：澳大利亚、奥地利、比利时、加拿大、捷克、丹麦、芬兰、法国、德国、希腊、冰岛、爱尔兰、意大利、日本、韩国、卢森堡、荷兰、新西兰、挪威、波兰、葡萄牙、斯洛伐克、斯洛文尼亚、西班牙、瑞典、瑞士、英国、美国、欧盟。另外,世界银行、国际货币基金组织和联合国开发计划署作为常驻观察员参与。中华人民共和国于2015年7月1日加入经合组织发展中心。与中国同为经合组织关键伙伴国的巴西、印度、印度尼西亚和南非,均已加入该中心。

始呈增加趋势。目前，国内外主要从以下三种视角对此问题进行探讨。

第一种是"全球治理论"视角。研究主要围绕中国在国际人道主义援助领域的地位、贡献、经验、潜在地位与中国进一步参加国际人道主义全球治理的政策建议等问题展开。代表性论文有联合国驻中国协调办事处发布的《2004年中国参与联合国援助印度洋海啸的回顾》报告，柏林全球公共政策研究所2009年发布的《中国在国际人道主义援助中的潜在地位》报告，美国印第安纳大学伯明顿分校2012年发布的《中国的对外援助政策及其对全球治理的启示》报告。

第二种是"工具理性论"视角。目前，以美国为代表的西方国家在一些研究中歪曲中国国际人道主义的真实动因，视中国的"援助崛起"（aid rising）为"威胁"。一些国家通过解读中国等新兴国家的国际人道主义援助战略意图，为本国（例如美国、日本、澳大利亚）国际人道主义援助提供信息和对策，这成为该视角分析家的主要任务。

第三种是"国家道义论"视角。该类学者利用历史资料、外交档案、官方新闻和统计数据等从不同角度描述了中国参与国际人道主义援助的历史进程；剖析了中国国内因素，诸如传统文化、行政决策、内部治理经验等对中国国际人道主义援助机制的影响；总结了中国参与国际人道主义援助的特征、存在问题，中国在该领域发挥的作用和潜在地位；设计、规划了中国在国际人道主义援助领域进一步发挥发展中大国作用的战略。代表性研究成果有：2002年周弘主编的《对外援助与国际关系》，2005年池子华、郝如一主编的《中国红十字历史编年（1904—2004）》，2017年任晓、刘慧华著述的《中国对外援助：理论与实践》，以及2010年毛小菁的《国际援助格局演变趋势与中国对外援助的定位》，2011年殷晴飞的《1949～1965年中国对外人道主义援助分析》，2012年李小瑞的《中国对外人道主义援助的特点和问题》，2011年洪凯、侯丹丹的《中国参与联合国国际减灾合作问题研究》等论文。

（二）研究成就与不足

以上三种视角为我们立体展示了中、西方对中国国际人道主义援助历史进程、管理机制、已作贡献、存在问题、发展战略、动因分析等内部结构分析。但综合看，国内外学术界研究中国国际人道主义援助的规模和程度都还很不够。从数量上看，专门性著作、论文并不多见，相关研究成果主要散布在研究中国对外援助的专著和论文中。从内容上看，对中国国际人道主义援助的研究存在以下明显不足。

第一，国际人道主义援助的基本研究框架尚未得以清晰界定。国际人道主义援助与对外援助、对外发展援助等相似概念的联系和区别是什么？国际人道主义援助的行为主体主要有哪些？这些行为主体之间的关系是什么？当前国际人道主义援助机制的思想渊源、历史形成过程及其内部结构是什么？

第二，中国融入国际人道主义援助机制的历史发展脉络梳理得还不够清晰。国际学术界占主导地位的观点认为，现代国际人道主义援助机制是由西方人首先提出和建立的。那么，中国是如何融入这一机制，并在其中发挥作用的呢？

第三，中国积极参与国际人道主义援助的内在动因分析。在朝贡体系时代和当今时代，中国虽然都对外积极开展人道主义援助，但是其背后的动因和理念发生了变化。这些变化具体是什么，又是如何体现的？"中国责任"与"国家道义"在中国国际人道主义援助政策中是如何体现的？西方将中国国际人道主义援助视为"对弱小国家实行新殖民主义的工具"的歪曲，错在哪里？全球一体化带来的相互依赖、全球治理的需求对中国参与国际人道主义援助的影响是什么？

第四，中国的国际人道主义援助战略是什么？未来，中国如何在国际人道主义援助全球治理中进一步担当起援助大国的责任，发挥社会主义国家集体主义的制度和速度优势为人类作出更大贡献？

本书拟对上述国内外迄今研究还不够的一系列问题尝试作出回答。

三、研究思路与写作框架

（一）研究思路

为深入了解中国国际人道主义援助行动及其战略的来龙去脉，本书首先在国际大背景下分析了当前国际人道主义援助体系的历史和主要结构，特别是联合国系统、国际红十字和红新月运动，以及非政府组织（NGO）等主要援助系统在国际人道主义援助领域中的历史发展、当前结构、主要贡献及不足。其次，本书总结了包括政府、红十字会、非政府组织、企业和公民等在内的中国参与对外人道主义援助的以各行为主体融入和参与跨国人道主义援助体系的历史、现状与前景。最后，本书对当代构建人类命运共同体理念和新时代共建"一带一路"倡议下的中国国际人道主义援助战略的主要内容进行了归纳，并就其未来发展尝试提出了一些建议。

（二）写作框架

全书除绪论和结论外，分为上、中、下三篇。上篇，介绍全球人道主义援助体系的来龙去脉和当前体系的主要结构。中篇，对历史上中国政府、中国红十字会、民间组织等主要国际人道主义援助行为主体分别实施的跨国人道主义援助及其战略作概括性的回顾和提炼。下篇，对当代中国的国际人道主义援助战略进行归纳。最后，对构建人类命运共同体理念和共建"一带一路"倡议背景下的中国国际人道主义援助战略未来发展提出建议。

第二节　国际人道主义援助的思想渊源

在人类历史的发展长河中，东西方均很早就有关于国际人道主义援助的思想表达和具体实践。中国关于人道主义援助的思想和实践甚至比西方还要久远。东西方学者都有相关方面的论述。例如，英国伦敦城市大学学者托马斯·理查德·戴维斯提出，作为世界上第一个全球海洋灾难救助的组织，国际海难协会的发展表明，并非如传统意义上所认为的那样，是西方的理念和组织机构传播到东方；而是中国早期成立的救援协会（例如江苏省镇江市京口救援协会）的观念和实践方法，比如奖励施救者、促进救援、促进类似组织机构的建立等，在之后的西欧和北美得到了采用。①

虽然东西方都有关于国际人道主义援助思想、行动和组织的记载，但是从今天我们使用的"人道主义"（Humanitarianism）、"人道主义援助"（Humanitarian Aid）、"人道主义救援体系"这些具体词语的词源学根源和当代国际人道主义援助体系的发展历史上来讲，当代国际人道主义援助体系主要是西方国家的发明。当前的国际人道主义援助机制也是以西方国家为主导建立的。

一、人文主义：国际人道主义援助的思想渊源

在西方思想的发展历程中，"人道主义"思想有着深厚和久远的渊源，我们甚至可以追溯到作为整个西方文明源头的古希腊。早在公元前5世纪，在古希腊城邦之间的竞争与冲突中，在同一文化和同一宗教内，胜利者对战俘设定有不成文的底线，这是"人道主义的曙光"，因为战争只对有人性（humanity）的人才有限制。②

就"人道主义"这个具体词语而言，它最初是在19世纪由西方学者锻造出来并逐渐得到使用的。从词源上看，人道主义（Humanism）或被翻译为"人文主义"，起源于拉丁语中的humanus

---

① 托马斯·理查德·戴维斯：《未讲述的"国际卫生组织起源"故事：救援协会、国际网络与个体角色》，王卓译，载张勇安主编《医疗社会史研究》（第5辑），中国社会科学出版社，2018，第36页。

② Paul Grossrieder, "Humanitarian Action in the 21st Century: the Danger of a Setback," *Refugee Survey Quarterly*, Vol. 21, No.3 (2002): 23.

（属于人的）或humanitas（人类性）。① 它最初是指罗马人的一种相对灵活的美德，后来被宽泛使用，开始包括善行（benevolence）和博爱（philanthropy）。② 罗马帝国的格利乌斯时代，曾经对两类人道主义作出重要区分：一类意指"善行"（philanthropy），另一类意指"身心全面训练"（paideia）。③ 善行在罗马法中被制度化，而身心的全面训练也通过罗马教育得以制度化。这两类人道主义在中世纪得以综合，成为训练有素的福音派教徒的法则。对上帝的爱和对世人的爱，被解释为秩序的终极原则。④ 随着西方宗教的发展，善行人道主义的影响越来越大。

14—15世纪，西方思想中有了人文研究（studia humanitatis）、人文学者（humanista）等术语。从构词法上，我们就可以看到，"人道主义"直接源自这些术语。可是当我们这样说的时候，必须首先作出一种强调和区分，亦即人文研究、人文学者这些概念并不具有我们今天对人道主义这个词所赋予的强烈的道德内涵和价值色彩，它们最初主要意指对古希腊，尤其是古罗马文化的研究和模仿，对修辞、诗艺、文学和历史等学科的研习和探索。今天我们所提到的那种以人的价值为核心向度，但与特殊的思想文化背景没有任何关联的人道主义，并不等同于一般意义上的人文主义。⑤ 从原初的人文主义到后世的人道主义之间经历了演化的过程。

因此，无论从词源学上，还是从内涵上来考察，人道主义都是从人文主义衍生而来，这种演进的因素可以从文艺复兴人文主义自身之

---

① 蒋永福主编《东西方哲学大辞典》，江西人民出版社，1999，第616页。

② 欧文·白璧德：《什么是人文主义》，载美国《人文》杂志社等编《人文主义：全盘反思》，宋念申等译，上海三联书店，2003，第4页。

③ 大卫·戈伊科奇等：《人道主义问题》，杜丽燕等译，东方出版社，1997，第1页。

④ 同上书，第3页。

⑤ Kristeller, P. O., "Humanism," in Schmitt, C. B, ed., *The Cambridge History of Renaissance Philosophy* (Cambridge University Press, 1988), p.113.

中来发现。根据一般的思想史研究，文艺复兴是作为对欧洲中世纪文化（尤其是中世纪经院主义）的反动而出现在历史舞台上的。以彼特拉克、布鲁尼等人为代表的文人和学者对中世纪丑陋的拉丁文、空洞枯燥的哲学探讨和抽象思辨的行为模式，以及生活方式深恶痛绝。为了反抗这些社会弊端，他们求助于流畅优雅的古典拉丁文及其文学，并全面复兴；他们培育和传授充满鲜活内容的修辞学和诗歌；更为重要的是，他们一反中世纪的文本主义和教条化倾向，注重真实的个人体验和生活感受，[①] 并将这些作为他们思想创造的根源，从而营造了一种坚强有力的生活风格与文学样式。个人不再是"末世论"恐惧下的无助哀求者，也不再是束缚在神学机制下忏悔的罪人。人应当有自己在世的真实生活，应当有他自身的尊严（皮科之语）；不仅有我们作为个体生活于其中的大宇宙，还有向着人自身无穷深入的小宇宙。瑞士著名文艺复兴史专家布克哈特认为，"文艺复兴于发现外部世界之外，由于它首先认识和揭示了丰满的完整的人性而取得了一项尤为伟大的成就"，[②] 他将其归结为人的发现，而对于人性本身的探求也成为文艺复兴为早期近代欧洲哲学、伦理学和政治学研究所留下的宝贵遗产。

二、宗教与国际人道主义援助

我们也可以从人文主义之外来寻找现代人道主义援助思想的渊源，而这些外在的渊源之中最突出同时也最经常为人们所强调的是宗教。西方宗教在其立教之初就将自身确定为一种"世间之爱"：它所追求的是人类的普遍拯救，是每个人的救赎。个人在宗教之中占有不可忽略的地位。而在个人获得拯救的过程中除了依靠"上帝的恩典"之外，还要依靠人与人之间的关爱。"爱邻如己"是西方宗教的一条核心的教

---

① Kristeller, P. O., "Humanism, " in Schmitt, C. B, ed., *The Cambridge History of Renaissance Philosophy* (Cambridge University Press, 1988), p.113.

② 布克哈特：《意大利文艺复兴时期的文化》，何新译，商务印书馆，1983，第302页。

义。宗教徒有做慈善的义务。由此可见，西方人道主义援助可以在西方宗教的基本教义之中找到其原初的精神。

文艺复兴的人文主义运动正是在这样的背景下产生和发生作用的。尽管文艺复兴时期以及随后一段时期的人文学者都是宗教徒，他们的思想和文学创作的目的并不是反对和消灭宗教，可是他们却以自己的工作间接地恢复和彰显了原始宗教的精神。而这种革新也不可避免地会产生一种倒转，用当代学者的话说，人文主义的主要功绩就在于它去除了那种超越性的神学维度，过去为天堂所垄断的创造力量现在被带回到尘世间来，对内在性层面的丰富内涵的发现由此开始。个体的力量在内在性的层面得到实现。[①]

三、国际人道主义援助思想最终形成

17—19世纪，人本主义（humanity）的概念受到了笛卡尔、斯宾诺莎、康德、马克思等人的倡导，结合西方的"博爱慈善"思想，逐渐衍生"人生而平等，应给予同等尊重而非歧视"，奠定了人道主义精神发展的重要基础。"自由、平等和博爱"是人道主义的核心价值和准则，而这些都是通过人文主义的革命性工作为之奠定基础，并通过启蒙运动的一系列工作和努力而逐步确立起来的。

当康德以坚定的语气说出"人是目的而不是手段"[②]之时，他不仅在完成启蒙运动所开启的事业，更是明确了现代人道主义的核心内涵和主旨。更为重要的是，这种作为纯粹哲学思想的人道主义观念，以及作为启蒙运动之一般理想的"自由、平等、博爱"，伴随着法国大革命等一系列重要的政治事件介入近现代国家政治的运作过程之中，成为近代政治思想和一般国家理论的根本基础，以及一系列政治命题的

---

① 安东尼奥·奈格里和麦克尔·哈特：《帝国》，杨建国、范一亭译，江苏人民出版社，2008，第77、78、84页。

② 康德：《实践理性批判》，韩水法译，商务印书馆，1999，第144页。

核心思想来源和规范。人道主义逐渐演化为一种政治意识形态。哲学关于"人"（human）的概念发展加上社会上对男女平等的人权需求，共同促成了"任何人，无论其社会地位，都应该被无歧视对待"。^① 19世纪，人们已经开始广泛讨论非歧视性的人道主义标准。^②

在18世纪，以拯救灵魂为理念的福音运动引燃了"慈善活动和社会改革的爆发"。^③ 18世纪末至19世纪初，欧洲和北美开始大量出现一批救援和康复协会。^④ 例如，奥古斯特·戈德（Auguste Godde）于1835—1843年成立了旨在通过建立一个包括美洲、欧洲、非洲和亚洲在内的国际组织来促进海洋灾难的救援和恢复技术发展的国际海难协会（the International Shipwreck Society）。^⑤

当然，我们在作出上述的推理和论证之时，其着眼点和展开空间主要还是囿于一般思想层面以及与之紧密相系的国内政治领域。但是，任何一种思想和理论在它产生之后就不会仅仅局限于自身和有限范围之内，而是要表现自身和扩展自身，产生具体的结果。这一点表现在人道主义这个观念之上就是它从国内政治逐渐向国际政治领域不断渗透，当然这要经历一个漫长的过程。我们今天所提到的国际人道主义并不是一个既成的事实，而是在人类历经无数的苦难和深刻的历史教训之后才逐渐成形的。既定的政治人道主义思想也不足以直接成为国家间政治交往的规范性尺度，其间必然有着一系列重要的中介和演化。

---

① Paul Grossrieder, "Humanitarian Action in the 21st Century: the Danger of a Setback," *Refugee Survey Quarterly*, Vol. 21, No.3 (2002): 25.

② 托马斯·理查德·戴维斯：《未讲述的"国际卫生组织起源"故事：救援协会、国际网络与个体角色》，第25页。

③ Michael Barnett, *Empire of Humanity: A History of Humanitarianism* (Ithaca: Cornell University Press, 2011), p.53.

④ 托马斯·理查德·戴维斯：《未讲述的"国际卫生组织起源"故事：救援协会、国际网络与个体角色》，第23页。

⑤ 托马斯·理查德·戴维斯：《未讲述的"国际卫生组织起源"故事：救援协会、国际网络与个体角色》，第24、27、35页。

时至今日，由众多不同国家所组成的国际社会依然在很大程度上处在一种自然状态之中，各个国家均以自我保存作为其最基本的原则，而利益至上也是国与国之间处理外交关系的根本出发点，这实际上就是近代民族国家所奉行的"国家理性"原则。国际政治有时比国内政治少了些温情脉脉的面纱，也更少掩饰；任何外交手段和策略的使用都是为了维护和达到本国利益的最大化。这在近现代的国际政治领域中表现得尤为明显，但同时也为国际社会带来了比以往任何时期更大的危害。在享受着近现代科学技术迅猛发展为我们带来的便利和安乐的同时，我们也遭受着以往任何时代没有经历，甚至无法想象的威胁、伤害与恐惧。

长久以来，战争与和平都是国际政治的核心主题。如果说前现代社会生产力本身的有限以及可利用社会资源的稀缺致使当时的国际社会有着更多的交战理由的话，那么似乎现代生产方式的产生以及现代生产力的发展有可能使战争的风险弱化，而且处在19世纪晚期资本主义黄金时代的一些天真的思想家也确实抱有这样的观念，可是两次世界大战的隆隆炮声和野蛮屠杀彻底击碎了人们的美梦，也带来了深深的痛苦和迷茫。由古典形态的人道主义所带来的乐观主义心态也在残酷的现实面前化为泡影。

在经历千百年的西方宗教教化以及现代人文主义和启蒙精神洗礼的西方人心中，上文提及的那些核心价值似乎都已深入人心，并确实在欧美各国的现实生活中具体体现出来，但是为什么一旦涉及国际政治的领域，面对与自己具有不同文明和生活方式的他国人民的时候，这一切似乎自明的公理却变得如此苍白无力了呢？虽然在国内政治理论和政治体制运作的过程中人道主义观念所发挥的作用有时也很有限，但是它毕竟在一种规范和约束机制上发挥着现实作用，但是在20世纪之前的国际政治领域中却很难寻觅踪迹，更多的时候，我们所看到的则是帝国主义、殖民主义等赤裸裸的剥削和侵略形式，战争和杀戮致使整个国际社会陷入一种近乎野蛮的状况之中，而两次世界大战作为这种局势的终极表现使整个人类社会面临着灭亡的险境。正是在这种特殊的国际交往形式和国际关系的氛围之下，思想家和政治家们开始找寻走出这种"自然状态"的出路，而在一切可供选择的资源之中，人道主义思想为人们提供了一种可能的方案。

由此，我们可以看到，国际人道主义最初并不是作为一种纯粹理论形态被提出的。根本而言，它首先是在国际政治实践过程中，作为一种特定的策略而出现的。一方面，它确实有西方思想上的渊源；另一方面，它更多地体现的是一种现实的关怀和设计，是国与国之间在其他外交手段和交往方式背景下的一种新的利益诉求。在现阶段，我们可以发现它并没有成为调整国际政治交往和策略的根本规范，但是它的功用并不局限或直接体现为一种切实的交往形态。

与上述的一般人道主义思想一样，它最直接的效用体现为一种约束和规范。尽管作为一种国际政治运作过程中的意识形态，它的作用还很有限，但是它却为我们提供了一种处理国际关系的新的视角和可能性。如果说以前的国家间的关系和交往建立在赤裸裸的丛林法则上，那么在全球化的背景下，这种原始的机制和策略日益暴露出其缺陷和危害。尽管帝国主义和殖民主义在当代国际社会中依然有着或隐或显的存在形态（亦即所谓"后帝国主义""后殖民主义"等），但是无论如何，国家间的现实交往模式已经不再由单一的规范所规制，而是更多地顾及新的因素和形式，而国际人道主义正是这些约束机制中的一种。作为这套机制的组成部分，国际人道主义援助成为各国在贯彻自己的国家意志、调整国际交往关系过程中的一套具体的措施，并围绕着它形成了一系列具体的操作模式。虽然我们不能否认国际人道主义援助依然将国家自身的利益作为根本的立足点，并被置于国家总体的外交战略的背景之下，但是不管怎样，我们都无法忽略它在当今的国际政治运行过程中所发挥的价值引领和现实交往中的切实作用。

第三节 概念界定

一、"国际人道主义援助"的概念

东西方对人道主义的概念都是以人为中心进行界定的。韦氏词典将"人道主义"（Humanitarianism）与"人本主义"（humanism）同义，认为其是指"以人类利益和价值为中心的理论、态度或生活方式"。[①]中国《现代汉语词典》认为"人道主义"是提倡关怀人、尊重人、以人为中心的世界观。[②] 据此，人道主义援助应该是出于对人的尊重和关爱进行的援助。

迄今，国际社会对人道主义援助的精神内核已经达成很多共识，但是与人道主义援助这个概念相对应的行动却并不完全一致。美国将人道主义援助（Humanitarian Assistance）概念等同于紧急情况和救助行动，但包括减少灾难社会、经济影响的长期成本；而欧盟对人道主义援助的概念相对保守和严格，强调短期恢复和重建。[③] 联合国中央应急基金秘书处也并未确立严格的人道主义援助概念。据联合国中央应急基金秘书处所述，有关决定是根据特定情况下的同情心，"根据当时情况作出的"。[④]

对人道主义援助对应的行动范围，目前国际社会普遍认同的是良

---

① *Merriam Webster's Collegiate Dictionary* 10th edition (Merriam-Webster, Incorporated, 2001), p.563.

② 中国社会科学院语言研究所词典编辑室编《现代汉语词典》，商务印书馆，2019，第1096页。

③ Julia Steets, "From B-Envelopes to the F-Bureau: Understanding Transatlantic Approaches to Humanitarian Assistance," in Julia Steets and Daniel S. Hamilton(editors), *Humanitarian Assistance: Improving U.S.-European Cooperation* (Centre for Transatlantic Relations: Johns Hopkins University, 2009), pp. 20-21.

④ 联合国联合检查组：《联合国系统人道主义行动的经费筹措》（猪又忠德编写），联合国文件JIU/REP/2012/11，2012年11月，第29页。

好人道主义捐助者联合会（Good Humanitarian Donorship，GHD）的表述。2003年6月17日，德国、澳大利亚、比利时、加拿大、欧盟、丹麦、美国、芬兰、法国、爱尔兰、日本、卢森堡、挪威、荷兰、英国、瑞典、瑞士等国政府和多边机构代表，联合国，国际红会运动和其他人道主义组织代表组成的良好人道主义捐助者联合会，共同签订了《人道主义捐赠者共同原则和标准》（*Principles and Good Practice of Humanitarian Donorship*）。[①] 该文件将人道主义行动（humanitarian action）定义为："在人为危机和自然灾难中拯救生命，减少痛苦，维护人的尊严的行为，也包括为发生灾难进行的危机预防和加强准备的行动。"该文件同时指出，具体而言："人道主义行动包括对战争中的平民和不再参加战争的人民的保护，也包括为受灾人群重新回归正常生活而提供食品、水、设施、帐篷、健康和其他类型帮助的行动。"

联合国联合检查组（2012）曾将人道主义援助简洁归纳为："在自然和人为灾难中，包括复杂紧急情况下，向受害者提供的长期和短期人道主义援助。"[②] 其中，自然灾难包括飓风、洪灾、干旱、暴风和地震等；人为的灾难则包括战争、公共健康危机、政治危机等。复杂的紧急人道主义（Complex Humanitarian Emergencies，CHE）则是基于现代社会的灾难经常是自然灾难和人为灾难复合的产物，人们很难严格区分，故命名之。虽然导致人道主义援助发生的灾难类型可能不同，但人道主义援助的内容大体相似，主要包括"健康服务（治疗和预防保健），饮用水和卫生设备，食品（卡路里），营养（维生素），避难

---

①　Good Humanitarian Donorship, *24 Principles and Good Practice of Humanitarian Donorship*, International Meeting on Good Humanitarian Donorship, Stockholm, 2003, https://www.ghdinitiative.org/assets/files/GHD%20Principles%20and%20Good%20Practice/GHD%20Principles.pdf.

②　Joint Inspetion Unit, *Financing for Humanitarian Operations in the United Nations System*, Prepared by Tadanori Inomata, UN Document JIU/REP/2012/11, 2012, p.1.

所，后勤/安全"等。①

综合上述国际社会对"人道主义援助"概念的几种界定，我们发现，起初，人道主义援助主要是针对自然或人为灾害的紧急救助及其预防。后来，随着人道主义灾难的发生动因越来越复杂、多元，灾难的持续时间越来越长，跨国人道主义援助的需求越来越多，人道主义援助的救助范围、救助时间、救助方式都在不断扩大、延长和丰富，国际人道主义援助的概念由此不断演进。但国际社会均认同国际人道主义援助是一种跨国慈善精神，是拯救处于各种灾难之下的"人"的行为，终极目标是服务他国和整个国际社会的和平与发展。

对于"国际人道主义援助"的概念，国际社会根据援助阶段划分，有狭义和广义上的区分。狭义上，仅仅指自然、人为或复杂灾难中，由国家和国际组织实施的对受灾国家和公民进行的紧急救助。广义上，不仅包括紧急阶段，也包括由国家和国际组织实施的短期和长期重建援助。② 广义上的国际人道主义援助内容更为广泛，包括社会治理、水利工程建设等内容，甚至包括禁止使用残忍的武器——生物毒素、化学武器、地雷，以及禁止虐待战俘、伤兵保障等。③

本书综合国内外对"国际人道主义援助"概念的界定，认为：国际人道主义援助是在人为危机、自然灾难和复杂的紧急情况下，由国家、国际组织，以及其他援助行为主体实施的致力于拯救生命，减少痛苦，维护人的尊严的短期和长期行为。其中，紧急人道主义援助是国际人道主义援助的核心。

---

① Michael Van Rooyen, Raghu Venugopal, and P. Gregg Greenough, "International Humanitarian Assistance: Where Do Emergency Physicians Belong?" *Emergency Medicine Clinics of North America,* Vol. 23, No.1, Feb. (2005): 120.

② Fulvio Attina, "Disaster and Emergency Policies at the International and Global System Levels," in Attinà F. ed., *The Politics and Policies of Relief, Aid and Reconstruction: Contrasting Approaches to Disasters and Emergencies* (London: Palgrave Macmillan, 2012), p.21.

③ 江启臣：《国际组织与全球治理概论》，台北五南图书出版公司，2017，第168—169页。

二、相关概念辨析

（一）官方发展援助与人道主义援助

从理论上讲，人道主义援助与官方发展援助（Official Development Assistance，ODA）相对应。后者意指致力于解决可能导致危机或紧急局势的潜在"社会经济"因素而进行的对外援助；而前者主要指在自然或者人为灾难之时提供的援助。但在对外援助实践中，官方发展援助和人道主义援助常常混为一谈。"官方发展援助"通常以"人道主义援助"的形式进入处于冲突或持续危机的国家。

根据世界粮农组织2017年发布的报告：2012—2014年，在7个处于持续危机中的国家接受的"官方发展援助"中，平均有30%以上以"人道主义援助"的形式提供，而有4个国家接受的"官方发展援助"中，超过45%以这一形式提供，叙利亚的比例甚至高达79%。如果持续危机和冲突叠加，这些比例就会上升近20%。与未受冲突影响的国家相比，受冲突影响国家得到的"人道主义援助"在"官方发展援助"总量里所占的比例要高3.5倍。[①]

（二）人道主义行动与人道主义援助

有些机构和学者将人道主义行动等同于人道主义援助。也有些机构和学者认为，人道主义行动是一个更广泛的概念，它包括人道主义援助。如前所述，良好人道主义捐助者联合会就认为人道主义行动包括人道主义援助以及对战争中的平民和不再参加战斗者的人权保护。美国纽约城市大学教授托马斯·韦斯（Thomas G. Weiss）和美国塔夫茨大学教授莱瑞·迈尼尔（Larry Minear）也把人道主义行动区分为两类：紧急援助（emergent assistance）与人权保护（the protection of

---

① 《2017年世界粮食安全和营养状况：增强抵御能力，促进和平与粮食安全》，罗马：粮农组织报告，2017，第69页。

human rights)。① 其中，紧急援助是包括在政治和自然灾难中对受灾人民的即刻需求的人道主义援助；后者指对人道主义的新趋势——人权的保护。② 紧急援助很多存在于复杂的人道主义援助中，而人权保护在现代社会中更加突出。

（三）人道主义干涉/人道主义介入与人道主义援助

人道主义援助是依据人道主义价值，独立、中立、公正地为自然灾害、战争冲突中的受害者以及其他复杂灾害中的受灾者提供救助和物资援助的行为；而人道主义干涉/人道主义介入是一个或者更多国家预防灾害蔓延、居民死亡而实施的强制行为。除了军事武力介入，人道主义干涉/人道主义介入的强制手段还有武器禁用，各种形式的制裁等。因此，人道主义干涉是干涉别国内政的非法介入，和人道主义援助在意图上相对立。人道主义介入的出发点应该是出于对人权的保护。但在现实政治生态中，往往成为在个别西方大国支持下，入侵他国，干涉他国内政，实现自我政治利益的遮羞布。但也有学者认为，从广义上看，人道主义援助是人道主义干涉的一种类型。

（四）人道主义空间与人道主义援助

人道主义空间是指人道主义工作者不受政治和军事影响，可以无障碍工作，执行人道主义的中立、非歧视、人道原则的环境。③ 它是可以执行行动的物质空间和虚拟维度。比如，它可以指在停火或者安全区维和人员和人道主义工作者用来提供肉体保护和提供基本服务的难民营、人道主义走廊，也可以指调动人道主义工作者和其他行为主体

---

① Weiss, G. T. and Minear, "Commentary," in Weiss, G. T. and Minear, L, eds., *Humanitarianism across Border: Sustaining Civilians in Times of War* (London: Lynne Rienner Publishers, 1993), pp.7-10.

② Yukiko Nishikawa, *Japan's Changing Role in Humanitarian Crises* (London and New York, Routledge Taylor & Francis Group, 2005), p.12.

③ Dorothea Hilhorst and Eline Pereboom, "Multi-Mandate Organisations in Humanitarian Aid," in Zeynep Sezgin and Dennis Dijkzeul ed., *The New Humanitarians in International Practice: Emerging Actors and Contested Principles* (Routledge, 2015), p.87.

毫无畏惧在困难中工作的虚拟空间。因此，人道主义空间是指人道主义工作者可以进行人道主义援助的物质和虚拟空间。

三、"中国国际人道主义援助"及"中国国际人道主义援助战略"的概念

本书所使用的"中国国际人道主义援助"概念是指中国出于人道主义的意图，对他国进行的短期紧急人道主义救援和长期的人道主义援助行动。根据2021年8月31日，国家国际发展合作署、外交部、商务部联合发布的《对外援助管理办法》，[①] 中国的对外援助以项目援助为主，主要包括以下8种类型：成套项目、物资项目、技术援助项目、人力资源开发合作项目、志愿服务项目、援外医疗队项目、紧急人道主义援助项目、南南合作援助基金项目。其中，紧急人道主义援助项目是在有关国家遭受人道主义灾难的情况下，通过提供紧急救援物资、现汇或者派出救援人员等实施救助的项目。随着紧急人道主义援助长期化趋势的发展，中国的对外人道主义援助不仅包括紧急人道主义援助，也包括长期的人道主义援助，即由中国实施的包括灾前防备、灾后恢复、未来发展阶段的援助。

从援助内容上看，依据2005年4月17日国务院印发的《国家突发公共事件总体应急预案》，中国根据突发公共事件的发生过程、性质和机理，将其分为四大类：（1）自然灾害；（2）事故灾难；（3）公共卫生事件；（4）社会安全事件。[②] 其中，自然灾害主要包括水旱灾害、气象灾害、地震灾害、地质灾害、海洋灾害、生物灾害和森林草原火灾；事故灾难主要是指在生产、生活中意外发生的故障、事故带来的灾难，包括各类企业生产安全事故、交通运输事故、公共设施和设备事故、

---

① 国家国际发展合作署、外交部、商务部：《对外援助管理办法》，2021年8月31日，国家国际发展合作署令2021年第1号。

② 《国家突发公共事件总体应急预案》，中国法制出版社，2006，第1—2页。

环境污染和生态破坏事件等；公共卫生事件是指突然发生的，造成或可能造成社会公众健康严重损害的传染病疫情、群体性不明原因疾病、食品安全、职业危害、动物疫情，以及其他严重影响公共健康的突发公共事件等；[①] 社会安全事件是指危及社会安全、社会发展的重大事件，包括恐怖袭击、经济安全、民族宗教、群体性事件、爆炸、投毒、涉外突发等重大事件。各类突发公共事件按照其性质、严重程度、可控性和影响范围等因素，一般分为四级：Ⅰ级（特别重大）、Ⅱ级（重大）、Ⅲ级（较大）和Ⅳ级（一般）。[②]

从援助机制上看，当受援方有援助需求时，会将项目建议通过驻外使领馆（团）向中方提出，驻外使领馆（团）对受援方提出的项目建议进行国别政策审核，并形成明确意见后报外交部和国家国际发展合作署，并抄报援外执行部门。[③] 在收到国外人道主义援助请求之后，中国会依托国家"对外援助部际协调机制"，根据灾难或者事故类型，从国内指派相应的机构，派出相应的专家和队伍，调配适合的物资，完成救援。例如，2018年3月新设立的中华人民共和国应急管理部，整合了原来11个部门的13项应急救援职责，以及5个国家指挥协调机构的职责，是负责国内自然灾害和事故灾难的重要机构，同时参与公共卫生和社会安全事件的处置协调。该机构下属单位国际合作和救援司专门负责开展应急管理方面的国际合作与交流，履行相关国际条约和合作协议，组织参与国际应急救援。[④] 应急管理部也有专门的国际救援队伍小组。

---

① 《国家突发公共事件总体应急预案》，第2页；杨颖：《中国应急管理核心要素研究》，人民日报出版社，2015，第18页。

② 《中华人民共和国突发事件应对法》，人民出版社，2008，第4页。

③ 国家国际发展合作署、外交部、商务部：《对外援助管理办法》，2021年8月31日，国家国际发展合作署令2021年第1号。

④ 中华人民共和国应急管理部：《主要职责》，https://www.mem.gov.cn/jg/，访问日期：2023年1月20日。

总之，虽然中、西方都使用国际人道主义援助这个概念，都认同国际人道主义援助应是出于人道主义的意图进行的跨国援助，但国际社会迄今没有一致的概念和统计方法，在不同的国家和区域组织中具体包含的内容和项目也并不完全一致。① 目前，国际社会比较常用的统计数字来自联合国人道主义事务协调厅（Office of the Coordination of Humanitarian Affairs，OCHA）管理的人道资金财务支出核实处数据库（Financial Tracking Service，FTS）。② 该数据库会跟踪、汇总、更新各国政府，非政府组织、私营部门和基金会等行为主体，以及国际机构的人道主义援助额。数据由各援助主体自愿提供。中国在2011年和2014年的《中国的对外援助》白皮书中对本国的人道主义援助进行了界定，并发布了部分汇总数据。

本书以"中国国际人道主义援助战略研究"为名，意在强调对中国国际人道主义援助进行战略性研究。全书尝试在勾勒出国际人道主义援助机制的背景下，从战略高度回顾和总结中国融入国际人道主义援助体系的历史，中国国际人道主义援助战略形成和发展的轨迹，当前中国国际人道主义援助的战略部署，并就未来中国国际人道主义援助进一步对接国际，助力"人类命运共同体""一带一路"倡议提出战略建议。

---

① 中国的对外援助概念和国际社会的对外援助概念所包含的内容并不完全一致。国内外很多学者引用美国威廉·玛丽学院（the College of William & Marry）关于中国对外援助资金的追踪数据库（Aid Data），但中国商务部认为该数据"可能混淆了中国对外援助的资金和其他性质的各类资金，包括商业性的资金"。参见中国新闻网:《中国向发展中国家提供援助是为自身利益? 商务部回应》，2017年10月12日，http://www.chinanews.com/gn/2017/10-12/8350772.shtml，访问日期：2019年1月13日。

② 人道资金财务支出核实处数据库网址：https://fts.unocha.org/。

上　篇

国际人道主义援助：一种体系的分析

国际人道主义援助的思想和行动在国家形成之后就开始出现，无论在东方还是西方。但是，直到18世纪以后，伴随科技的发展，铁路、航海到达地理位置的拓展，以及人权和民主意识的增加，国际人道主义援助的专门组织首先在西方开始建立，最终形成了当代以西方为中心的国际人道主义援助体系。国际人道主义援助体系是在国家和当地资源无法满足受灾民众的需求之时形成的，由相互联系的跨国援助组织和操作实体构成的，拥有共同的援助目标、规范和原则的网络体系。[①]

　　当前的国际人道主义援助体系是由联合国，国际红十字和红新月运动，以及其他除红会系统外的非政府组织等国际人道主义援助行为主体组成的。其中，联合国人道主义援助系统发挥领导和协调的作用。2012—2021年10年间，56%的人道主义援助资金流向联合国机构，18%的资金流向非政府组织，而只有9%的资金流向红十字与红新月运动。[②]

　　目前，这个体系还比较松散，各行为主体有比较大的自主性和自愿性。但随着21世纪国际人道主义援助需求的日益增多和互联网技术的发展，国家、全球/地区/当地组织、专业机构、公民，日益形成了前所未有的国际共识——建立一个更加紧密的人道主义援助体系。

[①]　*The State of the Humanitarian System* (ALNAP Report, publish on Sep. 7, 2022), p.26.

[②]　Ibid., p.57.

第二章　联合国与国际人道主义援助

提供人道主义援助是联合国的核心使命之一。《联合国宪章》第一章第一条第三点明确提出："促成国际合作，以解决国际属于经济、社会、文化及人类福利性质之国际问题，且不分种族、性别、语言或宗教，增进并激励对于全体人类之人权及基本自由之尊重"是联合国的宗旨之一。[①] 提供人道主义援助与维护国际和平与安全、保护人权、支持可持续发展和气候行动、遵守国际法一起成为联合国的五大工作领域，构成了联合国合法性的基础来源。[②] 1993—2003年，联合国所有赠款开支中，人道主义援助占据24.3%。[③] 2019年度，联合国十大主要人道主义机构[④] 合计工作人员71 129名，占据当年度联合国总工作人员114 119人的62.3%。[⑤]

联合国在国际人道主义援助体系中的主要目标是："以会员国授权的任务为依据，确保国际社会的应灾和应急工作做到协调一致，及时

[①] 原文为："To achieve international cooperation in solving international problems of an economic, social, cultural, or humanitarian character, and in promoting and encouraging respect for human rights and for fundamental freedoms for all without distinction as to race, sex, language, or religion"。参见 *United Nations Charter*, https://www.un.org/en/sections/un-charter/un-charter-full-text/, accessed on October 10, 2019。

[②] 联合国:《我们的工作领域》, https://www.un.org/zh/our-work，访问日期：2021年12月19日。

[③] 《秘书长的报告：2003年发展方面业务活动的综合统计数据》，联合国大会文件A/60/74–E/2005/57，2005年5月6日发布，第20页。

[④] 包括：FAO, IOM, UNDP, UNHCR, UNICEF, WFP, WHO, UNRWA, OHCHR, UNFPA。

[⑤] 根据联合国系统首脑理事会（the UN System Chief Executives Board for Coordination, CEB）数据计算得出。原始数据来自 UN Human Resources Statistics, "Personnel by Organization," https://unsceb.org/hr-organization, accessed on June 27, 2021。

有效。联合国倡导人道主义原则，促进在危机中分享知识与信息，帮助加快援助速度，并制定政策，以便更加协调一致地采取行动。联合国还与所有利益攸关方开展合作，降低自然灾害的风险和影响。联合国的长期目标是支持会员国消除风险和脆弱性的根源，并强调需要在落实《2030年议程》的过程中'不让任何一个人掉队'。"① 联合国人道主义事务具体包括：救助难民、人道主义协调、减少自然灾害、维护与重建和平、人道主义信息和宣传、政策和分析等。

目前，联合国在人道主义事务协调厅的协调下，主要通过一系列专门机构具体领导和实施人道主义援助。这些机构主要包括：联合国开发计划署（UNDP）、联合国儿童基金会（UNICEF）、联合国难民事务高级专员公署（UNHCR）、世界粮食计划署（WFP）、联合国粮食及农业组织（FAO）、世界卫生组织（WHO）、联合国人口基金（UNFPA）、联合国人居署（UN-HABITAT）、联合国人权事务高级专员办事处（OHCHR）等。此外，联合国系统内其他人道主义相关机构还有联合国近东巴勒斯坦难民救济和工程处（UNRWA）、国际移民组织（IOM）、联合国妇女署（UN Women）、世界气象组织（WMO）、联合国维持和平行动部（UNDPKO）、联合国减少灾害风险办公室（UNDRR）等。

第一节　联合国最重要的人道主义援助机构——联合国开发计划署

联合国开发计划署（组织结构见图2-1）正式成立于1965年，是联合国系统最大的多边无偿援助机构。其前身为1949年设立的"技术援

---

① 《秘书长关于联合国工作的报告》，联合国文件A/74/1，2019，第80页。

助扩大方案"和1958年设立的"联合国特别基金"。①总部设在美国纽约，在176个国家和地区有129个办公室。在战争期间，联合国开发计划署由时任紧急救济协调员或者联合国秘书处特殊代表负责协调人道主义援助、重建、重新居住和发展。联合国开发计划署致力于根除贫困，减少不平等和排他性。它有三大主要活动领域：可持续发展、民主治理和维和、气候与灾难恢复。

联合国开发计划署中主管人道主义援助的机构是联合国开发计划署执行局于2001年创建的预防危机与恢复局，该局通过约100个国别办事处，在提供紧急救援的人道主义机构与提供恢复期过后的长期发展所需帮助的人道主义机构之间建立起一座桥梁，在灾难过后的混乱中重建稳定，并继续寻求新的途径预防冲突，以更快、更早的方法应付更具危险的情况，帮助世界上受自然灾害及暴力冲突严重影响的人们重建有质量的生活。②预防危机与恢复局关注的领域包括：武装暴力预防、地雷行动，小武器及轻武器控制，冲突预防，解除武装，复员及重返社会，早期恢复，经济恢复，两性平等，自然灾害，法治、司法与安全，国家建设。③

---

① 《世界知识年鉴》编委会：《世界知识年鉴2020/2021》，世界知识出版社，2021，第1056页。

② 联合国开发计划署：《危机预防与恢复》，http://www.un.org/zh/aboutun/structure/undp/crisis.shtml，访问日期：2019年3月1日。

③ 同上。

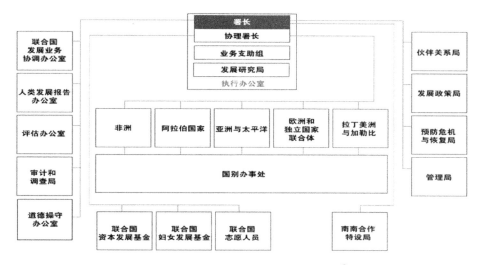

图2-1　联合国开发计划署组织结构[①]

第二节　联合国儿童基金会

为满足第二次世界大战之后欧洲与中国儿童的紧急需求，1946年12月11日，联合国儿童基金会成立，原名为"联合国国际儿童紧急救助基金会"。初期，援助经费主要来自政府自愿捐款，尤其是美国。[②]1950年之后，其援助范围扩展到全球所有发展中国家。1953年，联合国儿童基金会成为联合国系统的永久成员，致力于实现全球各国母婴和儿童的生存、发展、受保护和参与的权利。1965年，联合国儿童基金会获得诺贝尔和平奖。

---

① 联合国开发计划署：《组织机构图》，http://www.un.org/zh/aboutun/structure/undp/chart.shtml，访问日期：2019年3月1日。

② Stephen S. Fenichell and Phillip Andrews, *The United Nations—Blueprint for Peace* (The John C. Winston Company, 1954), p.63.

现在，联合国儿童基金会在190多个国家和地区开展工作[①]，通过向战争和自然灾害受害国儿童提供饮用水、卫生用品、营养、教育、健康和安全保护，达到拯救生命、减轻痛苦和保护儿童权利的总体目标。在联合国改革更加广泛的框架内，联合国儿童基金会正在与联合国、非政府组织和其他机构协作，制定并应用数项增进人道主义行动的可预见性、问责制和有效性的人道主义改革倡议。[②] 在机构间常设委员会（IASC）和其他论坛内，联合国儿童基金会参与制定了《机构间常设委员会紧急情况性别问题手册》和《紧急情况中与非国家实体谈判的机构间手册》。此外，联合国儿童基金会还在全组织范围内加强其应对能力，其中包括创造与紧急情况相关的培训机会以及确保实施和响应更加符合实时评估的情况。

联合国儿童基金会对处于困难状况下的世界儿童，特别是发展中国家儿童的身心发展作出了卓越贡献。以2017年为例，基金会为7860万名儿童接种麻疹（measles）疫苗，为90万名14周岁以下的HIV病人进行抗逆转录病毒（antiretroviral）药物治疗；为1250万名儿童提供学习资料；为1590万名儿童注册出生；在紧急情况下，为400万名严重营养不良的儿童治疗，为3270万人送去安全的食用水，为880万名儿童提供正式、非正式的教育，为350万名儿童提供社会心理支持。[③]

第三节　世界粮食计划署

世界粮食计划署是联合国系统中从事粮食援助活动的专门机构，

---

① 联合国儿童基金会：《我们的工作》，https://www.unicef.org/zh/%E6%88%91%E4%BB%AC%E7%9A%84%E5%B7%A5%E4%BD%9C，访问日期：2021年1月1日。

② 联合国儿童基金会：《联合国儿童基金会在紧急情况中——人道主义政策和行动》，https://www.unicef.org/chinese/emerg/index_3982.html，访问日期：2021年1月1日。

③ *UNICEF Annual Report 2017*, June 2018, p.7, https://www.unicef.org/publications/files/UNICEF_Annual_Report_2017.pdf.

也是世界上最大的对抗饥饿的人道主义援助机构。[①] 世界粮食计划署由联合国和联合国粮农组织于1961年共同创办，总部设在意大利罗马。世界粮食计划署完全依靠来自政府、机构、公司和个人的自愿捐助筹集资金，政府捐款中共有93.5%直接用于支持拯救生命和改善生计的行动。[②]

世界粮食计划署的使命为：利用食品援助支持经济、社会发展；满足难民和其他紧急食品需求，以及相关后勤支持；在联合国和联合国粮农组织建议下提高世界食品安全。[③] 其五大具体目标为：第一，拯救生命，在紧急情况下保障生计；第二，防止严重饥荒的发生，为灾前预防和减灾进行投资；第三，在战争或灾难发生后重建家园和恢复生计；第四，减少长期饥饿和营养不良；第五，加强各国控制饥饿的能力。[④]

世界粮食计划署负责为难民署管理的所有大规模难民粮食行动输送食物和资金。[⑤] "每一天，粮食署会有5600辆卡车、30艘船和100架飞机向最需要的地区输送粮食等援助"。[⑥] "粮食署在全球范围内拥有21 000名员工，在123个国家开展工作"[⑦]，"其中逾90%都驻扎在受援

① 世界粮食计划署:《历史》，https://zh.wfp.org/history，访问日期：2021年1月1日。

② 世界粮食计划署:《资金》，https://zh.wfp.org/who-we-are，访问日期：2021年1月1日。

③ 世界粮食计划署:《使命》，http://www.wfp.org/about/mission-statement，访问日期：2016年6月2日。

④ 世界粮食计划署:《战争、饥饿》，http://cn.wfp.org/about/fighting-hunger-worldwide，访问日期：2016年7月21日。

⑤ 联合国:《关于我们》，http://www.un.org/zh/sections/what-we-do/deliver-humanitarian-aid/index.html，访问日期：2016年6月2日。

⑥ 《世界粮食计划署的相关数据》，https://zh.wfp.org/?_ga=2.39179875.1114933511.163538609 3—1187478098.1635386093，访问日期：2021年1月1日。

⑦ 世界粮食计划署:《关于我们》，https://zh.wfp.org/who-we-are，访问日期：2021年1月1日。

国家，而且大多是偏远、艰苦的地区"。[①]

世界粮食计划署成立的初衷是致力于世界发展，但现在其主要工作放在紧急救援上。"2015年度，联合国粮食计划署收到认捐48亿美元，其中，79%被投入在紧急状况中。81个国家的7670万人直接受益，160万人从东道国政府支持的信托基金供资方案间接受益。"[②] 2016年，联合国粮食计划署开展了50个特别行动，提供了价值3.26亿美元的紧急援助，向全球逾450个地方和国际组织提供了人道主义服务。[③]

世界粮食计划署为保障人的基本生存作出了最重要的贡献。以2020年为例，"粮食署共募集84亿美元捐款"[④]，"为84个国家的1.15亿人口提供了援助，其中53%的接受者是妇女"。[⑤] 该年度，粮食署获诺贝尔和平奖。

第四节　联合国粮食及农业组织

1943年，在美国弗吉尼亚州（Virginia）联合国大会召开的粮食和农业会议上，44个国家同意就解决全球食品问题进行合作。[⑥] 1945年，粮食及农业组织（简称"粮农组织"）在加拿大正式成立。这是一个由联合国经济及社会理事会（United Nations Economic and Social Council,

① 联合国：《联合国在华40周年：专访世界粮食计划署驻华代表屈四喜》，2019年4月11日，http://www.mohrss.gov.cn/SYrlzyhshbzb/rdzt/gjzzrcfw/zhgjzzzp/201904/t20190409_314195.html，访问日期：2020年7月18日。

② 《2015年年度绩效报告》，2016年5月17日，世界粮食计划署文件编号：WFP/EB.A/2016/4，p.4。

③ 世界粮食计划署：《人道主义支持与服务》，http://zh.wfp.org/humanitarian-support-and-services，访问日期：2020年6月2日。

④ *Annual Review 2020*, WFP Report, 7 July 2021, p.1, https://docs.wfp.org/api/documents/WFP-0000129977/download/?_ga=2.152023289.1114933511.1635386093-1187478098.1635386093.

⑤ *Annual Review 2020*, WFP Report, 7 July 2021, 扉页, https://docs.wfp.org/api/documents/WFP-0000129977/download/?_ga=2.152023289.1114933511.1635386093-1187478098.1635386093。

⑥ Stephen S. Fenichell and Phillip Andrews, *The United Nations—Blueprint for Peace* (The John C. Winston Company, 1954), p.54.

ECOSOC）管理的政府间组织，拥有194个成员国、2个准成员和1个成员组织（欧盟），总部设在意大利罗马，办事处遍及130多个国家。①

粮农组织权力下放网络包括5个区域办事处，10个分区域办事处，85个建制完善的驻国家办事处（不包括设在区域和分区域办事处内的国家办事处）；并通过多重委任覆盖另外37个国家、1个项目办公室、4个国家通讯员、6个国家联络处、2个信息办公室及2个其他代表安排。② 截至2019年2月14日，粮农组织共聘用111 561名员工，32%的人员在罗马总部，其余人员则在世界各地的办事处工作。③

粮农组织将帮助人们消除饥饿、粮食不安全和营养不良，提高农业、林业、渔业生产率和可持续性，减少农村贫困，推动建设包容、有效的农业和粮食系统，增强生计抵御威胁和危机的能力作为自己的战略目标。④ 粮农组织的活动包括五大领域：使人们能够获得信息并支持向可持续农业转型；加强政治意愿并分享政策专业知识；强化公共和私营部门的合作，提高小农农业；将知识送到实地；支持各国预防和减轻风险。⑤ 粮农组织2018—2019年计划预算总额为2.6亿美元，其中39%来自成员国的分摊会费，61%则来自成员和其他合作伙伴的自愿捐款。⑥

在人道主义援助空间中，"粮农组织致力于帮助农民从洪灾、牲畜疾病暴发和类似突发事件中恢复生产；粮农组织的全球粮食和农业信

---

① FAO, "Who we are," https://www.fao.org/about/who-we-are/zh/, accessed on Febuary 1, 2023.

② 联合国粮食及农业组织：《机构及财务》，https://www.fao.org/about/who-we-are/zh/，访问日期：2023年2月1日。

③ 同上。

④ 联合国粮食及农业组织：《我们做什么》，http://www.fao.org/about/what-we-do/zh/，访问日期：2016年6月2日。

⑤ 联合国粮食及农业组织：《关于粮农组织》，https://www.fao.org/about/how-we-work/zh/，访问日期：2016年6月2日。

⑥ 联合国粮食及农业组织：《我们如何工作》，http://www.fao.org/about/how-we-work/zh/，访问日期：2016年6月2日。

息及预警系统就世界粮食形势发布月度报告，提供特别警报服务，帮助各国政府和援助组织确认存在粮食短缺问题的国家"。[1] 由粮农组织成员国和其他伙伴提供的自愿捐款将用于向各国政府提供与结果框架相关、目的明确的技术和紧急援助（包括恢复工作），以及对粮农组织核心工作提供直接支持。[2]

粮农组织通过以下五种方式向处于紧急状况下的人口提供援助：（1）利用现代科技收集信息和数据，发出预警，提前行动；（2）通过向贫困家庭定期提供现金补贴，代金券计划和"以工代赈"方案进行现金援助；（3）在紧急情况发生前后及发生过程中，向农民分发包含种子、工具和肥料的农业生产资料箱和对牲畜进行医疗援助，帮助他们重新获得收入；（4）进行农业技术指导，帮助引入适合当地气候的生长作物和更加高效的生产工具；（5）通过消除饥饿、贫困和气候变化影响减少被动移民。[3]

第五节　世界卫生组织

1946年7月，世界卫生组织成立筹备会，会议通过了《世界卫生组织组织法》，1948年4月7日，该法得到联合国26个会员国批准生效，4月7日因此被定为"世界卫生日"。1948年6月24日在日内瓦召开第1届世界卫生大会，世界卫生组织正式成立。[4] 目前，来自150多个国家的7000多人，在150个国家、地区和地方办事处、6个区域办事处

---

① 联合国：《提供人道主义援助》，https://www.un.org/zh/our-work/deliver-humanitarian-aid，访问日期：2016年6月2日。

② 联合国粮食及农业组织：《我们如何工作》，http://www.fao.org/about/how-we-work/zh/，访问日期：2016年6月2日。

③ 联合国粮食及农业组织：《粮农组织向处于紧急状况下的人口提供援助的5种方式》，http://www.fao.org/zhc/detail-events/zh/c/1029059/，访问日期：2016年6月2日。

④ 《世界知识年鉴》编委会：《世界知识年鉴2020/2021》，世界知识出版社，2021，第1069—1070页。

以及瑞士日内瓦总部为本组织工作。[①] 世界卫生组织通过和各国、联合国系统、国际组织、民间团体、基金会、学术界、研究机构以及民众和社区开展合作，推动卫生领域各行动方努力应对国家和全球卫生挑战，指导和协调国际卫生工作，改善各地人民的健康状况。[②] 其经费来源包括两个部分：成员国会费和自愿捐款。其中，成员国会费占据不到20%，自愿捐款来自联合国机构，政府间组织，慈善机构，私人组织以及其他渠道。[③]

在人道主义领域中，世界卫生组织负责协调国际社会共同应对人道主义卫生紧急情况，为全球卫生事务提供领导，拟定卫生研究议程，制定规范和标准，阐明以证据为基础的政策方案，向各国提供技术支持，以及监测和评估卫生趋势。[④] 它是人道主义援助框架内跨部门协调委员会的卫生部门领导机构，也是国际减灾战略系统的一名成员。

第六节　联合国难民事务高级专员公署

联合国难民事务高级专员公署（简称"难民署"）于1951年1月1日在日内瓦成立，由联合国大会和联合国经济及社会理事会共同管理。该机构领导和协调各项国际行动，保护、资助难民并在全球范围内解决难民问题。[⑤] 难民署经常和世界粮食计划署、联合国儿童基金会等一起工作，为难民提供食品、水、卫生设备等国际援助。其与国际移民

---

① 世界卫生组织：《关于世卫组织——我们是谁》，http://www.who.int/about/who-we-are/zh/，访问日期：2016年6月2日。

② 世界卫生组织：《关于世卫组织——合作和伙伴关系》，http://www.who.int/about/collaborations/zh/，访问日期：2016年6月2日。

③ WHO, "Funding," https://www.who.int/about/funding, accessed on April 6, 2020.

④ 联合国：《人道主义援助》，https://www.un.org/ruleoflaw/zh/thematic-areas/international-law-courts-tribunals/humanitarian-assistance/，访问日期：2020年1月29日。

⑤ 联合国：《联合国与法治》，https://www.un.org/ruleoflaw/zh/thematic-areas/international-law-courts-tribunals/humanitarian-assistance/，访问日期：2020年1月29日。

组织相互合作，负责协调和管理难民营；和红十字会与红新月运动国际联合会合作，共同负责提供应急住所。① 难民事务高级专员为难民署办公室最高负责人。联合国大会还创立了联合国近东巴勒斯坦难民救济和工程处（简称：近东救济工程处），为1948年阿以冲突中无家可归和难以维持生计的约75万名巴勒斯坦难民提供紧急救助。

国际难民法现行的一般性的难民定义是1951年《关于难民地位的公约》（主要针对二战结束初期的欧洲东部国家的难民）及其1967年《关于难民地位的议定书》（世界范围的难民）界定的。该定义认为，难民是"因正当理由畏惧由于种族、宗教、国籍、属于其一社会团体或具有某种政治见解的原因留在其本国之外，并且由于此项畏惧而不能或不愿受该国保护的人；或者不具有国籍并由于上述事情留在他以前经常居住国家以外而现在不能或者由于上述畏惧不愿返回该国的人"。② 但在实践中，难民署的保护范围已经大大超越了难民定义的涵盖范围。截至2020年，难民署帮助5000万名难民开启新生。③ 今天，难民署共对2640万名难民负责，并向近8240万名流离失所的人提供保护。④

截至2020年5月31日，联合国难民署有17 324名工作人员在135个国家开展工作。⑤ 年度经费预算已经从成立初年的30万美元增加到2019年的86亿美元。⑥ 而在20世纪90年代，难民署年度预算只有约10

---

① 联合国：《难民》，www.un.org/zh/global-issues/refugees，访问日期：2020年1月29日。

② 同上。

③ UNHCR, "History of UNHCR," https://www.unhcr.org/history-of-unhcr.html, accessed on January 9, 2020.

④ UNHCR, "Global Trends: Forced Displacement in 2020," June 18, 2021, https://www.unhcr.org/60b638e37/unhcr-global-trends-2020, accessed on January 9, 2020.

⑤ 联合国难民署：《数据一览》，https://www.unhcr.org/cn/%E6%95%B0%E6%8D%AE%E4%B8%80%E8%A7%88，访问日期：2021年10月31日。

⑥ UNHCR, "History of UNHCR," https://www.unhcr.org/history-of-unhcr.html, Accessed on October 31, 2021.

亿美元。① 凭借对世界难民的保护和支持，1954年和1981年，难民署两次获诺贝尔和平奖。

第七节　联合国人口基金

1966年第21届联合国大会通过第2211号决议，要求联合国系统的组织在人口方面向各国提供技术援助。1969年成立了"联合国人口活动基金"，该基金会由1967年联合国秘书长设立的人口活动信托基金组织发展而来，1979年成为联大附属机构。1987年正式定名为"联合国人口基金"。该基金会在整个政策上接受联合国大会和经济及社会理事会的总体指导，在行政、财务和项目具体事宜上接受联合国开发计划署和联合国人口活动基金会执行局的指导。② 它通过制定更有效的人口政策，减少贫困人口，防止意外怀孕，确保安全分娩，让年轻人免受艾滋病毒威胁，确保女性拥有尊严。③ 基金会经费主要来源于各国政府和私营部门团体、基金会和个人的捐赠，不受联合国经常预算支持。④ 联合国人口基金设立的主题人道主义基金（Humanitarian Thematic Fund，HTF）和紧急基金（the Emergency Fund，EF）为其5个区域办事处、6个分区域办事处、129个下属国家办事处提供资助，在大约150个国家、地区和区域内开展拯救生命的人道主义行动。⑤⑥

---

① Peter Walker, Daniel G. Maxwell, *Shaping the Humanitarian World* (Routledge, 2009), p.101.

② UNFPA, "UNFPA in the UN system," https://www.unfpa.org/unfpa-un-system, accessed on November 25, 2022;《世界知识年鉴》编委会：《世界知识年鉴2020/2021》，世界知识出版社，2021，第1058页。

③ UNFPA, "About UNFPA," http://www.unfpa.org/about-us, accessed on May 6, 2022.

④ UNFPA, "UNFPA in the UN System," https://www.unfpa.org/unfpa-un-system, accessed on November 25, 2022.

⑤ UNFPA, *2022 Humanitarian Action Overview*, December 9, 2021, p.32, https://www.unfpa.org/HAO2022.

⑥ 联合国人口基金会：《我们的工作方式》，https://www.un.org/zh/aboutun/structure/unfpa/howwework.shtml，访问日期：2022年11月25日。

其中，主题人道主义基金是基础性的核心资金，而紧急基金能够在危机爆发后第一时间发挥重要作用。

自1998年之后，联合国人口活动基金会与各国政府、联合国机构、当地非政府组织，以及其他合作伙伴合作，通过提供母婴医疗设备和服务、计划生育支持、强奸临床管理、预防和阻止性传播感染、提供人道主义物品、发放"尊严包"等在紧急情况下发挥了越来越重要的作用。[①] 例如，在紧急状态下，联合国人口基金为怀孕的妇女提供产前、生产和产后护理；为家庭提供避孕套等计生用品；向女性分发尊严护理箱，根据不同的情况和文化配备卫生棉、肥皂、内衣和其他物品等；宣传性别平等，防止和帮助解决危急中的性别暴力问题；通过和各国统计部门合作，收集、分析、传播可靠的数据和信息，方便人道主义援助组织救援。[②]

新冠疫情暴发之后，联合国人口基金遭遇了巨大挑战，但是它很快调整和创新了工作方式，取得了重要成就。根据其发布的《人道主义行动概览（2022）》：2021年度，联合国人口基金共募集到3.45亿美元，通过线上和线下共向61个国家7500万人提供了人道主义援助。[③]其中，2900多万妇女接受了性与生殖健康服务，包括接受避孕药、安全生产用品和个人防护装备；大约200万名性别暴力的受害者通过联合国人口基金提供的12 000个安全空间接受了服务。[④]2022年，联合国人口基金呼吁募集8.35亿美元资金，计划为61个国家的5450万名妇女、女孩和年轻人提供拯救生命的性与生殖服务。[⑤]

[①] UNFPA, "Humanitarian," https://www.unfpa.org/emergencies#readmore-expand, accessed on May 7, 2022.

[②] Ibid.

[③] UNFPA, *2022 Humanitarian Action Overview*, December 9, 2021, p.32, https://www.unfpa.org/HAO2022.

[④] Ibid., p.4.

[⑤] Ibid.

第八节　联合国人居署

1978年10月，联合国人居中心成立。2001年12月，联合国大会56/206号决议决定将联合国人居中心升格为联合国人居署，2002年1月1日正式成立。[①] 联合国人居署是联合国授权解决联合国系统内所有城市化和人居问题的专门机构。它取代了原来联合国人居委员会（UN Commission on Human Settlements）及其执行机构联合国人居中心的职能，宗旨是促进社会和环境方面可持续性人居发展，达到所有人都有合适居所的目标。通过支持城市发展和规划，推动经济增长和社会发展，减少贫困和不平等。2004年4月，联合国人居署受邀加入联合国人道主义事务执行委员会。此后不久，人居署又加入了日内瓦的机构间常设委员会工作组，致力于加强联合国在灾后阶段应对住房、土地和财产方面各项挑战的整体举措，推动关于国际难民的条款执行。

联合国人居署实行三层治理机制：一是联合国人居大会（简称"人居大会"），由联合国193个成员国组成，每4年在肯尼亚首都内罗毕人居署总部召开一次（2019年5月，首届大会举行）；二是由人居大会选出的36个成员国组成的执行局，每年举行3次会议，代表成员国对人居署业务进行监督；三是人居署常驻代表委员会（CPR），每4年召开2次公开会议。[②]

联合国人居署的资金主要有四个来源：一是定期的预算拨款，由联合国大会批准，进入核心资金；二是一般性捐款，来自各国政府的非指定自愿捐款，用于支持核心资金和实施已获批准的工作方案；三

---

① 《世界知识年鉴》编委会：《世界知识年鉴2020/2021》，世界知识出版社，2021，第1062页。

② UNHABITAT, "Governance," https://unhabitat.org/governance, accessed on November 26, 2022.

是专项捐款，来自各国政府和其他捐助者的自愿指定捐款，符合联合国人居署的授权，用于实施工作方案中的具体活动；四是技术合作捐款，来自各国政府和其他捐助者的指定资源，用于实施国家层面的活动。[①] 2021年度，联合国人居署总收入为2.153亿美元，实现了其呼吁资金的94%；其中，联合国拨款1590万美元，人居署成员国非指定用途捐款290万美元，基金会指定用途捐款3650万美元，技术合作自愿定向捐款1.356亿美元。[②]

人居署通过与各国政府、专家、民间团体、多边组织、私营部门以及所有其他发展伙伴合作，共同解决当前和未来城市面临的困境。目前，联合国人居署已在全世界90多个国家展开工作[③]，拥有400名核心员工，并保持最多2000人的项目人员，通过肯尼亚内罗毕的总部（联合国人居署秘书处）和非洲、阿拉伯国家、拉丁美洲和亚洲四个区域办事处管理所有工作。[④] 2021年，人居署在11个国家开展了34个应对新冠疫情的项目，有100万人受益。[⑤]

联合国人居署在国际人道主义援助体系中负责防灾、减灾和灾后人类住区的重建。世界各国通过《人居议程》，授权联合国人居署发挥领导作用，防止灾害，减灾，做好灾害预备工作，并针对人类住区问题，开展灾后重建。[⑥] 联合国人居署灾害管理计划通过帮助各国中央政府、地方政府和社区，加强它们抵御人为灾害和自然灾害的能力，实

[①] 联合国人居署：《捐助者》，https://cn.unhabitat.org/关于我们/捐助者/，访问日期：2020年10月1日。

[②] *For a Better Urban Future: Annual Report 2021*, United Nations Human Settlements Programme (UN–Habitat), HS Number: HS/001/22E, 2022, p.42.

[③] "Home /About Us," https://unhabitat.org/about–us, accessed on Novemeber 26, 2022.

[④] 联合国人居署：《联合国人类住区规划署一览》，https://cn.unhabitat.org/关于我们/联合国人类住区规划署一览/，访问日期：2020年10月1日。

[⑤] *For a Better Urban Future: Annual Report 2021,* United Nations Human Settlements Programme (UN–Habitat), HS Number: HS/001/22E, 2022, p.2.

[⑥] 王瀛译：《自然灾害和冲突之后》，《人类居住》2007年第1期，第5页。

现防治灾害的目标，即人居署将现场救援中习得的专业技能、经验知识和教训结合起来，填补救济和发展之间的鸿沟。其中，在城市、城镇和乡村采用早期预警系统，预防和减轻自然灾害和人为灾害是首要任务（有利于维持生计、保护社区、保障相关的基本服务）；在灾后重建中，特别关注妇女的居住权保障、土地权和适当的住房权（联合国人居署职责的核心）；在返还财产时注重性别区分。[①]

第九节 联合国国际移民组织

联合国国际移民组织的前身是1951年12月成立的欧洲移民问题政府间委员会（PICMME）。1980年，该组织被改名为"移民问题政府间委员会"（ICM），1989年11月，再次被改为现名"国际移民组织"（IOM）。[②] 国际移民组织是国际移民领域的主要政府间国际组织。其使命是协助确保有序和人道地管理移民流动，促进国际移民合作，协助寻求移民问题的可行性解决方案，并为有需要的移民，包括难民和国内无家可归的人提供人道主义援助。[③]

根据《世界移民报告（2022年）》，截至2020年，国际移民总数达到2.81亿人，占全球总人口的3.6%，比2019年的2.72亿人增加了3.5%。[④] 国际移民组织对移民的管理涵盖移民与发展、便利移民、移民规则制定，以及反对强迫移民四大领域；跨领域行动包括增强国际移民法律建设，引导政策讨论和规则制定，保护移民权利，保证移民健康和性别区分。[⑤]

---

① 王瀛译：《自然灾害和冲突之后》，《人类居住》2007年第1期，第5页。

② IOM, "IOM History", https://www.iom.int/iom-history, accessed on November 26, 2022.

③ IOM, "What We Do", https://www.iom.int/our-work, accessed on May 7, 2022.

④ McAuliffe, M. and A. Triandafyllidou eds., *World Migration Report 2022*, Geneva: International Organization for Migration (IOM), 1 Dec., 2021, p.3.

⑤ IOM, "Our Work," https://www.iom.int/our-work, accessed on May 7, 2022.

2016年，国际移民组织正式加入联合国系统。截至2021年8月，有174个成员、8个观察员国，[①] 在100多个国家拥有办公室。[②] 国际移民组织年度预算在15亿美元左右，有1万多员工在150多个国家工作。[③] 在全球有500多个国家办事处和分办事处。[④] 2020年，新冠疫情发生后，国际移民组织援助流离失所人口返回，安排工作与住所，提供食品、水、环境与个人卫生用品，并开展新冠病毒感染测试。该年度，国际移民组织为27个国家的40536名难民和其他脆弱人群重新安置，进行人道主义援助，尤其在阿富汗、希腊、约旦、黎巴嫩和土耳其。[⑤] 2021年，该组织为3170万人提供了服务（包括国内流离失所者、难民和移民），并收容社区成员。[⑥]

第十节　联合国人权事务高级专员办公室

联合国人权事务高级专员办公室（简称：人权高专办公室）是根据第48届联合国大会于1993年12月20日通过的第48/141号决议设立的。它是联合国人权事务高级专员办公的地方，是联合国秘书处的一部分。人权高专办公室在《联合国宪章》《世界人权宣言》和其他国际人权文件以及国际法的框架内活动。在联合国秘书长的指导和授权之下，联合国人权事务高级专员对人权委员会负责，同时通过经济及社会理事会对联合国大会负责。现任联合国人权事务高级专员为福尔克尔·蒂尔克（Volker Türk），他于2022年10月上任，是联合国第八任

---

① IOM, "Our Work," https://www.iom.int/our-work, accessed on May 7, 2022.

② Ibid.

③ IOM, "IOM History," https://www.iom.int/iom-history, accessed on May 7, 2022.

④ IOM, "Our Work," https://www.iom.int/where-we-work, accessed on November 26, 2022.

⑤ McAuliffe, M. and A. Triandafyllidou eds., *World Migration Report 2022*, Geneva: IOM, 1 Dec., 2021, p.49.

⑥ IOM, "Our Work," https://www.iom.int/our-work, accessed on November 26, 2022.

人权事务高级专员。

人权高专办公室"拥有约1300名工作人员，总部设在日内瓦，并在纽约设有办事处。人权高专办公室在地方设有区域和国家/独立办事处。此外，人权高专办公室还是联合国和平特派团或政治事务处的人权组成部分，而且部署人权顾问与联合国国家工作队合作"。[①] 机构开展人权现场活动、提供咨询服务和技术援助等工作。其经费目前近2/3来自会员国和其他捐赠方的自愿捐助，剩余部分由联合国经常预算提供。[②]

人权高专办公室是机构间常设委员会成员之一，负责监督国际社会对紧急情况作出符合人权标准的反应。在努力预防或应对冲突、流行病、自然灾害和其他危机期间，人权高专办公室促进和支持保护与粮食、水、健康、住房、土地有关的人权，并协助人道主义行为体采取符合人权最低标准的科学方法，协助问责机制处理强迫驱逐、无家可归、流离失所、抢夺土地和其他侵犯住房的行为。当前，通过保护人权推动可持续发展，减少人道主义危机是人权高专办公室的优先专题事项。

人权高专办公室也和其他联合国机构合作，让人权的标准嵌入援助的进程中。例如，联合国开发计划署负责履行可持续发展目标中关于在住房、土地和相关人权方面"不让任何人落后"的承诺。联合国维和行动部对维和行动提供监督、规划和支持，并负责协调军队和警察，以及在恢复和重建的复杂使命中监督选举。[③]

---

① 人权高专办公室：《我们的组织》，https://www.ohchr.org/CH/AboutUs/Pages/Organization.aspx，访问日期：2020年2月26日。

② 人权高专办公室：《关于人权高专办的经费和预算经费》，https://www.ohchr.org/CH/AboutUs/Pages/FundingBudget.aspx，访问日期：2020年2月26日。

③ Hanifa Mezoux：《联合国人道主义行动及非政府组织的职能》，载 S. William A. Gunn, Michele Masellis 主编《人道医学理念与实践》，孙海晨、周荣斌译，人民卫生出版社，2011，第126—127页。

在具体操作层面，人权高专办公室通过在危机中领导组群，部署实地考察团、成立人权办公室、派遣人道主义观察员、制定人权标准等方式减少危机对人的影响。2016年，人权高专办公室领导了巴勒斯坦保护组群，共同合作领导了海地、毛里塔尼亚、巴布亚新几内亚、东帝汶的保护组群。人权高专办公室还在孟加拉国和加勒比海部署了多个实地考察团，在约旦、黎巴嫩、土耳其分别建立了3个人权办公室；派遣6名人道主义观察员赴尼日利亚东北部支持联合国人道主义反应。[①] 为了兑现2016年世界人道主义峰会的承诺，人权高专办公室总部发明了紧急情况下的人权评价工具，撰写了《人道主义工作者实践操作手册》。

总之，在全球人道主义援助谱系中，联合国作为一个政府间组织，发挥着中心协调和领导的作用。联合国及其专门人道主义援助机构建立了以联合国为中心的国际人道主义援助全球治理的基础框架。在此框架内，联合国和世界其他主要人道主义机构进行合作，对全球灾难进行快速、有效的人道主义援助。2013年，联合国参加国际人道主义援助的机构共有11个，包括9个机构间常设委员会[②] 成员，联合国近东巴勒斯坦难民救济和工程处，以及国际移民组织。[③] 2018—2021年，联合国三大人道主义援助机构——世界粮食计划署，联合国难民事务高级专员公署，以及联合国儿童基金会共接受了全球47%的人道主义援助资金，其接受的援助资金比例依次为28%、12%、7%。[④] 2021年度，联合国帮助调集所需的191亿美元人道主义援助资金，援助了64个国

---

① *UN Human Right Report 2017*, United Nations Human Rights Office of the High Commissioner Annual Report, p.51, https://www2.ohchr.org/english/OHCHRreport2017/allegati/Downloads/1_Whole_Report_2017.pdf.

② UNDP, UNICEF, UNHCR, WFP, FAO, WHO, UN-HABITAT, UNFPA, OCHA.

③ *The State of the Humanitarian System (2015 Edition)*, ALNAP/ODI, p.38, https://www.alnap.org/system/files/content/resource/files/main/alnap-sohs-2015-web.pdf.

④ *The State of the Humanitarian System (2022 Edition)*, (ALNAP, publish on Sep. 7, 2022), p.58.

家和地区的2.642亿人。[①] 联合国人道主义援助系统对全球自然和人为灾难的援助及治理发挥了不可替代的重要作用。

[①] 《秘书长关于联合国工作的报告2021》，联合国第76届会议文件A/76/1，2021，第11页。

第三章　国际红十字和红新月运动与国际人道主义援助

　　国际红十字与红新月运动（International Red Cross and Red Crescent Movement）是国际人道主义领域最权威、规模最大、最特殊的系统。[①] 该系统已经经历150多年的发展，在国际人道主义救助领域具有最长的历史和行业优势。其活动领域除了人道主义紧急救助外，还包括紧急预防、非紧急情况下的健康呵护，以及其他社会活动。

　　从结构上说，该系统由3个核心部分组成：红十字会和红新月会（National Red Cross and Red Crescent Societies），红十字会与红新月会国际联合会（International Federation of Red Cross and Red Crescent Societies，IFRC），红十字国际委员会（International Committee of the Red Cross，ICRC）。[②] 这3个机构一起在全球范围内共同运作，其使命是："尽可能预防和减少在任何地方人类遭受的苦难；保护生命和健康，确保人的尊严，特别是在军事冲突和其他紧急状况下；预防疾病，为促进健康和社会福利而工作；鼓励志愿服务并随时提供帮助，团结所有需要保护和帮助的人。"[③] 1986年通过的国际红十字与红新月运动章

---

① 有的学者认为其既非政府组织，也非国际组织。见 Michael Barnett, *The International Humanitarian Order* (Routledge, 2010), p.195。

② *The International Red Cross and Red Crescent Movement at a Glance*, International Committee of the Red Cross (ICRC), November 1, 2007, p.2, http://www.alnap.org/resource/11222.

③ *Statutes of The International Red Cross and Red Crescent Movement*, adopted by the 25th International Conference of the Red Cross at Geneva in 1986, amended in 1995 and 2006, p.5, https://www.icrc.org/eng/assets/files/other/statutes-en-a5.pdf.

程确认红十字国际委员会、各国红会和国际联合会为其成员。

国际红十字与红新月运动不是一个实体的国际组织，而是一个由8 000万人组成的以人道主义援助为目标的活动联系网络。[①] 其机构包括国际大会（International Conference）、代表会议、常设委员会（Standing Commission）、红十字国际委员会、国际联合会、各国红会。

国际大会每4年召开一次，是红十字红新月法定会议（Red Cross Red Crescent Statutory Meetings）。该会是国际红十字与红新月运动的最高议事机关，由各国红十字会和红新月会代表团、日内瓦公约（1864年/1906年、1929年或者1949年）成员国的代表团、红十字国际委员会的代表和红十字会与红新月会国际联合会的代表组成。国际大会负责整个红十字运动网络系统的协调。

各国红会每2年集合在一起，举行国际联合会全体大会（General Assembly）。在联合会全体大会之后，国际大会之前召开代表会议（Council of Delegates Meetings）。代表会议提议主持国际大会和其他空缺的候选人，并制定国际大会临时议程。此外，每4年还会召开一次地区大会。2019年11月，红十字会与红新月会国际联合会第10届亚太地区大会在菲律宾马尼拉闭幕。中国在2014年10月承办了第9届红十字会与红新月会国际联合会亚太地区大会。

"由9人组成的常设委员会负责组织上述这些会议。常设委员会有5名委员是在国际大会期间通过选举产生的。另外4人是依照职位兼任的委员，其中，红十字国际委员会和国际联合会主席占据两席。"[②] "国际红十字与红新月运动有自己的出版物《红十字红新月杂志》，该杂志

---

① ICRC, "Home Who We Are The International Red Cross And Red Crescent Movement, https://www.icrc.org/en/who-we-are/movement，访问日期：2024年3月28日。

② 红十字国际委员会：《国际红十字与红新月运动》，https://www.icrc.org/zh/movement，访问日期：2022年1月1日。

由红十字国际委员会与国际联合会日内瓦总部共同编撰出版。"[①]

第一节　红十字国际委员会

红十字国际委员会是运动中历史最为悠久且最负盛誉的组织，它也是世界上获得最广泛认可的组织之一，在1917年、1944年和1963年三次荣获诺贝尔和平奖。其创办人亨利·杜南（Jean Henry Dunant）被誉为"国际红十字之父"。其生日5月8日，于1948年被红十字会协会（红十字会与红新月会国际联合会）理事会定为世界红十字日。1901年，瑞士人亨利·杜南与法国人弗雷德里克·帕西（Frédéric Passy）一起获得首届诺贝尔和平奖。

红十字国际委员会起源于1863年亨利·杜南创立的第一个国际人道主义援助组织——"伤兵救护国际委员会"（又称"日内瓦5人委员会"）。1859年6月25日，瑞士银行家，基督教加尔文教徒亨利·杜南在旅途中路经意大利伦巴底，目睹了前一天法奥战争中的4万多名法国、意大利、澳大利亚死伤士兵后，组织周边妇女提供尽可能的援助。三年后，杜南在其自费出版的名为《索尔费里诺回忆录》（*Un Souvenir de Solferino*）的书中，提出了一个历史性的问题："是否有可能在和平时期成立由热情的、自愿的、专业的志愿者组成的一个组织在战时为伤病员提供护理?"[②] 杜南的思想随即在欧洲得到讨论。

最终，1863年2月9日，亨利·杜南与古斯塔夫·穆瓦尼埃（Gustave Moynier，红十字国际委员会首任主席，在任长达40年）、吉勒姆–亨利·杜福尔（Guillaume-Henri Dufour）、路易斯·阿皮亚

---

① 红十字国际委员会:《国际红十字与红新月运动》，https://www.icrc.org/zh/movement，访问日期：2022年1月1日。

② Buckingham, Clyde E., *Red Cross Disaster Relief: Its Origin and Development* (Public Affairs Press Washington, D.C., 1956), p.1.

（Louis Appai）及西奥多·莫诺瓦（Theodore Maunoir），一同成立了致力于为战争和武装暴力的受害者提供人道主义保护和援助的"伤兵救护国际委员会"，亦称"日内瓦5人委员会"，这就是红十字国际委员会的前身。伤兵救护国际委员会于1875年改为现名。①

1863年10月26日，"伤兵救护国际委员会"召集和主持了日内瓦国际会议。来自欧洲16个国家和4个私人组织的36名代表参加了这次会议。10月29日，会议通过了十项决议。决议的主要内容首先是亨利·杜南在《索尔弗里诺回忆录》中提出的两项重要建议：一是在各国设立全国性的志愿伤兵救护组织，平时开展救护技能训练，战时支援军队医疗工作；二是签订一份国际公约，给予军事医务人员和医疗机构及各国志愿的伤兵救护组织以中立的地位。此外，决议还采用白底红十字臂章作为救护人员的保护性标志。1864年3月8日，在普鲁士与丹麦之间爆发的石勒苏益格战役中，佩戴红十字臂章的救护人员第一次在战场上出现，并提供人道服务。②

瑞典在1834年曾经为洪灾受害者募集资金；德国也曾经在1958年做过同样的事情，但是只有杜南及其伙伴真正将思想转化为一个有效的社会行动。③在各国设立全国性的伤兵志愿救护组织，战时支援军队医疗工作的想法才成为现实。

红十字国际委员会由最多25名瑞士籍增选委员构成，由大会、大会理事会（获得大会一定授权的附属机构）和指导委员会（执行机构）共同管理。④代表大会是最高权力机构，由国际委员会委员组成，负责

①　赵白鸽：《序》，载罗歇·迪郎：《红十字之父——亨利·杜南传》，晓亚、杜博礼译，中国海洋大学出版社，2011。

②　四川省广元市红十字会：《红十字运动的起源》，http://www.scgyrc.org/list.asp?clf=49&classId=195，访问日期：2020年4月1日。

③　Buckingham, Clyde E., *Red Cross Disaster Relief: Its Origin and Development* (Public Affairs Press Washington, D.C., 1956), p.2.

④　红十字国际委员会：《组织结构》，http://www.icrc.org/zh/who-we-are，访问日期：2020年4月1日。

制定工作原则和总政策，并监督委员会的全部活动；委员以自行遴选的方式在瑞士公民中选举产生，每4年选举1次；执行理事会负责指导日常事务和监督行政管理工作，成员由代表大会选举产生。①

大会和大会理事会主席均由红十字国际委员会主席担任。现任红十字国际委员会主席米里亚娜·斯波利亚里茨·埃格（Mirjana Spoljaric Egger，瑞士籍）于2022年10月就任，她也是红十字国际委员会160年历史上的首位女主席。

从一个自发帮助受伤士兵的行动开始，红十字国际委员会在过去160年中成长为一个帮助世界上数百万战争受害者的国际非政府组织，"已经在全球80多个国家开展一线救援"②，其总部在瑞士日内瓦。2021年度，在全球100多个国家共有20 867名员工。③其资金主要来自《日内瓦公约》缔约国（政府）、各国红十字会和红新月会、超国家组织（如欧盟），以及公众和私人的自愿捐助。④自成立以来，唯一目标就是确保为武装冲突和暴力局势受难者提供保护和援助。⑤其行动分为保护、援助、预防和合作四个部分。⑥具体活动包括：传播国际人道法，为战乱情况下的受害者提供医疗服务和救济，开展国际寻人工作和帮

①　中华人民共和国外交部：《红十字国际委员会》，2022年10月，http://foreignjournalists. fmprc.gov.cn/wjb_673085/zzjg_673183/gjs_673893/gjzz_673897/hszgj_674221/gk_674223/，访问日期：2023年1月。

②　红十字会与红新月会国际联合会秘书长办公室主任亚甘·扎普干在2015年10月21日国家行政学院应急管理培训中心、中国社会科学院蓝迪国际智库项目牵头主办的"共同应对人道主义援助面临的挑战"国际研讨班上的讲话。《国际人道主义援助发展现状和挑战》，2015年10月22日，http://caijing.chinadaily.com.cn/2015-10/22/content_22257179.htm，访问日期：2021年5月29日。

③　*ICRC Annual Report 2021: Facts and Figures*, ICRC, July 27, 2022, p.2, https://library.icrc. org/library/docs/DOC/WEB_048.pdf.

④　红十字国际委员会：《财务》，http://www.icrc.org/zh/who-we-are/finances，访问日期：2021年5月29日。

⑤　红十字国际委员会：《红十字国际委员会的历史》，http://www.icrc.org/chi/who-we-are/ history/overview-section-history-icrc.htm，访问日期：2021年5月29日。

⑥　*ICRC Annual Report 2016 (Volume I)*, ICRC, May 2017, p.12, https://www.icrc.org/data/files/ annual-report-2016/ICRC-2016-annual-report.pdf.

助失散亲人团聚，探视战俘和被拘押的平民，协助战俘交换。[①]

在第一次世界大战（1914—1918年）期间，红十字国际委员会快速发展。"在战争爆发不到两个月的时间内，成员增加了12倍"。[②] 红十字国际委员会在日内瓦设立了战俘情报中央事务所，帮助被俘士兵与其家人重建联系；对可能造成极端伤害的武器的使用进行干预（1918年，该组织呼吁交战方放弃使用芥子气）；1918年，该组织在匈牙利首次探视了因政治问题而被关押的人；各国红会志愿者们在战场上开展救护车医疗服务并在医院里照顾伤者。[③] 基于其特殊和重要的贡献，红十字国际委员会在1917年获得了诺贝尔和平奖。

但红十字国际委员会的缺陷也在此后陆续暴露出来：缺乏战略计划，规模有限，缺乏组织能力，主要关注西方而不是东方。[④] 另外，红十字国际委员会无力干预平民事务和阻止宗族屠杀，这也促使了第四次《日内瓦公约》将平民纳入保护范围。

第二节　国际红十字与红新月联合会

在红十字国际委员会成立的随后几年中，几乎所有欧洲国家都成立了国家协会。随着各国红十字会的逐步建立，第一次世界大战结束

---

①　中华人民共和国外交部：《红十字国际委员会》，2022年10月，http://foreignjournalists. fmprc.gov.cn/wjb_673085/zzjg_673183/gjs_673893/gjzz_673897/hszgj_674221/gk_674223/，访问日期：2023年1月。

②　红十字国际委员会东亚地区代表处前传播部主管马丁·安特奈合（Martin Unternaeher）在接受访问时的回答。见北京大学考古文博学院"源流工作组"：《国际博物馆日 | "战火中的人道"，与一场无声的辩论》，2017年5月18日，澎湃新闻，https://www.thepaper.cn/newsDetail_forward_1688127，访问日期：2020年4月1日。

③　红十字国际委员会：《红十字国际委员会的历史》，http://www.icrc.org/chi/who-we-are/history/overview-section-history-icrc.htm，访问日期：2020年3月1日。

④　Wolf-Dieter Eberwein and Bob Reinalda, "A Brief History of Humanitarian Actors and Principles," in Zeynep Sezgin and Dennis Dijkzeul, ed., *The New Humanitarians in International Practice: Emerging actors and contested principles* (Routledge, 2015), p.31.

后，美国银行家、美国红十字会战时委员会主席亨利·戴维逊（Henry P. Davison）倡议建立各国红十字会国际联合会，在国际范围内组织和协调卫生救护活动。1919年初，国际医学大会确定了其必要性。1919年5月15日，美、英、法、意、日五国红十字会在巴黎集会，成立了红十字会联盟（League of Red Cross Societies，以下简称：联盟）。

联盟成立初期，积极参与对俄国内战的救援，而与红十字国际委员会的矛盾也凸显出来。受俄国十月革命、内战、俄波战争以及1921—1922年苏俄饥荒的影响，200多万名俄国居民逃往国外。1921年8月，联盟设立了处理欧洲俄国难民问题的高级专员职位。刚开始，红十字国际委员会主席古斯塔夫·阿尔多（Gustave Ador）负责苏联难民事务。阿尔多下台后，挪威著名社会活动家、探险家弗里乔夫·南森（Fridtjof Nansen）接任。他和时任美国商务部长胡佛（后来的美国第31任总统）在救助苏联难民方面发生了分歧。胡佛主张援助中立，独立于苏联政府发放物资；而南森主张通过苏联政府发放救济。1922年，南森凭借担任国际联盟高级专员所做的工作获得了诺贝尔和平奖。

1928年，专门为调节二者之间矛盾成立的"国际委员会"（International Council）以书面文件规定了各自的职责范围。后来这项任务转移给了"常务委员会"（Standing Commission）。此后，双方都参与了对埃塞俄比亚战争和西班牙内战的援助。1963年，二者同时分享诺贝尔和平奖。

1997年的《塞维利亚协议》（Seville Agreement），进一步明确了二者的职责范围。协议规定，在战争冲突中，红十字国际委员会是占主导地位的红十字组织，负责军事冲突以及由军事冲突所直接造成的难民与自然灾害的人道主义救助（包括探监、救助与家庭团聚等）；而国际红十字与红新月联合会在非战争局势中处于主导地位，负责在发生自然灾害、技术灾害和非人为灾难的时候开展国际援助，并负责战后重建和修复过程中的人道主义救援，以及非战争状态下的难民救助。①

随着伊斯兰国家红新月会的加入和成员数目的增加，1983年10月，红十字会协会在日内瓦举行的第3届大会上决定修改章程，将组织更名为红十字与红新月联盟（League of Red Cross and Red Crescent Societies）。1991年又改名为国际红十字与红新月联合会（简称：国际联合会）。协会以"红水晶"为标志。2006年6月，第29届红十字与红新月国际大会通过决议，吸纳以色列紧急救援组织"红色大卫盾"和巴勒斯坦红新月会为成员，并决定将"红水晶"定为国际救援运动的第三个标志。2007年1月14日，国际红十字与红新月运动正式启用"红水晶"标志。② 国际联合会现有超过16万个当地组织，将近1500万名志愿者。③ 截至2017年7月，仅在亚太区域就有40个国家红会，12万个分支机构和900万名志愿者。④

国际联合会是以志愿者为基础的人道主义网络，也是世界上最大的人道主义救助组织之一，目前包括192个国家红会成员。⑤ 国际联合会也是新中国成立后最早接纳中国的国际组织。⑥ 在国际领域，它作为各成员红会的正式代表，致力于加强国家红会间的合作并提高它们的工作能力以开展有效的备灾、公共卫生和社会项目。⑦ 国际联合会

---

① David P. Forsythe, *The Humanitarians: The International Committee of the Red Cross* (Cambridge University Press, 2015), pp.125-126.

② 1949年以来，以色列紧急救援组织"红色大卫盾"一直寻求加入国际红十字和红新月运动，但因宗教原因拒绝使用"红十字"或"红新月"标志。

③ "Who we are," https://www.ifrc.org/who-we-are/about-ifrc, accessed on November 30, 2022.

④ 哈吉·阿斯·斯伊：《IFRC秘书长：建立合作伙伴机制共促人道主义发展》，2017年7月18日，http://finance.sina.com.cn/roll/2017-07-18/doc-ifyiaewh9592738.shtml，访问日期：2019年4月1日。

⑤ Elhadj As Sy, "100 Years of Service for the International Federation of Red Cross and Red Crescent Societies," https://media.ifrc.org/ifrc/ifrc100/, accessed on April 12, 2020.

⑥ 张思奇：《红十字会与红新月会国际联合会》，载《世界知识年鉴》编委会：《世界知识年鉴2015/2016》，世界知识出版社，2016，第1215页。

⑦ 中国红十字会、红十字国际委员会：《国际红十字与红新月运动基本原则》，2008年12月，第21页，http://www.icrc.org/chi/assets/files/other/icrc_006_t2008.160.pdf。

主要负责自然灾难中的救助，提升社区健康和护理，并在军事冲突中配合红十字国际委员会和国家红会救助冲突区以外的难民。[①] 其秘书处设在瑞士日内瓦。目前，国际联合会在全球设有7个大区办公室、3个救灾备灾中心，并根据工作需要向数十个国家和地区设立代表处或办事处。每年约为1.6亿人提供长期和发展项目，为1.1亿人提供灾难和早期恢复项目。[②] 出版物有《聚焦》（*Spotlight*，季刊）;《国际融合》（*Transfusion International*，季刊）;《青年公报》（*Youth Bulletin*）;《年报》（*Annual Report*，季刊）;《世界灾害年度报告》（*World Disasters Report*）等。

国际联合会的主要组织机构有大会（最高决策机构）、执行理事会（执行机构）、秘书处（负责日常事务）。[③] 每两年举行一次的大会是国际联合会的最高权力机关，全体国家红十字会代表参加。大会选举出国际联合会主席。主席和秘书长是国际联合会的主要负责人。现任国际联合会主席为凯特·福布斯（Kate Forbes，美国籍），2023年12月就任。现任秘书长是乔帕甘（Jagan Chapagain，尼泊尔籍），2020年2月就任。[④] 秘书长为最高行政长官，由领导委员会推荐、主席任命。

领导委员会是大会闭幕期间的最高决策机构，由国际联合会主席和5名副主席，以及选举出的20个国家红十字会的代表组成。[⑤] 副主席

[①] American Red Cross, "International Humanitarian Law and Red Cross and Red Crescent Movement," http://www.redcross.org/images/MEDIA_CustomProductCatalog/m21969109_IHL_and_RCRC_Movement_Factsheet.pdf, accessed on August 11, 2018.

[②] *International Federation of Red Cross and Red Crescent Societies Annual Report 2015*, IFRC Document 130970007/2016E, Geneva, 2016, p.7.

[③] 四川省广元市红十字会:《红十字运动的起源》，http://www.scgyrc.org/list.asp?clf=49&classId=195，访问日期：2020年4月1日。

[④] 中华人民共和国外交部:《红十字会与红新月会国际联合会》，2024年1月，http://www.mfa.gov.cn/web/wjb_673085/zzjg_673183/gjs_673893/gjzz_673897/hszhyhxyhgjlhh_674235/gk_674237/，访问日期：2024年3月28日。

[⑤] 中华人民共和国外交部:《红十字会与红新月会国际联合会》，2019年7月，http://www.fmprc.gov.cn/web/wjb_673085/zzjg_673183/gjs_673893/gjzz_673897/hszhyhxyhgjlhh_674235/gk_674237/，访问日期：2020年1月2日。

共设5位，其中，1名必须来自国际红十字运动发起国瑞士，其余4名分别由非洲、欧洲、美洲和亚洲国家红十字会或红新月会代表担任。副主席由国际红十字与红新月联合会大会选举产生，每4年选举一次，可连任两届。基于中国在国际人道主义领域的参与和贡献，中国红十字会会长陈竺分别在2013年和2017年两次被选为副主席。此外，国际联合会于2000年2月在北京设立了东亚地区代表处。①

第三节　国家红十字会或红新月会

国家红十字会或红新月会（简称：各国红会）是红会运动的支架。1863年11月，第一个国家红会在德国符腾堡建立。在接下来的十年里，22个国家红会陆续建立。② 目前，全球有189个国家红会，会员、志愿者和支持者约1亿人。国家红会由志愿者和职员组成，负责援助战争中的受害者，并提供灾难救助服务，其具体行为包括：紧急反应，灾难预防，社区健康和护理，紧急救助训练，为战争中的受害者重建家庭联系，甚至团聚。③ 国家红会也根据日内瓦公约及其附加议定书，传播国际人道法。④

红十字国际委员会根据运动章程中具体的规定负责在法律上承认国家红十字会或红新月会，并接纳其加入。红十字国际委员会和国际

① 中华人民共和国外交部：《红十字会与红新月会国际联合会》，2019年7月，http://www.fmprc.gov.cn/web/wjb_673085/zzjg_673183/gjs_673893/gjzz_673897/hszhyhxyhgjlhh_674235/gk_674237/，访问日期：2020年1月2日。

② American Red Cross, "International Humanitarian Law and Red Cross and Red Crescent Movement," http://www.redcross.org/images/MEDIA_CustomProductCatalog/m21969109_IHL_and_RCRC_Movement_Factsheet.pdf, accessed on August 11, 2018.

③ *The International Red Cross and Red Crescent Movement at a Glance*, ICRC, November 1, 2007, p.5, http://www.alnap.org/resource/11222.

④ American Red Cross, "International Humanitarian Law and Red Cross and Red Crescent Movement," http://www.redcross.org/images/MEDIA_CustomProductCatalog/m21969109_IHL_and_RCRC_Movement_Factsheet.pdf, accessed on August 11, 2018.

联合会与各国红会在人力、物资、经费以及组织现场后勤工作方面开展合作。通常，国家通过国家红会向国际联合会（自然灾害情况下）及红十字国际委员会（武装冲突情况下）请求额外支援。[①] 国家红会分别向总部均在日内瓦的红十字国际委员会和国际联合会报告并合作。不过在许多国家内部，国家红会和政府的关系密切，和总部的关系相对松散，比如美国、英国、法国等。他们会在政府的支持下参与总部的工作；但在政府和总会意见不一致的时候，更倾向于支持本国政府。

经过长期的历史演变和分工，在本国境内发生的冲突中，国家红会一般居于主导地位。他们以红十字为标志，作为自愿的社会救助机构，负责对受害者提供保护和援助。国家红会亦在紧急通信联系中发挥重要功能。它可以通过红十字国际委员会在冲突地区的代表和上百万条信息记录，开展战争中的寻人工作，甚至曾将二战中的失散人员团聚。

红十字国际委员会主要负责军事冲突中的救助。根据日内瓦公约及其附加议定书，红十字国际委员会在国际法的保护下探视战俘和被拘留者，组织救助；追踪战争中的失踪者，为因武装冲突而离散的家人传递信息并帮助离散家庭重聚；在军事冲突中采取其他人道主义行动，为需求人群提供安全用水、食物和医疗救助；关心难民、提醒人们关注战争中的地雷等爆炸残余物；努力确保没有参与敌对行动的平民免受伤害并得到保护；推动国家红会运动能力建设，推动和推广国际人道法，并检查国际人道法的执行。

国际联合会主要负责自然灾难的救援，其救助工作和发展结合在一起，包括灾难预防项目、健康和关爱行动、提升人道主义价值等；支持风险减少，战胜疾病的传播，例如HIV、肺结核、禽流感、疟疾；与歧视、武力作战，提升人权和帮助移民；传播非暴力、和平理念。

---

① *Disaster Response in Asia and the Pacific: A Guide to International Tools and Services*, UN OCHA, 2013, p.26, https://www.unocha.org/sites/unocha/files/ROAP_DisasterGuide.pdf.

红十字国际委员会是国际人道法中唯一明确指出有权监管的机构，但国际联合会没有。

各国的红十字会无论在国际层次上，还是在组织性质上都属于独立、私人性质的民间组织；然而实际上，各国的红十字会都受政府直接控制，成为一个半独立的特权部门。1863年10月26日，16个国家的代表聚集日内瓦，于10月29日通过了红十字决议。也就是说，从一开始，红十字会就寻求政府的同意和支持，因此，这是一个"政府组织的非政府组织"。①

第四节　国际红十字和红新月运动对国际人道主义援助体系的重要贡献

国际红十字和红新月运动凭借其历史悠久的行业优势，遍布世界的组织优势，对拯救自然和人为灾难中人的生命，减轻人的痛苦，保护人的尊严作出了不可替代的卓越贡献。国际红十字和红新月运动是现行国际人道主义援助七项基本原则的主要贡献者。其重要组成部分——红十字国际委员会是国际人道主义法（International Humanitarian Law，IHL）最重要的起草者、执行者和宣传者。作为最专业的人道主义援助网络，国际红十字和红新月运动各组织不断创新援助方式，推动了世界人道主义援助方式的改革与创新。

一、七项基本原则

现行的国际红十字和红新月运动的七项基本原则是在亨利·杜南的思想基础上逐渐发展出来的。这七项基本原则为：人道、公正、中立、独立、志愿服务、统一和普遍。前四项被认为是人道主义的核心

---

① David P. Forsythe, *The Humanitarians: The International Committee of the Red Cross* (Cambridge University Press, September 5, 2005), p.169.

原则，从国际人道主义法中提取出来，是所有人道主义行为主体都必须遵循的原则，但并不是所有的人道主义组织都能完全遵守；后三项和国际红十字和红新月运动有关，一般和非政府组织无关。[①]

二、国际人道法

国际人道法（International humanitarian law，IHL）是致力于通过限制战争方式和手段来减少战争和冲突中的非战人员和物体受到伤害的法律。它包括《日内瓦公约》《海牙公约》以及一些其他条约，判例法和习惯国际法。在红十字国际委员会五位创始人的推动下，1864年8月，瑞士政府召开了12个国家出席的外交会议，通过了改善战地武装部队伤者境遇的首部《日内瓦公约》，规定军队医院和医务人员中立、伤病军人无论国籍都应该予以救助和按照条约规定遣返，这标志着现代国际人道法的诞生。从1864年第一部日内瓦公约诞生起，国际人道法的发展迄今经历了近160年的历史。现行的国际人道法以日内瓦公约及其附加议定书为核心。

红十字国际委员会是国际人道法最为关键的三大执行机构之一。它促进了国际人道法的兴起和发展，并推动各国政府和所有武器携带者遵守国际人道法。国际人道法这个术语是红十字国际委员会在1953年出版的年度报告中首先使用的。[②]1864年通过的第一部《日内瓦公约》——《改善战地武装部队伤者境遇的日内瓦公约》，以及此后1929年、1949年、1974—1977年进行的几次修订和补充，与红十字国际委员会发起、积极游说各国政府，甚至亲自制定文本都密不可分。

红十字国际委员会出版的《红十字国际评论》一直是推广国际人

① Wofl–Dieter Eberwein and Bob Reinalda, "A Brief History of Humanitarian Actors and Principles," in Zeynep Sezgin and Dennis Dijkzeul, ed., *The New Humanitarians in International Practice: Emerging Actors and Contested Principles* (Routledge, 2015), p.27.

② Dietrich Schindler, "Significance of the Geneva Conventions for the Contemporary World," *International Review of the Red Cross*, No. 836, (1999): 715-729.

道法的重要载体。红十字国际委员会还积极推动各国设立国际人道法国家委员会。1996年，红十字国际委员会法律部设置了专门的国际人道法咨询服务处。在红十字国际委员会的推动下，截至2016年底，全球已经有108个国家设立了国际人道法国家委员会。[①] 截至2017年3月30日，批准加入1949年《日内瓦公约》[②] 的国家有196个；批准加入《第一议定书》和《第二议定书》的国家分别有174个和168个。[③]

除了红十字国际委员会，国际红十字与红新月联合会也积极在国家和地区层面上通过明确的政策法规标准来详细规定"每个人或者单位在灾害发生时的角色、地位和职责"，以规范和便利国际人道主义救援。国际联合会很早就启动了《灾害风险减轻和法律》（Disaster Risk Reductions and Laws）、《法律和国内灾害预防与响应》（Law and Domestic Preparedness and Response）、《国际灾害援助的法律准备》（Legal Preparedness for International Disaster Assistance，IDRL）等灾害法项目。其中，为了推动不同的国家和区域制定一个强有力的应急法律框架，减少应急监管和跨境灾害救援行动障碍的《国际灾害援助的法律准备》已经在50多个国家设立了支持项目，已经有30多个国家通过了新的法律法规，有100多个国家正在进行这方面的立法。[④]

---

① 红十字国际委员会：《国际人道法国家委员会及其他国家机构全体会议——红十字国际委员会的发言》，2016年11月30日，https://www.icrc.org/zh/document/universal_meeting?language=en，访问日期：2019年3月1日。

② 1949年的日内瓦四公约，即《改善战地武装部队伤者病者境遇的日内瓦公约》（《日内瓦第一公约》）、《改善海上武装部队伤者病者及遇船难者境遇的日内瓦公约》（《日内瓦第二公约》）、《关于战俘待遇的日内瓦公约》（《日内瓦第三公约》）、《关于战时保护平民的日内瓦公约》（《日内瓦第四公约》）。四公约于1949年8月12日由中国、苏联、美国、英国、法国等61个国家在日内瓦签订，并于1950年10月21日生效。

③ 朱文奇：《国际人道法》，中国人民大学出版社，2007，第514页。

④ 红十字会与红新月会国际联合会东亚代表处主任彭玉美和亚太区域办公室灾害法项目协调员加布里埃尔·埃梅里在2019年10月17日至18日"一带一路"沿线国家应急管理政策法规标准研讨会上的介绍。转引自王久平：《有效的跨境灾害应对经验分享——IFRC"灾害法项目"浅析》，《中国应急管理》2019年第11期，第64页。

三、融资与创新援助方式

作为国际人道主义援助体系中的专门救助网络，国际红十字和红新月运动得到了世界各国政府、非政府组织、各国红会等机构和人员的大力支持。2017年度，红十字国际委员会共接收17.99亿瑞士法郎捐款，其中，来自各国政府的捐款高达15.007亿瑞士法郎。[①] 2017年度，红十字国际委员会总收入3.65907亿瑞士法郎，其中，来自国家红会、政府、公司、多边机构、其他部门的捐款高达2.70877亿瑞士法郎，占据74%。[②] 从1996年开始，瑞士政府承认国际联合会的国际地位，从税收中豁免。这些巨额捐款为国际红十字和红新月运动在世界范围内开展人道主义援助活动提供了基本保障。

2020年新冠疫情发生后，国际红十字与红新月运动发起呼吁，希望能够筹集到31亿瑞士法郎（1瑞士法郎约合1.04美元）。其中，红十字会与红新月会国际联合会计划筹集19亿瑞士法郎，用于支持各国红十字会与红新月会提供医疗服务、改善水与环境卫生，并减轻疫情对最弱势民众造成的社会经济影响；红十字国际委员会计划筹集12亿瑞士法郎，用于在冲突与暴力地区开展应对行动，支持医疗机构与拘留场所，遏制疫情在流离失所者及被拘留者中扩散，确保这些群体能够就医，并支持各国红十字会与红新月会开展应对行动。[③]

红十字国际委员会还在尝试新的合作方式，力图创新筹资方法，包括使用基于市场或具有市场特征的工具。为更好地支持有需求的民众，2017年，红十字国际委员会利用自己的权威性和影响力史无前例

---

① *ICRC Annual Report 2017 (VOLUME I)*, ICRC, June 13, 2018, p.520, https://www.icrc.org/en/document/annual-report-2017.

② 根据红十字国际委员会官方统计数据自行计算得出。*ICRC Annual Report 2017*, ICRC, June 13, 2018, p.10, https://www.icrc.org/en/document/annual-report-2017.

③ 新华网：《国际红十字与红新月运动发起筹款援助世界抗疫》，2020年5月30日，https://baijiahao.baidu.com/s?id=1668102027623714285&wfr=spider&for=pc，访问日期：2021年2月1日。

地发起了人道主义影响力债券。[①] 该债券的总融资额达到3000万美元，用于援助尼日利亚、马里和刚果的物理康复中心，以拓展支持假肢康复中心工作的资金来源。该债券基于按效果付费模式，私人捐助方和政府均可参与。

红十字国际委员会也积极利用现代技术，创新援助方式。它邀请全球领先的电力和自动化技术公司ABB集团为在内罗毕的仓库安装了太阳能电网；也和微软公司合作，利用面部识别技术帮助战争中走散的亲人重聚。[②]

[①] 《人道岌岌可危？复杂动荡的全球局势中人道工作所面临的挑战与应对措施——红十字国际委员会主席彼得·莫雷尔先生在清华大学的讲话》，2018年6月7日，https://www.icrc.org/zh/document/china-peter-maurer-speech-tsinghua-university，访问日期：2020年1月1日。

[②] 彼得·莫雷尔（Peter Maurer）：《2018年人道主义关注的七大事件》，2018年1月30日，https://cn.weforum.org/agenda/2018/01/2018-e0499042-f6f5-48ac-a987-01a5d6d1170f/，访问日期：2019年2月13日。

第四章　非政府组织与国际人道主义援助

非政府组织（NGO）是国际人道主义援助体系中重要的行为主体，全球2/3的人道主义融资通过非政府组织开展。[①] 联合国早在1992年通过的《21世纪议程》第27章中就提出，要加强非政府组织的作用，使他们成为可持续发展中的建设性和负责任的伙伴。[②] 2020年度，人道主义非政府组织共花费170亿美元，仅次于联合国系统。[③] 目前，全球有近5000个专门的人道主义非政府组织。[④] 这些非政府组织的数量在进一步增加，地位得到进一步提升。

第一节　国际人道主义援助非政府组织的概念

美国学者L.G.怀特认为，成立于1855年的世界基督教青年联盟是第一个真正意义上的国际非政府组织。[⑤] 而作为一个名词，非政府组织最早于1945年6月26日出现在美国旧金山签订的《联合国宪章》第71款中。该条款规定，联合国经社理事会"可与各种非政府组织会商

[①] Elizabeth G. Ferris, *The Politics of Protection: The Limits of Humanitarian Action* (Washington DC: Brookings Institute, 2011), p.xv.

[②] 《21世纪议程》，联合国环境与发展会议1992年6月14日通过，https://www.un.org/zh/documents/treaty/21stcentury，访问日期：2020年4月28日。

[③] 而同年度，UN系统花费210亿美元，ICRC&IFRC花费210亿美元。

[④] *The State of the Humanitarian System*, (ALNAP, publish on Sep. 7, 2022), p.56.

[⑤] 盛红生、贺兵主编《当代国际关系中的"第三者"——非政府组织问题研究》，时事出版社，2004，第14页。

有关于本理事会职权范围内之事件"。1952年，联合国经社理事会在第288（X）号决议中把非政府组织定义为"任何不是根据政府间协议建立的国际组织都均应被视为非政府组织"。1996年，经社理事会第1996/31号决议扩大了非政府组织的概念，把国际、国内和社区组织均列为非政府组织。

1968年，联合国经社理事会1296号决议允许非政府组织在联合国经社理事会以及联合国体系中的其他机构中获得咨商地位（consultative status）。这就使得非政府组织能够合法参与联合国会议等正式活动。据统计，截至2016年底，具有咨商地位的非政府组织已达5083个。[①]

非政府组织这一词语被中国大众熟知是在冷战结束之后。1995年，北京承办联合国第四届妇女大会，同期在北京举办"世界妇女非政府组织论坛"。此后，"非政府组织开始进入中国民众的视野"。1998年6月，国务院将设于民政部的原社会团体管理局改为民间组织管理局，专门负责登记和管理社会团体、基金会、民办非企业单位。从此，"民间组织"一词作为非政府组织的官方用语开始被正式使用。[②]

2006年10月，党的十六届六中全会报告正式提出"社会组织"的概念后，中央文件和有关法律法规开始使用"社会组织"概念。2016年4月，民政部民间组织管理局更名为社会组织管理局（社会组织执法监察局）。[③]截至2022年6月，中国（包括港澳台地区）有80个社会组

---

①　中国国际法促进中心：《CIIL（The Chinese Initiative on International Law）申请联合国经社理事会非政府组织咨商地位详情》，2018年5月25日，http://world.people.com.cn/n/2015/0702/c1002-27245863.html，访问日期：2021年7月18日。

②　齐炳文：《民间组织：管理、建设、发展》，山东大学出版社，2000，第30页，转引自王名、贾西津：《中国NGO的发展分析》，《管理世界》2002年第8期，第30页。

③　廖鸿、杨婧：《改革开放以来社会组织的发展与主要成就》，《中国民政》2018年12月，第30页。

织获得联合国经社理事会"特别咨商地位"。[①]

就国际人道主义援助非政府组织这个具体的概念而言，广义上是指在社会福利的范畴内，促进环境、和平、人权发展的（综合性）社会组织；狭义上是指在自然、战争、技术等多种灾难中提供紧急救助的（专门性）人道主义组织。[②]广义的概念需要增加个体的存在，或者个体的群体性存在；而狭义的概念只为拯救生命。另外，狭义的人道主义援助组织被国际人道主义法承认，是合法的提供者。

第二节　国际人道主义援助非政府组织的分类

国际人道主义非政府组织根据其目标、干预模式、能力、忠诚度大致分为四派：理想主义派（Principle-centered）、现实主义派（Pragmatist, or Wilsonian）、社会连带主义派（Solidarist）和信仰派（Faith-based）。[③]理想主义派也叫杜南型组织，沿袭了杜南的人道、中立、公正、普遍和独立的传统，代表性组织包括：无国界医生（Médecins Sans Frontières，MSF）、乐施会（OXFAM）、英国救助儿童会（Save the Children UK）等，他们在国家利益之外追求极简主义类型的生命拯救人道主义。

现实主义派，也叫威尔逊派（Wilsonian-type）。与手段相比，他们更看重结果和影响，不介意从政府获取资金，不拒绝和政府及国际组织合作，能够接受高度政治化的使命。许多美国成立的非政府组织都

---

① 陕西省爱国主义志愿者协会：《陕西省爱国主义志愿者协会获得ECOSOC"特别咨商地位"》，2021年12月24日，https://weibo.com/ttarticle/p/show?id=2309404718063500264038#_login Layer_1640828116493，访问日期：2022年3月1日。

② Wolf-Dieter Eberwein and Bob Reinalda, "A Brief History of Humanitarian Actors and Principles," in Zeynep Sezgin and Dennis Dijkzeul ed., *The New Humanitarians in International Practice: Emerging Actors and Contested Principles* (Routledge, 2015), p.26.

③ Peter Walker and Daniel Maxwell, *Shaping the Humanitarian World* (London: Routledge, 2009), p.123.

属于此类。^①威尔逊派人道主义组织希望兼顾美国国家利益和人道主义目标。

社会连带主义派从理想主义派分离出来，但是超越了理想主义派的边界，除了拯救生命，他们还关注潜在的原因，如人权和社会转型，注重从根源上解决危机。^②欧洲的人道主义组织在本质上倾向于此。

信仰派是以宗教为基础参加国际人道主义援助的非政府组织。宗教组织参与海外人道主义援助具有悠久的历史传统。

第三节　国际人道主义援助非政府组织的兴起与原因

一、国际人道主义援助非政府组织的兴起

第一次世界大战催生了世界上第一个真正意义上的非政府组织——拯救儿童基金会（SCF）。与红十字会组织依赖政府的承认和资金、法律的支持不同，拯救儿童基金会通过游说向国际社会募集资金和独立运作去保护儿童。^③该机构于1919年5月由英国人埃格兰泰恩·杰布（Eglantyne Jebb）和她的姐姐多萝西·巴克斯顿（Dorothy Buxton）在伦敦创立。^④一年后，改名为国际拯救儿童联盟（International Save the Children Union），总部设在日内瓦。1921年，拯救儿童基金会对苏俄饥荒的儿童进行救助。1924年，埃格兰泰恩·杰布撰写的《儿童权利宣言》（*Declaration of the Rights of the Child*）被国际联盟接纳；并于1959年11月20日获得联合国大会通过。1989年11

---

① *Humanitarian NGOs: Challenges and Trends*, HPG Report, Overseas Development Institute, Number 12, July 2003, p.2.

② Peter Walker and Daniel Maxwell, *Shaping the Humanitarian World* (London: Routledge, 2009), p.122.

③ Ibid., p.25.

④ Save the Children, "Our History," https://www.savethechildren.org.uk/about-us/history, accessed on April 26, 2019.

月20日，在吸纳《儿童权利宣言》的基础上，联合国大会通过了《儿童权利公约》。联合国《儿童权利公约》是迄今为止保护儿童方面内容最为全面、广受各国接受的一部具有法律约束力的国际公约。

第二次世界大战期间，为满足战争中的实际需求，一些非政府组织兴起。1942年，为向在德国纳粹党统治下，被同盟国封锁的希腊妇幼运送食粮，英国人迪尔多·理查德·米尔福牧师（Canon Theodore Richard Milford，1896—1987年）在牛津郡成立了牛津救灾委员会（Oxford Committee for Famine Relief）。二战结束后，该机构继续援助欧洲贫困人口。在欧洲局势好转之后，机构开始关注发展中国家。1965年，该机构用当时使用的电报编码（OXFAM）作为自己的新名称，即"乐施会"。1995年，一系列独立运作的乐施会组成了乐施会国际联盟（Oxfam International Confederation）。今天，该联盟有21个成员，在全球70多个国家工作。[①]

第二次世界大战结束后，随着全球化的迅速发展，人类面临的问题开始逐步加深和复杂化；除了战争灾难扩大，国内社会贫富分化、南北失衡、环境破坏等各种问题也浮出水面；单靠政府机构和红十字会组织已经不能应对日益复杂化的现实世界，世界上各种非政府组织进一步应运而生。

二、国际人道主义援助非政府组织兴起的原因

通过给予非政府组织资金支持，使其跨国开展业务工作，避免一国政府直接干预另一国的内部事务，这种通过资金等方式的支持是国际非政府组织快速发展的一大原因。根据国际协会联盟（Union of International Associations, UIA）最新的统计数据，目前，在全球开展跨

---

① OXFAM International, "Our history," https://www.oxfam.org/en/our-history, accessed on April 26, 2021.

国业务的非政府组织已经达到72 500个。①1980年，外国救助机构驻扎泰国边境的柬埔寨难民营的非政府组织只有37个；1995年，200多个非政府组织出现在刚果（金）的戈马（Goma）；1996年，240个非政府组织在波黑活动。②从1992年到2000年5月，在索马里注册的国际非政府组织从40个发展到553个。③根据2003年联合国人道主义事务协调厅的统计（此后未再更新），全球至少有2500个非政府人道主义机构，其中260个深深卷入。④

2008年，六大国际非政府组织在海外支出超过40亿美元，其中17亿美元耗费在人道主义事务上。⑤2010年，五大国际非政府组织的人道主义援助项目支出经费约28亿美元，占据国际非政府组织联盟全部人道主义花费的38%。⑥根据人道主义行动问责与执行主动学习网络（the Active Learning Network for Accountability and Performance in Humanitarian Action, ALNAP），2020年度，五大人道主义非政府组织⑦花费45亿美元，占据全部非政府组织人道主义总花费170亿美元的

①　UIA (Union of International Associations), "The Yearbook of International Organizations," https://uia.org/yearbook, retrieved on Feburay 19, 2023.

②　Daniela Irrera, "NGO's Roles in Humanitarian Interventions and Peace Support Operations," January 1, 2010, p.5, https://www.researchgate.net/publication/242512942.

③　Laura Hammond, "NGOs: When Too Many Can Be a Bad Thing," in *Habitat Debate*: *viewpoint*, UN-HABITAT, Vol. 6, No. 2, 2000, pp.18-19.

④　Thomas G. Weiss, "The Politics of Humanitarian Space," *Negotiating Relief: The Politics of Humanitarian Space* (London: Hurst &Company, 2014), p.xxiii.

⑤　Harvey, P, Stoddard, A, Harmer, A and G, Taylor, *The State of the Humanitarian System: Assessing Performance and Progress—A Pilot Study*, ALNAP, January 1, 2010, p.20, https://www.alnap.org/help-library/the-state-of-the-humanitarian-system-assessing-performance-and-progress-alnap-pilot.

⑥　*The State of Art of Humanitarian Action: A Quick Guide on the Current Situation of Humanitarian*, European Universities on Professionalisation on Humanitarian Action (EUPRHA), p.21, https://www.alnap.org/system/files/content/resource/files/main/EUPRHA-Report.-The-State-of-Art-of-Humanitarian-Action-2013.pdf.

⑦　MSF (Médecins Sans Frontières), IRC (International Rescue Committee), NRC (Norwegian Refugee Council), SCI (Service Civil Internation), WVI (World Vision International).

26%。[①] 这些人道主义非政府机构几乎都是二战后在美国和西欧建立的非政府组织，历史悠久，在全球政治谱系中扮演着重要角色。

第四节　国际人道主义援助非政府组织的特征

国际人道主义援助非政府组织具有以下四个特征。

第一，具有明显的决策和制度优势。非政府人道主义援助组织与联合国和红会系统人道主义援助结构相比具有明显的决策和制度优势。因为红会运动系统需要交战国家批准才能进入受灾地区进行援助，联合国系统决策也需要首先得到成员国的批准。比较而言，非政府组织在组织体制、结构以及活动方式上受到的制约少，所以行动快。在灾难发生后的第一时间，非政府组织凭借组织结构的官僚主义程度低、对问题的应急反应迅速、作出决策快，可以为政府提供最新的信息和建设性意见，是政府应对灾情的有力补充。很多国家的政府与非政府组织之间的合作都很紧密。政府和政府间援助机构一般通过合同把援助项目委托给非政府组织具体实施。

第二，组织机构网络化联系。国际非政府组织利用自己强大的基础性联系网络和运作系统能够比较及时地将援助资金与物资从援助者手中发放到受害者手中。国际人道主义非政府组织熟悉当地社会和文化，知晓灾民的风俗和习惯，其救援方式和救援内容比较容易被居民接受，尤其在偏远贫困地区和社会基层。非政府组织也集聚了较强的专业人才和技术人才，尤其是一些医疗技术组织和学术团体，能够从专业的角度为救援提供服务，深受援助对象欢迎。

第三，政治上相对中立。人道主义非政府组织成员和管理者往往来自不同领域，资金来源渠道也多样，不单纯和绝对依附政府和捐赠

[①]　而同年度，联合国系统花费210亿美元，国际红十字委员会和红十字会与红新月国际联合会花费210亿美元。

者，在涉及利益冲突的地区和事件上，其决策、研究和宣传一般能够保持比较客观、中立的立场，广受被援助国和人民的认同与尊敬。

第四，以西方为中心。当今世界影响力比较大的非政府组织基本产生和发展于西方。在人道主义体系中，45%的国际非政府组织是在美国产生的；18%产生于除英国和法国以外的西欧；11%起源于英国；6%起源于亚洲；5%起源于法国；3%起源于非洲；其他地区的人道主义组织仅占据极少的份额。[①]

第五节 非政府组织在国际人道主义 援助体系中的地位与作用

在国际人道主义援助机制中，非政府组织作为与联合国平行的机构参与人道主义紧急救助，因其与当地群众和组织联系更加紧密，容易满足政府和国际组织的需求，效率更加有效，被受灾群众信任，参与影响了整个人道主义进程——预防与调停、传统救助和援助、不断增长的长期和平建构能力，[②]重建了当地居民的信心，已经成为人道主义援助领域中非常重要的一支力量，甚至在全球人道主义援助机制中日益发挥主导作用。非政府组织也引领了国际人道主义援助的国际标准建设，日益从民间慈善机构转为更加专业化的有组织的工作平台[③]，被誉为人道主义援助"最好的提供者"。

根据参与危机的阶段，可以将非政府组织在国际人道主义援助机

---

① *The State of the Humanitarian System (2012 Edition)*, ALNAP/ODI, London, published on July 4th, 2012, p.29.

② Daniela Irrera, "Humanitarian NGOs in Peace Building and Reconstruction Operations," in Attinà F. ed., *The Politics and Policies of Relief, Aid and Reconstruction: Contrasting Approaches to Disasters and Emergencies* (London: Palgrave Macmillan, 2012), p.208.

③ Peter Walker and Daniel Maxwell, *Shaping the Humanitarian World* (London: Routledge, 2009), p.121.

制中的作用分为危机前、危机中和危机后三个阶段。[1] 世界宣明会前执行主任安德鲁·纳特西奥斯（Andrew Natsios）将非政府组织在人道主义危机中的作用简明地归结为四种角色：（1）早期预警，（2）人权监控，（3）救助和重建，（4）冲突解决。[2] 具体可以体现在早期预警和预防性外交，督促国家和地区进行预防能力建设；后勤和物资提供；协调冲突，促进和平；重建等领域。

20世纪90年代，非政府组织开始参与人道主义介入和冲突管理，不断创新其国际政治新角色和地位。非政府组织作为联合国的顾问（consultative），被授权参与联合国会议，其中包括安理会在内的联合国机构互动，在人道主义灾难预防、人道主义救援、人道主义介入，以及管理国内冲突等多边安全中成为知识的提供者、和平的推动者、呼吁者。[3] 2000年3月，联合国秘书长安南曾经提议联合国在预防冲突和建设和平领域与非政府组织建立有效的长期机制。[4]

非政府组织可以在咨询、决策和调停阶段发挥自己的特殊功能。通过为联合国等决策系统提供信息，非政府组织可以发挥自己的咨询功能。通过形成自己的决议、草案、文件、纲领，非政府组织能够在会前影响联合国国际会议的决策进程或在会议中直接提出自己的建议或方案。非政府组织甚至可以通过调停减缓冲突，推动和平进程。

与联合国维和部队的人道主义介入不同，非政府组织介入人道主义灾难主要是促进社会对话，防止种族暴力。操作型非政府组织直接参与和平使命，通过募集人力、金融和物资资源实施项目，提供专家

---

[1] Daniela Irrera, "Humanitarian NGOs in Peace Building and Reconstruction Operations," in Attinà F. ed., *The Politics and Policies of Relief, Aid and Reconstruction: Contrasting Approaches to Disasters and Emergencies*, (London: Palgrave Macmillan, 2012), p.204.

[2] Iztok Potokar, "The Role of NGO in Relief Missions," April 11, 2011, http://unitedexplanations. org/english/2011/11/04/the-role-of-ngos-in-relief-missions.

[3] Daniela Irrera, "NGO's Roles in Humanitarian Interventions and Peace Support Operations," January 1, 2010, pp.4-11, https://www.researchgate.net/publication/242512942.

[4] 陆建新、王涛、周辉：《国际维和学》，国防大学出版社，2015，第139页。

和咨询；运动型非政府组织并不直接参与，他们通过寻求更广泛的公众支持，以小规模融资的方式间接参与。

非政府组织还推动了国际人道法的立法和实施。非政府组织可以通过以下途径推动国际法的发展：为政府、政府间组织提供咨询意见和专门知识；参与国际组织的国际会议，提出议题；举行非政府组织的论坛，推动自己的意见被政府间国际组织纳入有关的决议或被国际条约吸纳。[①] 在实践中，除前文提到的1989年通过的《儿童权利公约》的制订外，非政府组织还成功促进了1997年《禁止杀伤人员地雷公约》和2008年《集束弹药公约》的签署。20世纪90年代形成的"国际禁雷运动"非政府组织通过长期努力，成功地通过教育民众、说服公司、启迪政府，最终推动了1997年《禁止杀伤人员地雷公约》的签署。"集束弹药联盟"非政府组织则唤起了国际社会对集束弹药问题的关注，推动了"奥斯陆进程"内围绕集束弹药的谈判，对2008年签署的《集束弹药公约》也作出了贡献。

第六节　非政府组织在国际人道主义援助体系中面临的挑战

非政府组织在国际人道主义援助体系中面临的挑战有以下四个方面。

第一，自身具有局限性。首先，非政府组织面临自身能力挑战。现代社会要求人道主义救援组织承担多重使命，包括服务、人权、冲突解决、公关、游说和政策主张等。[②] 这对非政府组织工作人员的素质

[①] 黄志雄主编《国际法视角下的非政府组织趋势、影响与回应》，中国政法大学出版社，2012，第210页。

[②] David Lewis and Nazneen Kanji, *Non-Governmental Organizations and Development* (London, New York : Routledge, 2009), p.199.

提出了越来越高的要求。其次，人道主义非政府组织也面临公众普遍怀疑和担心的腐败挑战。在一些组织内部贿赂、回扣、伪造费用时有发生。非政府组织应该健全自己的财务制度，向捐赠者和公众透明自己的活动和用款细节。最后，非政府组织缺乏法律主体地位。迄今，尚未有一部专门的、普遍的国际条约赋予非政府组织国际法主体地位。1986年《关于承认国际非政府组织法律人格的欧洲公约》虽然存在，但加入国家不多，公约本身也有缺陷，作用微弱。[①]

第二，融资困难。2021年，由于自然和人为灾难，以及新冠疫情的影响，联合国发出48次人道主义呼吁，但募集到的资金仅实现了54%。[②]非政府组织也面临同样的融资难问题。一般来说，非政府组织资金来源有三个方面：（1）政府拨款或购买服务资金；（2）社会或企业捐款；（3）自身创收。不同的非政府组织依赖的融资渠道不同，个体有差异，但总体来说，都面临资金不足的困难。政府财政紧张或者对非政府组织工作效果信心不足，社会层面担心非政府组织财务支出的合理性，非政府组织自身创收一般以公益为导向，这些都制约了非政府组织获取资金的能力。

第三，独立性受质疑。许多非政府组织资金来源于政府。总体上看，非政府组织有1/4的资金占比来源于各国政府，有些占比甚至更高，如丹麦达到36%，法国达到40%，美国给予非政府组织的资金占比高达60%—70%。[③]为了继续或更多获取政府资金，人道主义非政府组织的决策不可避免地受到出资政府的影响，难以完全保持和保证独立。

---

① 刘海江:《国际法治视野内国际非政府组织问责机制研究》，中国社会科学出版社，2015，第88页。

② *The State of the Humanitarian System*, ALNAP Report, Sep. 7, 2022, p.85.

③ Randel, J. and T. German, "Trends in the Financing of Humanitarian Assistance," in Joanna Macrae ed., *The New Humanitarianisms: A Review of Trends in Global Humanitarian Action*, HPG Report 11, London: ODI, April, 2002, pp.23-24.

第四，安全挑战升级。"9·11"事件后，恐怖主义在一些地区肆虐。由于缺乏正式的外交保护，非政府组织人道主义援助工作者成为比较容易受攻击的对象。据联合国网站数据，截至2020年4月，已有475名援助工作者被袭击，其中108人死亡，242人受伤，125人遭绑架。①

---

① UN, "World Humanitarian Day 19 August," https://www.un.org/en/observances/humanitarian-day/, accessed on April 26, 2020.

第五章　国际人道主义援助体系中的
其他行为主体

除了联合国组织、国际红十字和红新月运动、国际非政府组织三大国际人道主义援助系统，各国政府、地区组织、军队、私人组织、媒体、学术团体等行为主体也在跨国人道主义援助体系中发挥着重要作用。国际人道主义行为主体正在日益多样化。

第一节　政府与国际人道主义援助

联合国机构间常设委员会在《分组领导机构与国家当局合作的业务指南》中指出：政府是国际社会承认的国家主权，包括国家和地方政权。[①] 无论是捐赠国政府，还是受灾国政府及其机构，都是国际人道主义援助体系中的重要行为主体。它们直接影响着援助速度、援助规模，以及援助实效。

一、国际人道主义援助体系中的政府功能

随着现代交通、通信方式的发展，国际交流增多，跨国人道主义援助也相应增加。政府作为对外实施人道主义援助的最主要行为主体

---

① Inter-Agency Standing Committee (IASC), "Operational Guidance for Cluster Lead Agencies on Working with National Authorities," p.1, https://www.humanitarianresponse.info/system/files/documents/files/IASC%20Guidance%20on%20Working%20with%20National%20Authorities_July2011.pdf.

和请求国际人道主义援助的最重要发起者与接受者，担当着重要责任和义务。

（一）作为捐赠国的政府

国际人道主义援助体系中的政府可以分为捐赠国政府和受灾国政府两类。捐赠国政府是国际人道主义援助体系中重要的出资方，也是物质、技术、人力的重要提供者。全球约90%的人道主义援助资金来源于政府。截至2019年，有126个成员国家曾经向联合国应急基金捐资。[①]

捐赠国政府可以向受灾国提供直接双边援助，包括动用军事和民防资源进行实物援助来支援国际救灾行动；也可以通过联合国机构、地区组织、红十字和红新月运动，以及非政府组织等多边机构进行捐助。

传统上，经济发达国家无论在直接双边对外人道主义援助中，还是在多边机构中都占据主要地位，尤其是欧洲和北美地区国家；而来自发展中国家的对外人道主义援助份额比较少，也倾向于双边或者通过红十字会，很少通过国际组织进行。[②]

（二）作为受灾国的政府

受灾国政府在国际人道主义援助体系中起着呼吁国际援助，对本国直接实施救助，保护、协调、监管外来援助，为开展救援提供合法性和制度保障的作用。[③] 联合国大会决议文件明确规定受灾国政府"在其领土范围内发动、组织、协调、实施人道主义援助中负有主要责

---

①　贾泽驰：《联合国全球人道主义应急基金认捐大会成功举行，38个国家和地区政府认捐3.56亿美元》，《文汇报》2019年12月11日，第6版。

②　Thomas Stephens, *The United Nations Disaster Relief Office: The Politics and Administration of International Relief Assistance* (University Press of America, Inc.1978), p.3.

③　Paul Harvey, *Towards Good Humanitarian Government: The Role of the Affected State in Disaster Response*, HPG Report 29, September 2009, p.6.

任^① 和 "首要责任"^②。

一般来说，受灾国政府会在灾难发生的第一时间，向灾区提供最大规模的人道主义救援，然后呼吁外国援助。但在某些特殊情况下，考虑到政治影响，受灾国政府有可能否认灾难的存在，因为及时开展灾难救援是政府执政能力的反映，会考验政府系统的完善性和权威性，这将直接挑战政府继续存在的合法性。

在不同类型的灾难中，受灾国政府的角色不同。"在武装冲突中，政府本身也是交战方，有时很难控制自己的领土边界，人道主义援助组织通过受灾国的授权进入其领土和接近目标人群；在自然灾难中，受灾国政府是第一响应人，许多发展中国家政府会得到联合国人道主义事务协调厅或者联合国开发计划署（UNDP）的资助"。^③ 在过去20年中，非政府组织也日益寻求与当地政府合作。

受灾国政府的政府类型、政治结构特征、领导人对外部世界的认知、公民社会等国内政治特征，以及其面临的国际环境等在一定程度上也决定了援助的规模和质量。例如，冷战时期，国际人道主义援助是以苏联为首的华沙条约组织和以美国为首的北大西洋公约组织团结各自盟国、争取中间国家的重要手段之一。冷战后，意识形态对援助国人道主义援助决策的影响虽然有所弱化，但仍然是决定是否援助和援助多少的重要因素。

在国际法中，没有"国家必须在灾难中接受人道主义援助"的规

---

① Catherine Bragg, "Disaster Management and Multilateral Humanitarian Aid: Parallelism vs Combined Forces", in Pat Gibbons (Editor), Hans–Joachim Heintze (Editor), *The Humanitarian Challenge: 20 Years European Network on Humanitarian Action (NOHA)* (Springer International Publishing Switzerland, 2015), p.2.

② 《世界人道主义首脑会议成果——秘书长的报告》，联合国大会文件A/71/150，2016，第16页。

③ Dorothea Hilhorst and Eline Pereboom, "Multi-Mandate Organizations in Humanitarian Aid," in Zeynep Sezgin and Dennis Dijkzeul ed., *The New Humanitarians in International Practice: Emerging Actors and Contested Principles* (Routledge, 2015), p.96.

定，如果国家认为来自某国的人道主义援助有损其国家主权、国家利益或国家形象，可以拒绝。在2004年年底发生的印度洋海啸中，作为受灾国之一的泰国由于担心接受援助会影响其在接下来的自由贸易协定与关税谈判中影响泰国长期的外交权益，因此拒绝了国外的现金援助。[①]

历史上，国际人道主义援助基本上是发达国家对南方国家的援助，捐助国大多为西方发达国家，而受援国基本为欠发达国家。1994年，美国外国灾害援助办公室（the Office of Foreign Disaster Assistance）将其27.4%的资金用于资助联合国和国际红十字委员会的灾难救助。[②] 但现在很多国家既是援助国，也是受援国，包括美国。2005年8月，卡特里娜飓风袭击美国路易斯安那州、密西西比州及亚拉巴马州，造成美国历史上损失最为严重的自然灾害，有1833人在飓风和随后的洪水中丧生，数百万人无家可归，经济损失约1610亿美元。[③] 国际社会，包括中国在内的一些发展中国家纷纷向美国提供了援助。

二、国家专门人道主义援助机构

许多发达国家在对外援助中设立了专门致力于国际人道主义救济与发展的机构，用于协助政府海外人道主义救助。比如美国国际开发署管理的美国外国灾害援助办公室，加拿大国际发展办公室，英联邦世界发展办公室，丹麦国际发展办公室，澳大利亚国际开发署、瑞典国际发展合作署等。2018年3月，中国国务院调整了原有的对外援助管理机构，专门成立了国家国际发展合作署（CIDCA）。

美国政府成立了最早的政府援外机构。1914年7月，第一次世界大

---

① 施爱国：《印度洋海啸灾难与国际人道主义援助》，《国际论坛》2005年第3期，第3页。

② Andrew S. Natsios, *US Foreign Policy and the Four Horsemen of the Apocalypse: Humanitarian Relief in Complex Emergencies* (Westport, CT: Praeger, 1997), p.76.

③ "Hurricane Katrina," George W. Bush Presidential Library National Archives, https://www.georgewbushlibrary.gov/research/topic-guides/hurricane-katrina.

战正式爆发。8月，德国入侵比利时和法国北部，700万比利时人和200万法国人受灾。[①] 在欧洲的美国公民也陷入困境。为了帮助困在欧洲的美国公民和欧洲居民，同年10月19日，赫伯特·胡佛领导的比利时救济委员会（CRB）在美国政府的支持下成立。根据《胡佛回忆录》记载，在比利时救济委员会成立的前四年中，委员会一共募集资金9.27亿美元，其中6.99亿美元来自比利时、法国和美国三国政府，美国政府的赞助甚至超过了其他两国的总和，达到3.86亿美元。[②] 1914—1915年，胡佛帮助12万名贫困的欧洲美侨返回祖国。55 000[③] 多名义工在他的领导下分发食物、衣服、船票和现金。胡佛的救济行为给他本人和美国带来了巨大的声誉。比利时的勒芬市把一座重要的广场以他的名字命名。

1917年，美国参战后，为了稳定国内粮食价格，美国成立了粮食署（the United States Food Administration），胡佛被任命为署长。1918年11月7日，威尔逊总统授命胡佛将粮食署的工作转变为一个欧洲的救济和重建机构。1919年2月24日，美国国会斥资1亿美元成立美国救济总署（American Relief Administration），胡佛继任署长。[④] 该署对欧洲21个国家超过3.5亿人进行了救助。[⑤] 这是第一个主权国家成立的官方专门性人道主义援助机构。同年6月，美国官方的救济工作随着条约的签署而结束，但是中东欧饥荒依然普遍，胡佛将该组织转变为同

① Thomas Stephens, *The United Nations Disaster Relief Office: The Politics and Administration of International Relief Assistance* (University Press of America, 1978), pp.27-28.

② Donald W. Whisenhunt, *President Herbert Hoover (A Volume in First Men, America's Presidents Series)*, 28 April, 2009, (Editorial: Nova Science Publishers; UK ed.), p.38.

③ George I. Gay, *Commission for Relief in Belgium: Statistical Review of Relief Operations* (Stanford, CA: Stanford University Press, 1925), p.v.

④ Lloyd, Craig, *Aggressive Introvert: a Study of Herbert Hoover and Public Relations management*, 1912–1932 (Columbus: Ohio State University Press, 1972 [c1973]), p.52.

⑤ Paul Joseph, *United States Presidents: Herbert Hoover* (ABDO Publishing Company, 2001), p.15.

名的私人组织继续工作。该机构曾经对遭受第一次世界大战的欧洲国家的居民，特别是儿童和老人进行了救济，也对1921—1923年发生的俄罗斯饥荒提供了支持。

第二节　地区组织与国际人道主义救援

随着地区组织的不断发展，其参与区域治理的领域也在不断拓展。很多地区组织开始逐渐加入灾难预防和反应，冲突管理，难民、残疾人和危机受害者救助，人道主义援助政策、制度框架、程序、预案设计中，成为愈来愈重要的灾难救助者之一。

一、地区人道主义救援组织的发展与作用

第二次世界大战后，在反对殖民统治的过程中，地区人道主义救援组织快速发展。1935年，世界上只有10个地区组织，到1985年达到3440个。[①] 冷战后，地区组织进一步增多。非洲联盟（AU）、西非国家经济共同体（ECOWAS）、东非政府间发展组织（IGAD）、东南亚国家联盟（ASEAN）、伊斯兰合作组织（OIC）、美洲国家组织（OAS）、南亚区域合作联盟（SAARC）等逐渐成为地区治理的重要力量。

地区组织在人道主义行动中根据情况可以充当将国家和灾区当地需求与国际人道主义组织联系起来的调停者（Intermediary），代表本地区成员国参与的对话者（Interlocutor），和对成员国需求亲自作出反应的介入者（Intervener）三种角色。[②] 地区组织参与人道主义援助的优势

---

① Wofl-Dieter Eberwein and Bob Reinalda, "A Brief History of Humanitarian Actors and Principles," in Zeynep Sezgin and Dennis Dijkzeul ed., *The New Humanitarians in International Practice: Emerging Actors and Contested Principles* (Routledge, 2015), p.35.

② Sherine El Taraboulsi, Hanna B. Krebs, Steven A Zyck and Barnaby Willitts-King, *Regional Organizations and Humanitarian Action: Rethinking Regional Engagement*, HPG Report, May 2016, pp.12-15.

是比较了解本地区的文化、社会、政治、经济等状况，但其在权力和资源方面有局限性，目前在人道主义援助体系中的作用虽然在不断增加，但依然有限。

为加强地区成员国之间关于信息、经验和教训的交流合作，2015年迪拜会议之后，地区组织人道主义行动网络（ROHAN）成立。国际组织希望未来地区组织可以在灾难反应、调停冲突、维和行动方面有更多贡献。[①]

二、区域人道主义援助机制建设概况

（一）亚太地区

在1980年至2009年的30年间，全球45%的灾难发生在亚太地区，地区受灾人口比例高达86%，因灾难死亡的人口占全球的60%。[②]以2012年为例，亚洲发生145次灾难，8029万人受灾，经济损失高达279.7亿美元。[③]亚太地区活跃在备灾和救灾方面的区域政府间组织、论坛和机构有：东南亚国家联盟，东盟人道主义援助协调中心和东盟地区论坛，南亚区域合作联盟，太平洋岛国论坛，太平洋共同体秘书处，东亚峰会，亚洲太平洋经济共同体等。

（二）非洲地区

非洲的人道主义援助地区组织包括非洲统一组织（现称为：非洲

[①] Steven A Zyck, *The Growing Role of Regional Organizations in Humanitarian Action*, HPG Report, Overseas Development Institute, 2013, p.1.

[②] *Protecting Development Gains Reducing Disaster Vulnerability and Building Resilience in Asia and the Pacific: The Asia-Pacific Disaster Report, 2010*, UN Economic and Social Commission for Asia and the Pacific(ESCAP); United Nations Office for Disaster Risk Reduction(ISDR), October 2010, p.114, https://apdim.unescap.org/sites/default/files/2021-01/ESCAP-ISDR-Asia-Pacific-Disaster-Report-2010.pdf.

[③] Debarati Guha-Sapir, Philippe Hoyois and Regina Below, *Annual Disaster Statistical Review 2012—The Numbers and Trends*, Brussels, Centre for Research on the Epidemiology of Disasters (CRED) Report, 2013, p.27, http://www.cred.be/sites/default/files/ADSR_2012.pdf.

联盟）、西非经济共同体、中部非洲国家经济共同体、南部非洲发展共
同体、东非政府间发展组织和阿拉伯马格里布联盟等区域经济共同体，
以及非洲人道主义行动、伊斯兰南非救助组织等著名非政府组织。

（三）拉美及加勒比地区

美洲国家组织是拉美和加勒比地区区域救灾体系中最重要的组织。
1996年，美洲国家组织建立了美洲间减灾委员会。1999年6月7日，美
洲国家组织通过了建立"美洲国家组织自然灾难减灾与反应机制"的
第AG/RES.1682（XXIX-0/99）号决议。决议决定加强美洲国家组织在
美洲地区减灾体系中的作用，为拉美和加勒比地区的减灾救灾工作提
供平台与战略框架。[①] 同时，会议决定建立美洲国家间救灾基金。

除美洲国家组织外，加勒比沿海国家灾害紧急救援处、安第斯防
灾救灾委员会、中美洲灾害协调和防御中心也在次区域灾害防御和救
助方面发挥着重要作用。另外，作为目前世界卫生组织的美洲区办事
处，1902年成立的泛美卫生组织为所有的人道主义反应提供一个交流
协调平台，在联合国和美洲国家之间起着中枢和协调作用。泛美卫生
组织不仅致力于提高地区的卫生和健康状况，也在救援人为和自然灾
害方面发挥着重要作用。

第三节　其他行为主体

除政府、地区组织外，国际人道主义援助体系还包括军队、私人
组织、个人、基金会、当地组织、企业/公司/金融机构、学术团体、
媒体/公共舆论/网络、移民、志愿者、妇女、宗教团体等其他行为
主体。

---

① *Oas Natural Disaster Reduction and Response Mechanisms*, Resolution adopted at the first
plenary session, held on June 7, 1999, Organization of American States (OAS), AG/RES. 1682 (XXIX-
0/99).

一、军队

在过去50多年中，军队逐步发展成为国际人道主义体系中的重要行为主体。例如，军队对二战后的欧洲恢复作出了不可磨灭的贡献。[①]军队能够执行运输、加油、沟通、运送物资、建造设备、医疗、物流等任务，而且纪律严明，行动迅捷。在2004年底发生的印度洋海啸灾难中，美国、印度、日本、英国、法国、澳大利亚、新加坡等国都派出了自己的军队和武装组织参与救援，是历史上军队参与国际救援规模最大的一次。

国家在国际人道主义援助中动用军队和国防物资已成为普遍现象。在2013年的台风"海燕"造成的灾难中，21个国家提供了军事物资。美国军方2007—2011年用于人道主义援助反应的资助达到6.86亿美元。[②]

联合国第66/119号决议强调人道主义援助根本上属于民事性质，但大会确认军事能力和资产可用于支持实施人道主义援助。在灾难中部署外国军事和民防资源必须遵守联合国《奥斯陆准则》中关于"人道、中立、公正、主权"的原则。为了能够推动军队在复杂紧急状况下提供人道主义援助，联合国在2003年通过了《在复杂紧急状况下动用军事和民防资产资助联合国人道主义活动的指导方针》(简称《军事民防资产指导方针》)。

联合国维和部队在国际人道主义援助中发挥特殊作用。联合国维

---

① 世界人道主义峰会秘书处:《复兴人道主义：世界人道主义峰会磋商进程综合报告》，纽约，联合国，2015，第111页，http://reliefweb.int/sites/reliefweb.int/files/resources/Chinese%20Full%20Report.pdf。

② Samuel Carpenter and Randolph Kent, "The Military, the Private Sector and Traditional Humanitarian Actors: Interaction, Interoperability and Effectiveness," in Zeynep Sezgin, Dennis Dijkzeul ed., *The New Humanitarians in International Practice: Emerging Actors and Contested Principles (*Routledge, 2015), p.149.

和任务分为两部分：和平解决争端和维持和平。在复杂人道主义危机中进行的联合国维和行动，包括保护战争中的平民，人道主义排雷，代替人道主义机构分发援助物资，以及负责保护人道主义工作者的安全等。冷战后，70%的联合国或者联合国授权的部队部署在非洲。

二、私营机构

私营机构在参与国际救援方面正在发挥越来越积极的作用。他们可以独立或与其他援助组织合作，通过专家服务、资源配置、渠道影响等方式参与救援。[①] 私营机构参与国际人道主义援助有人道主义的动因，也有的是为了追逐利益，还有的是为了履行企业的社会责任。

私营机构参与国际人道主义援助的方式多样。第一，捐款。向联合国、红十字会和红新月会以及非政府组织进行捐助。第二，直接提供救援。中外运敦豪和爱立信等公司多年来一直致力于在人道主义物流和电信方面提供援助。2015年，800家移动运营商和250家设备和软件公司组成的全球移动通信系统协会（GSMA）订立了"人道主义通讯宪章"，决定保证在危机期间各方能够更加便利地使用移动服务，为受灾人群、人道主义行动组织及政府行动组织提供免费或可获得补贴的短信服务、数据服务、语音服务，以及制订灾害防范计划。[②] 第三，和政府合作，提供创新解决方案。私营机构可以利用其核心能力，打造社区抵御能力，帮助恢复经济和生计。第四，融资支持。私营机构可以引入电子手段，如电商、自动提款机、手机汇款、电子募捐系统

---

① *Disaster Response in Asia and the Pacific: A Guide to International Tools and Services*, OCHA, 2013, pp.37-38, https://www.unocha.org/sites/unocha/files/ROAP_DisasterGuide.pdf.

② 世界人道主义峰会秘书处：《复兴人道主义：世界人道主义峰会磋商进程综合报告》，纽约，联合国，2015年，第73页，http://reliefweb.int/sites/reliefweb.int/files/resources/Chinese%20Full%20Report.pdf。

等积极参与人道主义援助。[①]

三、当地组织、个人、媒体

当地组织和国际组织相比，更接近受灾民众，更容易进入难以深入的地区，能直接第一时间动员当地力量来救灾、应灾，并可以和其他国际、区域性的组织形成良好的伙伴关系。无论在狭义的还是广义的人道主义救助中，当地组织都能发挥不可替代的重要作用。在狭义的人道主义紧急救助中，人道主义机构和当地组织合作，提高效率，发挥救助功能；在广义的人道主义援助过程中，人道机构和当地组织的合作有助于提高当地政府应对危机的能力。[②] 但当地组织也面临着资金短缺的问题，当资金强烈依赖国际组织时，其救援设计和决策意见有可能不被重视。[③]

个人的援助可以分为知名人物和普通百姓两类。一类是知名人物，包括：国家领导人、政府首脑、政治精英、文体明星、知名企业家、慈善家等。另一类是普通百姓。普通百姓也可以通过捐款、众筹、声援等传统方式，以及利用现代网络平台为国际人道主义援助融资或呼吁，从而发挥个人的援助功能。

媒体和公共舆论的作用也不可低估。媒体对灾情的报道通常能够第一时间引起公众的注意，为各类慈善机构紧急救助和募捐创造氛围。媒体对灾情的报道能够推动救助组织开展紧急行动；可以帮助救助组织，尤其是非政府组织公开传播信息，加强救灾宣传，并募集资金、

---

① 《国际人道主义援助发展现状和挑战》，2015年10月22日，中国日报网站，http://caijing. chinadaily.com.cn/2015-10/22/content_22257179.htm，访问日期：2021年5月29日。

② Dorothea Hilhorst and Eline Pereboom, "Multi-Mandate Organizations in Humanitarian Aid," in Zeynep Sezgin and Dennis Dijkzeul ed., *The New Humanitarians in International Practice: Emerging Actors and Contested Principles* (Routledge, 2015), p.97.

③ 《国际人道主义援助发展现状和挑战》，2015年10月22日，http://caijing.chinadaily.com. cn/2015-10/22/content_22257179.htm，访问日期：2021年5月29日。

联系社会各方资源。媒体对救灾进程的报道通常能够推动救援更加及时、合理、有效。

总之，国际人道主义援助需求的增加刺激了国际人道主义援助行为主体的多元化。传统国际人道主义援助行为主体已经不能满足日益变化和越来越高的援助需求，大量非传统行为主体在现代网络和通信技术的支持下，不断涌入国际人道主义援助的进程中。他们发挥了越来越重要的作用，但也带来了管理上的混乱，甚至挑战了以联合国为中心的国际援助协调体系。例如，私营公司和军队的参与，有时也压缩了人道主义空间。不断增加的复杂行为主体在挑战国家权力的同时也增加了地区冲突的风险，并对人道主义援助工作者带来了安全威胁。

中　篇

中国国际人道主义援助：历史与结构

中国既是联合国领导的国际人道主义援助体系的受援国，也是捐助国。在2008年发生的四川汶川大地震中，联合国向中国提供了价值1700万美元的援助，其中800万美元紧急人道主义援助资金由联合国从其设立的中央应急基金里直接调拨。①

中国对国际机构和其他国家的人道主义援助更是由来已久，尤其是2000年以后。目前，中国参与国际人道主义援助机制的行为主体主要有：中国政府、中国红十字会、非政府组织、企业、媒体、智库、公民个体及公民组织（包括志愿者）等。以2015年4月发生的尼泊尔地震为列，当时中国参与救援的力量除中国政府、中国红十字会外，还有十余支民间救援队，②以及"各家媒体和个人"③等。

早期，这些行为主体之间的关系比较松散，缺乏一个统一的联系、协调、统筹机制。党的十八大之后，政府加强了对社会力量参与国内外援助的管理和支持。2015年，尼泊尔地震中，中国民间组织首次协同开展国际救援。④2019年10月23日，在联合国人道主义事务协调厅和国际志愿机构理事会等的支持下，中国国际民间组织合作促进会、爱德基金会、北京平澜公益基金会、北京师范大学风险治理创新研究中心、深圳壹基金公益基金会、中国红十字基金会等机构倡议成立了

---

① 李东燕：《2008年的联合国：困难与希望》，载李慎明、王逸舟、李少军主编《全球政治与安全报告（2009）》，社会科学文献出版社，2008，第77页。

② 俱孟军、徐俨俨、周盛平、张宁、幸培瑜、赵乙深、秦晴：《一切为了我们的尼泊尔兄弟——尼泊尔强震中国大救援纪实》，2015年5月4日，http://www.xinhuanet.com/world/2015—05/04/c_1115174371.htm，访问日期：2021年4月19日。

③ 师曾志：《"消失"的传统国界：新媒介赋权化育的民间救灾外交》，载吴建民、于洪君主编《中国民间外交发展报告》（2016），中央编译出版社，2016，第301页。

④ 王亦君：《中国民间组织首次协同开展国际救援》，《中国青年报》2015年4月28日，第5版。

中国国际人道主义援助社会力量行动网络。[①]

新冠疫情发生后，2020年2月2日，"抗击新冠疫情社会组织协作网络"成立，至6月30日，已有68家成员机构。[②] 中国国际人道主义援助社会力量行动网络负责对"抗击新冠疫情社会组织协作网络"的专家小组、专业化发展、国际交流与合作进行总体协调和组织。[③] 在中国政府的领导下，一个统一的跨界中国国际人道主义援助协调体系正在形成。

---

① 爱德基金会：《爱德基金会联合多方力量主办"中国参与国际人道主义援助交流工作坊"》，2019年10月24日，http://www.amity.org.cn/index.php?m=Home&c=News&a=view&id=553，访问日期：2020年7月18日。

② 基金会救灾协调会：《社会组织抗击新冠疫情协作网络评估报告发布》，2020年12月18日，https://baijiahao.baidu.com/s?id=1686349193997686409&wfr=spider&for=pc，访问日期：2020年7月18日。

③ 基金会救灾协调会：《"抗击新冠疫情社会组织协作网络"正式启动》，2020年2月24日，http://www.chinadevelopmentbrief.org.cn/news—23798.html，访问日期：2020年7月18日。

第六章　中国政府与国际人道主义援助

中国政府是中国国际人道主义援助体系中最大、最主要的行为主体，在中国历史的各个发展阶段，基本处于主导和领导地位。为更好地发挥政府的作用，有必要系统梳理和总结中国政府实施国际人道主义援助的思想渊源、历史发展、援助模式等基本问题。

第一节　中国国际人道主义援助的思想渊源

国际人道主义援助的理念和实践在中国有着悠久的历史。中国传统思想领域中的主要流派在先秦时期即已基本形成。先秦时期的诸子百家思想里均有"济世安民"的政治理想。儒家的"仁爱"、墨家的"兼爱"等思想都表达了中国人"扶贫济困""乐善好施"的人道主义救助理念。

一、儒家思想与中国国际人道主义援助

（一）"仁者爱人"是中国古代最早的国际人道主义援助思想

春秋末期，儒家的开创者孔子（公元前551—前479年）提出了"仁者爱人"的思想，这是古代东方人道主义思想的最初表达形态。① 孔子开创的儒家思想学派以"仁"为核心。孔子认为，"仁"即对人类有同

---

① 白奚：《"仁者人也"——"人的发现"与古代东方人道主义》，《哲学动态》2009年第3期，第77—79页。

情心。① "仁者，人也"②，"仁者爱人"，即对人类有同情心的人才能称为"仁"，对人类有同情心的人必定是爱人的。孔子主张以"孝悌"和"忠恕"来践行"仁者爱人"的理念。"孝悌"是为仁之本，意为每个人都应孝顺父母，并"爱民守礼"；"忠恕"是成仁之法，它要求人们正确处理君臣、长幼、平辈之间的关系，以此来协调人际关系。③ "爱人"是孔子推崇的社会关系建构的基本准则。

在孔子看来，"仁"不仅是作为公民的个人应该遵守的道德法则，更是国家应该追求的最高和最终价值目标。孔子认为，国家应该在治国理政中实行"仁政"，建立"仁"的世界，即"大同"世界。在"大同"世界里，"大道之行也，天下为公。选贤与能，讲信修睦。故人不独亲其亲，不独子其子，使老有所终，壮有所用，幼有所长，矜、寡、孤、独、废疾者皆有所养。"④ 即孔子认为，"仁"是个人和国家都要追求的道德规范，国家应该通过"仁政"，致力于建设一个天下人共有的，诚信、友好、互助的理想世界。由此可见，孔子在2000多年前就已经提出，同是天下人，人与人之间应该互助，人应该帮助有需要的人。

对弑君之类违反国家和天下普遍接受和适用规则的个人和国家，孔子认为，应该通过武力对其进行人道主义干涉。例如，《论语·宪问》记载：当齐国大夫陈成子杀害了齐简公后，孔子沐浴戒斋后去求见国君，报告鲁哀公说："陈恒杀了他的君王，请出兵讨伐。"⑤ 孔子的人道主义救助和干涉的思想与西方后来提出的国际人道主义援助及干涉的

---

① 梁启超：《先秦政治思想史》，古吴轩出版社，2017，第64页。

② 王文锦：《礼记译解》，中华书局，2016，第702页。

③ 吕洪业：《中国古代慈善简史》，中国社会出版社，2014，第2页。

④ "大道之行也，天下为公。选贤与能，讲信修睦。故人不独亲其亲，不独子其子，使老有所终，壮有所用，幼有所长，矜、寡、孤、独、废疾者皆有所养。男有分，女有归。货恶其弃于地也，不必藏于己；力恶其不出于身也，不必为己。是故谋闭而不兴，盗窃乱贼而不作；故外户而不闭。是谓大同。"参见王文锦：《礼记译解》，中华书局，2016，第258页。

⑤ 原文为："陈成子弑简公。孔子沐浴而朝，告于哀公曰：'陈恒弑其君，请讨之。'"参见杨伯峻：《论语译注》，中华书局，2006，第172页。

理论在精神上是一致的。此外，孔子还认为，作战要有节制。他在评价工尹商阳和陈弃疾追杀败逃的吴军过程中节制纵杀时说："杀人之中，又有礼焉。"[①] 这和对作战手段进行规制的现代国际人道法在精神上也是一致的。

（二）儒家继任者对孔子国际人道主义援助思想的继承与发展

作为孔子的继承者，孟子（约公元前385—约公元前304年）进一步发展了孔子的国际人道主义援助思想。孟子对"仁者，人也"和"仁者爱人"作了进一步阐释，提出了"仁，人心也；义，人路也"[②]；"仁之实，事亲是也，义之实，从兄是也"[③]，"君子之于物也，爱之而弗仁；于民也，仁之而弗亲。亲亲而仁民，仁民而爱物"等思想。孟子认为，只有具备恻隐之心、羞耻之心、辞让之心、是非之心等道德品质的人才能称为人，而具备上述"人"的基本道德品质的人会爱他人、爱百姓、爱万物。这也是人之所以被称为人，区别于禽兽的地方。

孟子还具体提出了"老吾老，以及人之老；幼吾幼，以及人之幼"思想。从爱具有血缘关系的"亲人"到爱非血缘关系的"他人"，儒家提出了一个由近亲血缘、远亲血缘至非亲血缘的"涟漪"状的"仁爱"社会秩序。[④] 从对自己个人品格中"仁"的修养，到社会关系建构中"仁"的体现，再到世界秩序建构中"仁"的原则，儒家逐渐演绎出"修身、齐家、治国、平天下"[⑤] 的世界治理逻辑。

孔子、孟子之后的荀子（约公元前313—前238年）继续发展了儒

---

① 俞正山：《先秦兵学和现代国际人道法》，《光明日报》2009年8月17日，第9版。
② 杨伯峻：《孟子译注》，中华书局，2010，第247页。
③ 同上书，第167页。
④ 吕洪业：《中国古代慈善简史》，中国社会出版社，2014，第3页。
⑤ 《礼记·大学》："古之欲明明德于天下者，先治其国；欲治其国者，先齐其家；欲齐其家者，先修其身；欲修其身者，先正其心；欲正其心者，先诚其意；欲诚其意者，先致其知，致知在格物。物格而后知至，知至而后意诚，意诚而后心正，心正而后身修，身修而后家齐，家齐而后国治，国治而后天下平。"参见王文锦：《礼记译解》，中华书局，2016，第805—806页。

家思想，提出"礼者，人道之极也"①，"人道莫不有辩。辨莫大于分，分莫大于礼，礼莫大于圣王"②，"天地者，生之始也；礼义者，治之始也；君子者，礼义之始也"③，"凡为天下之要，义为本而信次之"。④ 即荀子认为，人性本恶，教育和后天环境对人的影响很大，君主应该礼治天下。因为，天地是生命的本源，礼义是治国的本源，君子是礼义的本源。道义是协调百姓行为和万物的原则，"礼"是人道的终极标准，人道都来自圣王实践。作为天下首领的君主，为了防止百姓奸邪，应该首先将道义，其次将诚信作为治国的根本原则，供百姓效仿。

在中国古代，"道"本指道路，引申为道理、方法（治理）、原则和措施，是人处理个体自身，以及个体与社会、与国家关系的方法和原则。因此，荀子这里所说的"人道"是人之"道"，是为人处世的基本原则。这和西方后来所言的以人为目的的"人道"有相通之处，亦有不同之处。

除了孔子、孟子、荀子，儒家学派在后继发展过程中也涌现出其他提倡"爱天下"的思想家。如唐代的韩愈（768—824年）和北宋的张载（1020—1077年）。韩愈在《原道》中记载，"博爱之谓仁，行而宜之之谓义"，"以之为己，则顺而祥；以之为人，则爱而公；以之为心，则和而平；以之为天下国家，无所处而不当"。韩愈认为，仁就是博爱，恰当地去实现"仁"的行为就是"义"。如果能够实行仁义之道，人、社会、国家，乃至国与国之间，才能各得其所。

张载则在其《西铭》中说："乾称父，坤称母；予兹藐焉，乃混然中处。故天地之塞，吾其体；天地之帅，吾其性。民，吾同胞；物，吾与也。大君者，吾父母宗子；其大臣，宗子之家相也。尊高年，所

---

① 谭绍江：《荀子政治哲学思想研究》，华中科技大学出版社，2014，第115页。
② 同上书，第116页。
③ 郭庆祥：《用世之道——荀子详解》，东方出版社，2018，第127页。
④ 贾太宏译注《荀子》，西苑出版社，2016，第235页。

以长其长；慈孤弱，所以幼其幼；圣，其合德；贤，其秀也。凡天下
疲癃、残疾、惸独、鳏寡，皆吾兄弟之颠连而无告者也。"[1] 即宇宙是
个大家庭，乾坤是父母，人是其中的子女，人在天地之间，天地在人
心中。天下百姓都是我的同胞，一切物体都是我的朋友。民众应该服
从君主，君主也应该像家人一样体恤下人。每个人都应该尊重自己的
老人和他人的老人，疼爱自己的孩子以及他人的孩子，把天下"疲癃、
残疾、惸独、鳏寡"者当作自己的兄弟一样怜惜。

总之，儒家从"仁"出发，提出的"仁爱"、道义、礼治等思想是
中国国际人道主义援助的重要思想渊源。此外，儒家提出的"先义后
利"的思想也是当今中国秉持的"义利相兼、以义为先"[2] 的国际人道
主义援助原则的思想渊源。

二、墨子的"兼爱"思想与中国国际人道主义援助

墨子（约公元前476—前390年）提倡"兼爱"，认为人应该像爱
护自己一样爱护他人。与儒家思想不同的是，墨子认为关爱他人应该
"爱无差等"，不应受到礼俗或社会等级的制约，要做到"兼爱天下之
博大"。这样，各种不孝不慈、盗窃抢劫、诸侯混战等都会自然消失
了。墨子在《墨子·兼爱》中写道："当察乱何自起？起不相爱。""既
以非之，何以易之？""以兼相爱、交相利之法易之。""视人之国，若
视其国。"即世间的混乱皆因不相爱。如何改变呢？用"兼相爱，交相
利"的方法。看待别人的国家要像看待自己的国家一样。国家之间要
相互爱护，相互交往，增加彼此的利益。不能为了增加本国的利益而
去损害别国的利益。墨子反对狭隘的"畸形爱国论"，反对为国家利益

---

① 刘学智：《关学思想史》，西北大学出版社，2015，第125页。
② 新华网：《习近平在2018年中非合作论坛北京峰会开幕式上的主旨讲话》，2018年9月3
日，http://www.xinhuanet.com//politics/2018-09/03/c_1123373881.htm，访问日期：2020年4月6日。

不择手段的做法。①

除"兼相爱"思想外,墨子还提出了"义,利也""交相利""义利合一"等思想。与儒家认为先义后利、义利不相容不同,墨家认为"义,利也"②。墨子认为,国家之间秉持道义,是对本国和国际社会的大利。墨子所说的利是一个社会或人类全体的利益。③在《墨子·非攻下》中,墨子说:"今若有能信效先利天下诸侯者,大国之不义也,则同忧之;大国之攻小国也,则同救之。小国城郭之不全也,必使修之,布粟之绝则委之,币帛不足则共之……则天下无敌矣。"④即如果国家之间能够相互讲究义气,当某国面临大国不义之时,和其共同分担忧愁;当大国进攻某小国之时,国际社会共同拯救小国;如果遇到小国城市需要维修,就帮助它;当某国缺乏布匹和粮食之时,就赠送它;当货币不足时,就给它提供。一个国家如果能够这样援助诸侯国,就能天下无敌。墨家的这些思想是中国国际人道主义援助继儒家之外的另一种重要思想渊源。

三、佛道思想与中国国际人道主义援助

(一)佛教善举

2500年前,释迦牟尼在印度创立佛教,并设立讲堂,进行传教。和基督教一样,行善也是佛教的基本实践。佛教在西汉末年开始传入中国,在南北朝时期得到迅速发展,到唐朝时达到鼎盛阶段。

佛教提倡"报四恩":三宝恩、父母恩、国家恩、众生恩;"种福田":旷路义井、建造桥梁、平治险隘、孝养父母、恭敬佛法僧三宝、

---

① 梁启超:《先秦政治思想史》,古吴轩出版社,2017,第112—113页。
② 方勇译注《墨子》,中华书局,2015,第326页。
③ 梁启超:《先秦政治思想史》,古吴轩出版社,2017,第114页。
④ 方勇译注《墨子》,中华书局,2015,第177—178页。

给事病人、救济贫穷、设无遮普度大会八种福田。① 其中，"众生恩"中之"众生"包含了所有天下人。

佛教教义认为，人与社会和自然是密不可分的，离开人类社会和自然界，作为个体的人将无法存在。因此，佛教徒应该救济一切众生（大乘佛教）。只有具备这些基本的虔诚的信仰，并积极行善，才能抵达好的"因果报应"之彼岸。

佛教的善举在官方的支持下快速发展。据记载，5世纪末，齐武帝萧赜（483—493年在位）的儿子齐惠太子由于信奉"释教"建立"六疾馆"收养贫病之人；梁武帝萧衍（502—548年在位）也由于"溺于释教"在京师建康（今南京）建立孤独园，收养孤幼贫老者；北魏宣武帝拓跋恪（499—515年在位）由于信奉释教，于501年下诏建立专门的慈善病院。②

近代，中外交流增加，佛教界常规的国内慈善行为外溢到了国际社会，佛教徒逐渐参与到了跨国人道主义援助的队伍中。1923年9月，当日本关东发生地震时，中国佛教界为遇难者超度，捐助物资，还派人专程赴灾区慰问。新中国成立后，中国佛教界参与跨国人道主义援助的行动更多了。例如，1985年5月10日，中国佛教协会会长赵朴初从他在日本获得的"庭野和平奖"奖金中捐出2万元人民币，支援非洲灾民。③

（二）道家思想

先秦时期，以老子、庄子为代表的道家思想产生。道家吸取了儒

---

① 陈星桥：《略论中国佛教关于慈善公益的思想与实践——以中国大陆改革开放以来佛教界的慈善公益事业为中心》，载卓新平、郑筱筠主编《宗教慈善与社会发展》，中国社会科学出版社，2015，第19页。

② 梁其姿：《施善与教化——明清时期的慈善组织》，北京师范大学出版社，2013，第22页。

③ 陈星桥：《略论中国佛教关于慈善公益的思想与实践——以中国大陆改革开放以来佛教界的慈善公益事业为中心》，载卓新平、郑筱筠主编《宗教慈善与社会发展》，中国社会科学出版社，2015，第21页。

家和墨家的思想，以慈悲仁爱作为基础，提出"慈者，万善之根本"，将把"父母、祖先、帝王、万民从困苦中救济出来"作为目的。[①] 得道成仙、长生不老、济世救人是道教的主要目标。例如，道家的《太平经》提出，气化天地、天人合一、天道承负、乐生好善，建设"太平世道"。

道家"济世救人"的思想在实践中催生了诸多的慈善行为和机构。在跨国人道主义援助方面，1922年，以道家思想为信仰基础的世界红卍字会成立，并参与了1923年日本关东大地震等救灾。当代，中国道教协会也参与了对2004年12月26日发生的印度洋海啸的救助。在海啸发生之后，中国道教协会于2005年1月1日向各省（自治区、直辖市）道教协会发出通知，号召道教界发扬"齐同慈爱、济世度人"的道教精神；要求各地道教重点宫观于1月3日12时，同时为灾难举行"中国道教消灾解厄祈福大法会"；并要求各地道协组织和宫观，积极参加当地政府举行的为海啸受灾国献爱心活动。[②]

总之，先秦时期，儒家思想家孔子和孟子的"仁爱"思想、墨子的"兼爱"思想，以及佛家和道家提出的"救济天下"等思想都是中国国际人道主义援助的早期思想渊源。儒家和墨家从人性出发，主张践行相爱的人与人、人与社会、人与国家，甚至国家之间的关系。佛教和道教则从宗教信仰的角度提出普度众生、普济天下，以及"救济万民"的口号。元朝（1271—1368年）之后，儒、释、道"三教合一"的现象开始出现，三家逐渐相互借鉴，汲取思想精髓，变得你中有我，我中有你。这些中国传统思想和文化中提出的对天下人进行人道主义援助的思想成为现代中国国际人道主义援助的思想渊源。

当然，先秦思想家所提及的"国家""天下"等概念和近代国际社

---

① 小林正美：《中国的道教》，王皓月译，齐鲁书社，2010，第239页。

② 李兆彩、诚林、四川道教协会办公室：《齐同慈爱济世度人——中国道教界为海啸受灾国举行祈祷法会并捐款赈灾》，《中国道教》2005年1期，第9页。

会使用的"国家"以及"国际"等概念在严格意义上讲并不是完全一致的。先秦思想家受制于当时的地理、交通和信息条件，其所言的国家是诸侯列国，至秦始皇统一中国之后，现代意义上，拥有共同的政府、地域、人民、文化和语言等特质的共同体的国家概念才基本成形。但先秦思想之主要流派儒家和墨家提出的要对天下有需求的人进行救助，以及国家之间应该相互援助的思想，和近、现代国家之间进行的人道主义援助在理念和实践上大体是一致的。

第二节 新中国与国际人道主义援助

中国国际人道主义援助思想源远流长，援助行动历史悠久。自发的对外人道主义援助，无论是在邻国发生饥荒之时对其进行紧急粮食援助，还是海上对周边国家漂流至中国领海的船只和难民进行人道主义援助都不乏官方记录。尤其是明清之后，中国国际人道主义援助的程序已经在自发行动的基础上被官方认可，形成国家的政策，建立了正式的机制。但是大规模的系统性的官方对外人道主义援助是在新中国成立后开始的。

一、中国国际人道主义援助的开始（1949—1978年）

（一）中国国际人道主义援助的开启

新中国成立初期，美国对中国采取政治孤立、经济封锁、军事包围的政策，企图扼杀新政权。中国外交采取"一边倒"的方针，即站在以苏联为首的社会主义阵营一边。在美苏对抗的两极格局的背景下，为了突破美国及其盟友对中国设置的包围圈，扩大自己的交往范围，中国在"意识形态"的影响下，主要援助社会主义国家，以及亚非拉争取民族独立和新独立的国家，特别是和中国一样经济落后的国家，确保国家的独立与安全。

对周边国家和地区，毛泽东主张用"和平共处五项原则"发展与他们的睦邻友好关系，争取他们对新中国的承认，进而抵制美国在中国周边采取的敌对行动，壮大以苏联为首的社会主义阵营，建设有利于中国的和平国际环境。以国际主义精神[①]为指导，按照国际共产主义运动的"革命分工"，[②]中国负责东方和殖民地、半殖民地国家的革命运动。因此，新中国在成立初期就支持缅甸、马来西亚、印度尼西亚、越南、菲律宾等国家的民族独立运动。

在"意识形态"和"国际主义"理念的指导下，新中国的国际人道主义援助快速发展，成为中国对外援助的主要形式[③]，尤其是对周边争取民族独立的国家。新中国的对外援助始于1950年对朝鲜和越南的物资援助。"据不完全统计，20世纪50年代，中国年援助额保持在40余万元"。[④]"从1949年到1965年，新中国共开展76次对33个国家的人

[①] 1958年10月29日，中共中央在批复陈毅、李富春《关于加强对外经济、技术援助工作领导的请示报告》中指出："认真做好对外经济、技术援助工作，是一项严肃的政治任务，也是我国人民对兄弟国家和民族主义国家应尽的国际主义义务。"见《中共中央批转陈毅、李富春〈关于加强对外经济、技术援助工作领导的请示报告〉》，1958年10月29日，载中共中央文献研究室编《建国以来重要文献选编》（第11册），中央文献出版社，1995，第523页。毛主席曾说："已经获得革命胜利的人民，应该援助政治争取解放的人民的斗争，这是我们的国际主义义务。"《毛泽东接见非洲朋友发表支持美国黑人斗争的声明》，载《人民日报》1963年8月9日，第1版。周恩来对此作了进一步阐述。他说："我们对外援助的出发点是，根据无产阶级国际主义精神，支援兄弟国家进行社会主义建设，增强整个社会主义阵营的力量；支援未独立的国家取得独立；支援新独立的国家自力更生，发展民族经济，巩固自己的独立，增强各国人民团结反帝的力量。"参见《在第三届全国人民代表大会第一次会议上周恩来总理作政府工作报告》，《人民日报》1964年12月31日，第1版。

[②] 1949年7月，中共中央书记处书记刘少奇访问苏联时，斯大林对其说，"为了国际革命的利益，咱们两家来个分工：你们多做东方和殖民地、半殖民地国家的工作，在这方面多发挥你们的作用和影响。我们对西方多承担些义务，多做些工作。总而言之，这是我们义不容辞的国际义务！"见李海文：《在历史巨人身边——师哲回忆录》（师哲口述），九州出版社，2015，第299页。

[③] 李小瑞：《中国对外人道主义援助的特点和问题》，《现代国际关系》2012年第2期，第48—49页。

[④] 钟开斌：《中国对外人道主义援助的发展历程》，《中国减灾》2015年9月（上），第26页。

道主义援助，投入了超过900万元人民币的现金和物质。"①

20世纪50年代，为了得到国际社会的普遍承认，新中国不仅援助社会主义国家、民族主义国家，还援助资本主义国家。比较大的两笔人道主义援助给了当时的日本和印度。1952年3月4日，日本北海道札幌郡发生严重地震和海啸，丰平町月寒主妇会3月19日写信给毛主席请求援助，中国人民救济总会电汇2亿元人民币（旧币）。②同年，印度发生灾荒，中国先后以红十字会、全国总工会等4个群众团体的名义，两次各捐款20亿元人民币（旧币）。③

次年，1953年8月，印度北部再次发生洪灾，中共中央国际活动指导委员会建议中央援助印度10.5亿元人民币（旧币），当毛主席了解到苏联捐赠了25万卢布（约合17亿元人民币）时，批示"款数似应增加至15亿或20亿元人民币"，相关部门最后定为15亿元人民币（旧币）；而当时美国仅捐1万美元、200万磅奶粉；英国捐500英镑。④

在援助方式上，新中国的人道主义援助主要以双边为主，偶然通过多边渠道进行。例如，1956年，中国向匈牙利工农革命政府无偿赠送了价值3000万卢布的物资；⑤1956—1959年，中国无偿援助尼泊尔6000万印度卢比。⑥在多边渠道上，中国于"1956年、1957年、1958年分别捐款1万个瑞士法郎给红十字国际委员会"。⑦同时，新中国还派代表参与了关于国际人道主义援助的法律起草，成为最早签约《日内

---

① 殷晴飞：《1949～1965年中国对外人道主义援助分析》,《当代中国史研究》2011年第4期，第92—98页。

② 《我国人民救济总会汇款救济日本灾民》,《人民日报》1952年7月1日，第4版。

③ 杨丽琼：《新中国对外援助究竟有多少？——我国外交档案解密透露1960年底以前的实情》,《新民晚报》2006年7月29日，第11版。

④ 同上。

⑤ 石林主编《当代中国的对外经济合作》，中国社会科学出版社，1989，第36页。

⑥ 裴坚章主编《中华人民共和国外交史1949—1956》，世界知识出版社，1994，第142页

⑦ 《给红十字国际委员会捐款　我国红十字会汇出一万个瑞士法郎》,《人民日报》1958年6月24日，第4版。

瓦第四公约》的国家之一，这也是新中国成立后批准加入的第1个国际公约。①

（二）中国国际人道主义援助的扩展

20世纪60年代，由于中苏分裂，中国在战略上对美国、苏联实行"两面开弓"，既反对美帝国主义，也反对苏联修正主义，争取"两个中间地带"②，尤其是第一个"中间地带"——亚非拉民族独立国家。截至1970年，与中国建交的国家达到56个，新增加建交国家18个，其中，非洲有13个。③中国对外援助的国家从1963年的21国扩展到1970年的32国。④其中，越南、朝鲜、阿尔巴尼亚等社会主义国家是中国对外援助的重点；同时，对柬埔寨、尼泊尔、缅甸、锡兰、阿富汗、印度尼西亚、几内亚、马里、加纳、阿尔及利亚、坦桑尼亚、刚果（布）、索马里等亚非民族主义国家的经济援助工作也陆续开始。⑤1960年1月，与外交部、外贸部平行的中国对外经济联络总局成立，专门负责向外国赠送现款、食品等。

1962年以后，中国对外人道主义援助的数额明显增加：1963年捐助额超过200万元人民币，1964年是130余万元人民币，1965年近100

---

① 朱文奇：《中国与国际人道法》，载赵白鸽主编《中国国际人道法：传播、实践与发展》，人民出版社，2012，第19页。

② 泛指第二次世界大战后，介于美国和苏联之间的广大地区。其中，第一个中间地带指亚洲、非洲、拉丁美洲经济落后的国家；第二个中间地带指欧洲、北美洲、大洋洲，以及日本等资本主义工业化国家。参见《毛泽东外交文选》，中共中央文献出版社、世界知识出版社，1994，第508—509页。

③ 陈松川：《中国对外援助政策取向研究》（1950—2010），清华大学出版社，2017，第86页。20世纪60年代，中国和16个国家建交，其中14个是非洲国家。包括加纳、马里、索马里、刚果（金）、刚果（布）、乌干达、肯尼亚、布隆迪、坦桑尼亚、贝宁、中非、毛里塔尼亚、突尼斯、赞比亚。

④ 杨鸿玺、陈开明：《中国对外援助：成就、教训和良性发展》，《国际展望》2010年第1期，第48页。

⑤ 《方毅传》编写组：《方毅传》，人民出版社，2008，第279页。

万元人民币。① 其间，中国与苏联展开了援助"竞争"。典型案例是对古巴风灾的援助。1963年10月，古巴遭受风灾，中国以政府名义捐助了粮食、布匹、建材和生活用品，以红十字会名义捐赠了50万元人民币和价值50万美元的医疗物资，部分驻外使馆也向古巴驻当地使馆捐款，据外电称总额达100万美元。②

60年代后，中国不再援助西方资本主义国家，对非洲和拉美的援助增加。在1960—1965年的40次对外人道主义援助中，对非洲和拉美国家的援助有14次，占35%。② 例如，西非几内亚国内大米歉收，向中国请求援助，中国政府1960年4月30日决定"以政府名义无偿赠大米1万吨，并由我方运送"。③

60年代，中国开始向非洲派遣援外医疗队，丰富了国际人道主义援助的形式。1962年7月，原法属殖民地阿尔及利亚宣布独立。由于法籍医生几乎全部撤离，阿尔及利亚卫生部门通过中国驻阿尔及利亚大使馆请求中国派遣医疗队。中国医疗队在当地救死扶伤，发扬"白求恩精神"，受到被援助国肯定和欢迎。至1970年，中国共向12个国家派遣医疗队，援助对象主要是非洲国家。④

1964年，周恩来总理代表中国政府提出了著名的《对外经济技术

① 杨鸿玺、陈开明：《中国对外援助：成就、教训和良性发展》，《国际展望》2010年第1期，第25页。

② 陈松川：《中国对外援助政策取向研究》（1950—2010），清华大学出版社，2017，第94页。

② 殷晴飞：《1949—1965年中国对外人道主义援助分析》，《当代中国史研究》2011年第4期，第93页。

③ 孟庆涛：《中国援助非洲忆往》，《档案春秋》2012年第1期，第7页。

④ 20世纪60年代，中国曾向阿尔及利亚、莱索托、桑给巴尔、老挝、索马里、也门、刚果（布）、马里、坦噶尼喀、毛里塔尼亚、越南和几内亚派出医疗队。参见李安山：《中国援外医疗队的历史、规模及其影响》，《外交评论》2009年第1期，第26—27页。

援助的八项原则》①，明确了中国政府区别于西方的对外援助原则，受到广大发展中国家的欢迎。冷战时期，中国的国际人道主义援助是整个国家对外援助项目的组成部分，根据灾情、国家双边关系等要素统一做出决定，因而，"八项原则"也是中国国际人道主义援助的原则。

（三）中国国际人道主义援助的进一步扩大

60年代末70年代初，中国与美国和周边国家的关系开始改善。1972年，中国和日本建交；1974年，中国和马来西亚建交；1975年，中国与菲律宾、泰国互派大使。在此背景下，70年代，中国对外援助的规模扩大，接受援助的国家增加。1971—1978年，中国对外援助的国家从原来的32个上升为68个，② 援助总额为296.6亿元人民币。③ 1970年，中国向遭受水灾的罗马尼亚无偿提供价值5000万元人民币的人道主义物资，是当时援助最多的国家。④

在政府扩大对外援助的政策指导下，70年代后，中国加入国际多边援助机构的步伐也加快了。1971年10月25日，中国恢复了在联合国及其安理会的合法权利。1973年，中国首次向联合国发展系统提供40万美元和380万元人民币的捐款；到1978年共向联合国捐款40万美元和1620万元人民币。⑤

---

① 周恩来《对外经济技术援助的八项原则》：中国政府一贯根据平等互利的原则提供对外援助；严格遵守受援国的主权，绝不附带任何条件和要求其他特权；以无息或低息贷款的方式提供经济援助，在需要时可减轻受援国负担；提供援助目的不是造成受援国对中国依赖，而是帮助受援国逐渐走上独立发展道路；所援建的项目，力求投资少、见效快，使受援国增加收入，积累资金；中国提供自己所能生产、质量最好的设备和物资，并根据国际市场议价；所提供的任何一种技术援助，保证使受援国人员充分掌握这种技术；中国所派出的专家和受援国专家享受同样的物质待遇，不容许有任何特殊要求和享受。参见中华人民共和国外交部、中共中央文献研究室：《周恩来外交文选》，中央文献出版社，1999，388—389页。

② 刘鸿武、黄海波：《中国对外援助与国际责任的战略研究》，中国社会科学出版社，2013，第102页。

③ 李小云等：《国家发展援助概论》，社会科学文献出版社，2009，第331页。

④ 钟开斌：《中国对外人道主义援助的发展历程》，《中国减灾》2015年9月（上），第26页。

⑤ 中国对外经济贸易年鉴编辑委员会：《中国对外经济贸易年鉴1994/95》，中国社会出版社，1994，第816页。

70年代初期，中国对外援助支出过多，影响了国内经济发展。"一五"计划、"二五"计划期间，中国对外援助支出占国家财政支出的比例只有1%，到1972年、1973年、1974年依次上升到6.7%、7.2%、6.3%。[①]1973年5月，周恩来在外事会议上开始强调中国还是"发展中国家"，今后要"有重点地适当地进行对外援助"。1975年4月23日，邓小平主持制定了《中共中央、国务院关于合理安排对外援助的决定》。"中共中央决定，在第五个五年计划期间，对外援助占财政支出的比例将由'四五'时期的预计6.5%降至5%以内。对外援助总额基本维持'四五'水平，大约平均每年50亿元人民币。"[②]此后，中国开始缩小对外援助的规模。

总体而言，1949—1978年，新中国通过开展国际人道主义援助，打破了以美国为首的西方国家对我们的全面封锁，获取了一些国家的外交承认，恢复了在联合国的合法席位，巩固了新生的社会主义国家在国际社会中的地位。但是，新中国的国际人道主义援助实际上超过了当时的国力，给国家财政和百姓生活造成了负担，影响了中国经济的发展。

二、中国国际人道主义援助政策的调整（1979—2002年）

改革开放之后，新中国成立初期实行的超越国力、以"意识形态"和"国际主义"为指导的国际人道主义援助政策得到调整。在邓小平以经济建设为中心的发展战略下，中国外交要为国内经济发展创造良好的环境。1980年3月，全国对外经济工作会议提出了对外援助政策的新指导思想："坚持无产阶级国际主义，坚持援外八项原则，认真做好援外工作，广泛开展国际经济技术合作，有出有进，平等互利，

[①]　人民网:《建国初我国实施过多少超出国力的对外援助?》，2009年6月4日，http://news.cctv.com/history/20090604/100680_4.shtml，访问日期：2020年4月6日。

[②]　同上。

为促进友好国家的经济发展，加速中国四个现代化建设作出应有的贡献。"①

在这样的国内外背景下，中国暂停了对朝鲜、越南的援助，对外援助规模急剧缩小，但中国扩大了对自然灾难受害国的援助。在此期间，接受中国国际人道主义援助的国家不仅包括周边和社会主义国家，也包括其他自然灾难发生国。1979—1987年，中国在继续向已有的受援国提供经济援助的同时，又增加了新的24个受援国，重点加强了对世界上最不发达国家的援助。1983年，中国的受援国总数是95个；1994年，增加到102个。②

80年代，中国对外人道主义援助的资金额一度缩减，甚至对柬埔寨等周边国家人道主义援助的金额也保持在较低水平。③但中国对当时的非洲饥荒进行了大规模的援助。1983年是世界性干旱和沙漠化最严重的一年，非洲遭遇"近代史上最大的人类灾难"。1984年，中国政府响应联合国援助非洲的紧急呼吁，向非洲提供了12万吨救灾粮，并派遣了一支救灾医疗队；中国红十字会向非洲受灾国捐赠了价值约68万元人民币的食品、药品和现款。④

在援助渠道上，中国越来越重视多边渠道。1979年，中国加入联合国儿童基金会、世界粮食计划署和联合国难民署，同年开始向联合国儿童基金会、联合国难民署捐款；1981年开始向世界粮食计划署捐款。据统计，1979—1998年，中国共向联合国儿童基金会捐款1180万美元和210万人民币，每年向世界粮食署正常认捐110万美元。⑤1983—1998年，中国先后向100多个发展中国家和国际组织提供

① 商务部研究院：《中国对外经济合作30年》，中国商务出版社，2008，第229页。
② 张郁慧：《中国对外援助研究（1950—2010）》，九州出版社，2012，第159页。
③ 钟开斌：《中国对外人道主义援助的发展历程》，《中国减灾》2015年9月（上），第26页。
④ 杨红星：《"为了非洲的旱灾灾民"——中国红十字会援非募捐活动剪影》，《中国红十字报》2009年7月7日，第3版。
⑤ 钟开斌：《中国对外人道主义援助的发展历程》，《中国减灾》2015年9月（上），第27页。

了双边或多边援助，遍及亚洲、欧洲、非洲、拉丁美洲和南太地区。[①]
在国际多边组织援助的过程中，中国逐渐对接和习得了国际人道主义
援助规范，将其应用到了自身援助机制的建设中。

其间，中国对越南、柬埔寨、老挝难民的援助是中国参与国际人
道主义援助史的重要坐标。从20世纪70年代末开始，25万边民陆续
涌入中国，到1984年底，在中国的越南、柬埔寨、老挝难民达到28
万人。中国政府在物质上、人力上提供了大量援助。据统计，1978—
1979年，约100万难民或越过边界，或漂洋过海，从越南、柬埔寨、
老挝涌向东南亚和其他国家。中国政府立即组建了国务院接待和安置
这些难民的领导小组，并指示中国红十字会在边境城镇建立临时接待
中转机构，给难民们供应茶饭和医疗服务。中国对所有的难民进行造
册登记和安置。在中央财政专项投入的60亿元人民币和联合国难民署
提供的9000多万美元的支持下，中国共实施了600多个救助项目，大
多数难民最终达到经济自足。[②] 中国对越南、柬埔寨、老挝难民的援助
得到了联合国难民署等国际机构的支持，获得了国际社会的肯定。

在援助内容上，80年代，中国开始有选择地支持联合国维持和平
行动。中国国际人道主义援助的内容得到进一步拓展。1981年，中国
表示将对联合国维持和平行动采取有选择的支持。1982年，中国交付
了1971—1981年的联合国维持和平部队未交款，并从1982年起开始按
规定交纳维持和平分摊款项。1989年，中国正式加入了联合国维持和
平行动特别委员会，开始参加"联合国纳米比亚过渡时期协助机构"，
帮助纳米比亚实现了独立。[③]

"实用主义"理念不仅影响了中国对外人道主义援助的决策和实施，
也改变了80年代中国接受国际社会人道主义援助中国的态度。1980年，

① 钟开斌:《中国对外人道主义援助的发展历程》,《中国减灾》2015年9月（上），第26页。
② 师蔚:《28万印支难民在中国》,《中国社会导刊》1999年第10期，第53页。
③ 李冬燕编著《列国志：联合国》,社会科学文献出版社，2005，第362—363页。

中国提出"对联合国救灾署的援助可适当争取,可及时提供灾情(包括组织报道),情况严重的亦可提出援助的要求";到1987年,改变为"要有组织有计划地向国际社会通报和提供有关灾情和救灾工作资料……有选择地积极争取国际救灾援助"的方针。[①] 从拒绝外来援助到积极争取的态度转变,对此后中国国际人道主义援助机制的建设,以及中国国内自然灾难灾后的恢复和经济发展发挥了重要作用。

冷战结束之后,国际形势发生深刻复杂变化,中国继承、丰富和发展国际人道主义援助理念,在积极争取和接受外来国际援助的同时积极开展对外人道主义援助。中国对外人道主义援助的规模逐渐扩大,方式和渠道更加多元,逐渐发展为新兴国际人道主义援助大国。中国作为援助国的地位开始受到世界瞩目。至2000年之后,中国的对外人道主义援助总体规模大体徘徊在世界前30位。[②]

总之,改革开放后,中国国际人道主义援助逐渐回归理性、正常水平。在援助对象上,增加了对不发达国家和受灾国的援助。在援助渠道上,开始越来越多地通过多边组织进行。在援助规范和原则上,开始对接全球国际人道主义援助的普遍规范和基本原则。在援助目标上,开始更少地和国家外交目标挂钩,更多地考虑受灾国的真正需求,其援助中的"人道主义"的原则得到更多地贯彻。更重要的是,此阶段,中国开始向国际组织求助和接受联合国等人道主义援助组织的救助,这对于中国经济的复苏、社会发展、融入国际社会等都发挥了非常重要的作用。

---

① 《民政部、经贸部、外交部印发〈关于调整接受国际救灾援助方针问题的请示〉的通知》,1987年6月9日,民〔1987〕农字26号文件。

② Hanna B. Krebs, *The Chinese Way? The Evolution of Chinese Humanitarianism*, HPG Working Paper, September 2014, p.2.

三、中国国际人道主义援助大国的建设（2003—2012年）

21世纪初，中国将自身在国际体系中的角色定位为"世界和谐的建设者"。2005年4月22日，胡锦涛在雅加达亚非峰会讲话中呼吁各国要"推动不同文明友好相处、平等对话、发展繁荣，共同构建一个和谐世界"。这是中国首次提出建设"和谐世界"的理念。其后，该理念快速发展，受到了世界各国的普遍欢迎。"和谐世界"理论主张坚持多边主义，实现共同安全；坚持互利合作，实现共同繁荣；坚持包容精神，共建和谐世界；坚持积极稳妥方针，推进联合国改革。①

以"和谐世界"为建设目标，中国对外交往的广度和深度在此期间有了大幅拓展和提升。在人道主义援助方面，中国增加和扩大了对自然灾害受灾国的人道主义援助规模和次数，中国免除了多个非洲国家的债务，中国增加了派遣维和部队的次数，中国海军护航编队远赴索马里海域打击海盗。这些都显示出，中国以一个负责任大国的姿态，致力推动建设一个公平公正、持久和平、共同繁荣的"和谐世界"。

在"和谐世界"理念的指导和推动下，中国在国际人道主义援助体系中的地位快速上升。中国政府和民间对2004年12月26日发生的印度洋海啸的救助是中国国际人道主义援助历史上的分水岭。其间，中国政府提供了史上最大规模的援助；中国红十字会以及中国民间慈善机构在新中国成立后首次走出国门，展开救援。此后，中国开始成为世界瞩目的国际人道主义援助新兴大国。

2005年，根据世界粮食计划署的报告，中国已经成为世界上第三大食品捐赠国，捐赠价值额比2004年增长260%。② 同年10月，巴基斯

---

① 2005年9月15日，胡锦涛在参加美国纽约联合国总部举行的联合国成立六十周年首脑会议上的讲话。参见《努力建设持久和平共同繁荣的和谐世界》（2005年9月15日），载《胡锦涛文选》（第2卷），人民出版社，2016，第350—356页。

② "China Emerges as World's Third Largest Food aid Donor," July 20, 2006, http://www.wfp.org/node/534.

坦发生7.8级地震，造成73 276人死亡。中国政府先后三次提供了总价值2673万美元的紧急援助，包括物资、现汇和派遣救援队等。中国援助的紧急物资包括棉帐篷3124顶、单帐篷1550顶、棉被24 000床、棉褥24 000条、毛毯9200条、床单24 000条、发电机900台。[①] 这显示出，中国国际人道主义援助的频率和规模较之前都有了大幅提升。

2007年底，中国加入世界银行国际开发协会，标志着中国进入了捐助国的行列。[②] 2011年，英国宣布，停止对包括中国在内的16个国家的直接援助。欧盟也宣布停止对包括中国在内的17个超过中等收入的国家在2014—2020年的援助。这些表明，中国已逐渐从世界上最大的受援国转变为最大的援助国之一。

以人道主义援助经费世界排名为例，"在2012年二十国集团成员人道主义援助的出资排名中，中国以总量2700万美元排名第14位；在最慷慨的二十国集团成员排名中，中国以0.0004%比例排在第8位；在按照人均比例的排名中，中国以0.02美元和南非并列第15位"；"在2012年的世界各国政府出资排名榜上，中国排名第29位"。[③] 从上述中国政府分别在二十国集团成员和政府出资榜中的排列位次可以看出，中国已经是国际人道主义援助大国，已经从国际人道主义援助机制的"参与者"转变为"建构者"。

中国国际人道主义援助的快速发展，不仅体现在援助国家、区域的广度和规模上，还体现在援助的速度、能力和效益上。在与世界的互动中，中国的救援速度、救援能力、救援效果在这一时期也得到进一步提升。中国的国际人道主义援助规则开始更多地和国际社会接轨。

---

① 新华社：《中国共向巴基斯坦震区提供2673万美元无偿援助》，2005年11月10日，http://news.sohu.com/20051110/n227455773.shtml，访问日期：2019年7月1日。

② 左常升主编《中国扶贫开发政策演变》（2001—2015），社会科学文献出版社，2016，第253页。

③ *Global Humanitarian Assistance (GHA) report 2013*, Development Initiative, Jul. 17, 2013, p.23, https://devinit.org/wp-content/uploads/2013/07/GHA-Report-2013.pdf.

国际人道主义援助有力提升了中国的国际形象。

总之，在"和谐世界"理念的指导下，中国不仅集中力量进行国内建设，还开始将更多的精力投入中国和外部世界的关系建构中。作为民心工程的国际人道主义援助，其不仅具有共同发展的经济功能，还具有体现"国家道义"的价值功能，以及和谐政党、政府之间关系的政治功能，开始受到前所未有的重视。再加上冷战后，国内外人道主义灾难增加，中国政府作为地区"负责任大国"，开始承担与其能力相匹配的全球灾难救助责任，中国逐渐成为国际人道主义援助领域的新兴发展中大国。

四、新时代的中国国际人道主义援助（2013 年至今）

党的十八大之后，习近平主席在处理中国与外部世界的关系上提出推动构建"人类命运共同体"的倡议。中国对自身在国际体系中的定位变为"世界和平的建设者、全球发展的贡献者、国际秩序的维护者"。[①] 在全球治理中，中国将"始终坚持为人类作出新的更大的贡献作为自己的使命"，支持"联合国发挥积极作用"，"继续发挥负责任大国作用，积极参与全球治理体系改革和建设，不断贡献中国智慧和力量"。[②] 在对外援助方面，中国决定"加大对发展中国家特别是最不发达国家援助力度，促进缩小南北发展差距"。[③]

作为对外援助的一种类型，根据 2016 年发布的《中华人民共和国国民经济和社会发展第十三个五年规划纲要》第五十三章"积极承担国际责任和义务"部分内容，中国要"为发展中国家提供更多免费的人力资源、发展规划、经济政策等方面咨询培训，扩大科技教育、医

---

① 习近平：《决胜全面建成小康社会　夺取新时代中国特色社会主义伟大胜利——在中国共产党第十九次全国代表大会上的报告（2017 年 10 月 18 日）》，人民出版社，2017，第 25 页。

② 同上书，第 58，60 页。

③ 同上书，第 60 页。

疗卫生、防灾减灾、环境治理、野生动植物保护、减贫等领域对外合作和援助，加大人道主义援助力度"，"积极落实2030年可持续发展议程"，"积极支持并参与联合国维和行动"。①

中国政府领导人相继在中非合作论坛、第71届联大解决难民和移民大规模流动问题高级别会议、"一带一路"国际合作高峰论坛等会议上宣布了一系列增加人道主义援助的举措。2015年12月4日，国家主席习近平在中非合作论坛约翰内斯堡峰会的致辞中承诺："中方高度关注非洲多个国家受厄尔尼诺现象影响致粮食歉收，将向受灾国家提供10亿元人民币紧急粮食援助；中方将在加强自身减贫努力的同时，增加对非援助，在非洲实施200个'幸福生活工程'和以妇女儿童为主要受益者的减贫项目；免除非洲有关最不发达国家截至2015年年底到期未还的政府间无息贷款债务；中方将参与非洲疾控中心等公共卫生防控体系和能力建设；支持中非各20所医院开展示范合作，加强专业科室建设，继续派遣医疗队员、开展'光明行'、妇幼保健在内的医疗援助等。"②

2016年9月19日，李克强在纽约联合国总部出席第71届联大解决难民和移民大规模流动问题高级别会议上发言中也承诺，中国将在原有援助规模基础上，向有关国家和国际组织提供专门用于应对难民问题的人道主义援助，同时考虑进一步的支持措施；中国将积极研究把中国—联合国和平与发展基金的部分资金，用于支持发展中国家难民和移民工作；中国将积极探讨同有关国际机构和发展中国家开展难民

---

① 《中华人民共和国国民经济和社会发展第十三个五年规划纲要》，发布日期：2016年3月17日，新华社，http://www.gov.cn/xinwen/2016/03/17/content_5054992.htm。
② 《开启中非合作共赢、共同发展的新时代》（2015年12月4日），载习近平：《论坚持推动构建人类命运共同体》，中央文献出版社，2018，第294页。

和移民问题的三方合作。①

2017年1月18日，习近平主席在联合国日内瓦总部呼吁世界各国应该坚持人道主义援助。②同年5月14日，习近平主席在北京举行的"一带一路"国际合作高峰论坛开幕式上宣布，"中国将向发展中国家和国际组织提供600亿元人民币援助，将向'一带一路'沿线发展中国家提供20亿元人民币紧急粮食援助，向南南合作援助基金增资10亿美元，将向有关国际组织提供10亿美元落实一批惠及沿线国家的合作项目"。③

2017年9月5日，习近平主席在新兴市场国家与发展中国家对话会上的发言中再次承诺，"中国将在南南合作援助基金项下提供5亿美元援助，帮助其他发展中国家应对饥荒、难民、气候变化、公共卫生等挑战"。④2018年9月3日，习近平主席在中非合作论坛北京峰会开幕式上的主旨讲话中再次承诺，中国将"实施50个农业援助项目，向非洲受灾国家提供10亿元人民币紧急人道主义粮食援助"。⑤

在全球难民危机、传染病等非传统安全持续蔓延，全球治理需求居高不下，而世界经济持续疲软，全球治理机构力不从心的背景下，中国以习近平主席提出的构建"人类命运共同体"理念为指导，以"一带一路"倡议为抓手，加大了对国际人道主义援助体系的支持规模和协调力度。中国与联合国人道主义组织以及国际红十字会机构的合作

---

① 中国政府网：《李克强在第71届联大解决难民和移民大规模流动问题高级别会议上的讲话》，2016年9月20日，http://www.gov.cn/guowuyuan/2016/09/20/content_5109857.htm，访问日期：2020年5月1日。

② 《共同构建人类命运共同体》（2017年1月18日），载习近平：《论坚持推动构建人类命运共同体》，中央文献出版社，2018，第418页。

③ 《携手推进"一带一路"建设》（2017年5月14日），载习近平：《论坚持推动构建人类命运共同体》，中央文献出版社，2018，第440页。

④ 新华社：《习近平在新兴市场国家与发展中国家对话会上的发言》，2017年9月5日，http://www.xinhuanet.com/world/2017—09/05/c_1121608786.htm，访问日期：2020年4月6日。

⑤ 新华社：《习近平在2018年中非合作论坛北京峰会开幕式上的主旨讲话》，2018年9月3日，http://www.gov.cn/xinwen/2018—09/03/content_5318979.htm，访问日期：2020年4月6日。

加强了。中国的非政府组织开始在政府的支持下走出国门，亲自展开援助。中国政府、红十字会、非政府组织等行为主体对国际人道主义援助机制的参与均得到了前所未有的大幅提升。中国已经成为国际社会重要的人道主义援助提供国。

第三节　当代中国国际人道主义援助的结构

经过长期的发展，尤其是最近20年的快速发展，中国政府已经建立起了较为完整的国际人道主义援助模式。其决策机制、管理机制、实施机制日渐完善。中国特色的国际人道主义援助模式基本形成。

一、当代中国国际人道主义援助的模式

（一）援助规模

目前，中国国际人道主义援助的数据尚未全部公开。我们仅能从当前已经公开的数据中进行大致描述。据《中国的对外援助（2014）》白皮书，2010年至2012年，中国向30余个国家提供紧急人道主义援助，包括物资和现汇援助，价值约15亿元人民币，占整个对外援助额的0.4%。[1] 其中，"三年（2010—2012）中，中国政府针对海地地震、柬埔寨特大洪灾、缅甸地震、巴基斯坦洪灾、古巴飓风、利比亚战乱、叙利亚动荡等自然灾害和人道主义灾难，提供了近50批紧急救灾物资，包括帐篷、毛毯、紧急照明设备、发电机、燃油、食品、药品及净水设备等，价值约12亿元人民币。此外，提供现汇援助约3亿元人民币"。[2] 中国还帮助非洲国家等应对粮食危机，支持部分国家的灾后重建；通过开展培训、提供物资等帮助发展中国家提高防灾救灾能力。

2018年12月发布的《改革开放40年中国人权事业的发展进步》白

---

[1] 国务院新闻办公室：《中国的对外援助（2014）》，人民出版社，2014，第7页。

[2] 同上书，第14页。

皮书进一步披露，"2001年以来，中国逐渐加大对国际人道主义援助体系的参与度，积极参与联合国机构主导的国际人道主义援助活动，援助规模逐年扩大。自2004年以来，中国累计提供国际人道主义援助300余次，平均年增长率为29.4%。所提供援助包括向东南亚国家提供防治禽流感技术援助；就几内亚比绍蝗灾和霍乱，墨西哥甲型H1N1流感，非洲埃博拉、黄热病、鼠疫等传染病疫情，伊朗、海地、智利、厄瓜多尔、墨西哥等国地震，马达加斯加飓风，印度洋海啸，巴基斯坦洪灾，美国卡特里娜飓风，智利山火，加勒比有关国家飓风等，提供物资、现汇和人员等人道主义援助；向朝鲜、孟加拉国、尼泊尔等国提供粮食等人道主义物资援助。2014年3月西非多国暴发埃博拉疫情，中国向受灾地区提供四轮援助，总额达7.5亿元人民币，派出专家和医护人员累计超过1000人次"。[①]

国际社会比较普遍引用的联合国人道主义事务厅的统计数据库（Finance Tracking Service，FTS）认为，从2008年到2018年8月，中国的对外人道主义援助共计415 167 435美元（约28.5亿元人民币），其中2017年为128 565 230美元。[②] "在2005—2015十年间，中国有6次居于全球国际人道主义花费国家排名前30位，分别是2007年第28位；2010年第24位；2011年第19位；2012年第25位；2014年第24位；2015年第26位。"[③] 由于中国相关部门和联合国对国际人道主义援助的概念界定和统计方法并不完全相同，此数值仅作参考。

综合上述中国的官方数据和联合国的统计数据，我们可以看出，21世纪以来，中国国际人道主义援助的规模总体上在快速增长，已

[①]　国务院新闻办公室：《改革开放40年中国人权事业的发展进步》，人民出版社，2018，第53—54页。

[②]　联合国FTS数据，https://fts.unocha.org/donors/2976/summary/2018, accessed on Febuary 16, 2023。

[③]　Miwa Hirono, *Exploring the Links between Chinese Foreign Policy and Humanitarian Action: Multiple Interests, Processes and Actors*, HPG Report, January 2018, p.17.

经成为国际人道主义援助大国。其中，规模最大的有两次：一是2004年12月对印度洋海啸的援助，援助金额首次达7亿多元人民币；二是2014年，中国向西非埃博拉疫情提供了4批总计7.5亿元人民币的紧急人道主义援助，为防止疫情扩散，避免全球性卫生灾难发挥了关键作用。[①] 但和传统西方援助大国相比，中国国际人道主义援助的规模以及人均捐助额均有较大差距。以2012年为例，当年中国的对外人道主义援助金额是2700万美元，占据国民总收入（GNI）的1.0004%，人均捐助仅0.02美元。[②] 在二十国集团国家排名中居第12位，仅占美国的0.7%。[③]

（二）援助渠道

在援助渠道上，中国主要通过多边组织、公共部门、非政府组织、红十字会以及其他渠道进行援助。每年通过各个部门的援助金额和比重并不相同。在2010年，通过公共部门渠道的援助有3290万美元，通过多边组织的援助有360万美元，通过红十字会的援助有100万美元。[④] 而在2017年，中国国际人道主义援助的40.5%都是通过世界粮食计划署进行的。[⑤] 中国也与外国政府或者多边组织开展三方合作进行人道主义援助。

---

① 杨洁篪：《积极承担国际责任和义务》，《人民日报》2015年11月23日，第6版。

② 《国际人道援助排名：美国投入称雄　卢森堡最慷慨》，2014年2月13日，http://data.163.com/14/0213/22/9L0F1FB300014MTN.html，访问日期：2019年9月27日。

③ 全球人道主义援助机构（GHA）的此项报告依据联合国国际人道主义事务协调厅、经济合作与发展组织等机构的数据制成，并未包含全部的国际人道主义救援呼吁及捐出款项。这里所指的各国援助额均为政府性援助，不包含民间援助，其中2012年各国政府性援助约占所有国际人道主义援助的72%。参见《国际人道援助排名：美国投入称雄卢森堡最慷慨》，2014年2月13日，http://data.163.com/14/0213/22/9L0F1FB300014MTN.html，访问日期：2019年9月27日。

④ Available at: Http://www.globalhumanitarianassistance.org/countryprofile/china#tab-humanitarian-response.

⑤ 联合国FTS数据，见https://fts.unocha.org/donors/2976/summary/2017，访问日期：2019年9月1日。

（三）援助类型

中国国际人道主义援助的类型多种多样，包括食品、帐篷、饮用水、药品，以及经济重建、援助协调等。每年，援助类型及其支出比重并不完全相同。但总体看，食品援助是中国国际人道主义援助的最主要类型。[①] 2011年，食品援助占中国国际人道主义援助总支出的80.23%。[②] 2017年，食品援助进一步增长至86.6%。

援外医疗队、国际救援队等也是中国国际人道主义援助的重要内容。1963年，中国向阿尔及利亚派出了第一支医疗队。60年来，我国累计向76个国家和地区派遣援外医疗队队员3万人次，援建医疗卫生设施共130余所，诊治患者2.9亿人次，既挽救了无数生命，极大提高了受援国医疗技术水平，又培训医疗人员10万余人次。[③]

随着援助需求的日益多样化、复杂化，中国国际人道主义援助的类型也随之增加。为加大对海外中国公民和侨民的利益保护，2014年9月2日，中国外交部全球领事保护与服务应急呼叫中心正式启动运行。热线号码为12308，备用号码为（海外拨打加86–10）59913991，专门用于处理中国公民或侨民在海外遭遇突发事件时向中国外交部求助事宜。

此外，撤侨和撤离外国公民也是中国国际人道主义援助的内容之一。"在2011年利比亚撤侨行动中，中国协助亚洲、欧洲12个国家撤离约2100名外国公民"。[④] 在也门撤侨中，从2015年3月29日到4月6日，中国政府分四批安全撤离了600多名中国公民，还协助"来自亚洲、非

---

① Http://www.globalhumanitarianassistance.org/countryprofile/china#tab-humanitarian-response.
② 联合国FTS数据，见https://fts.unocha.org/donors/2976/summary/2017，2019年9月1日查询。
③ 马晓伟：《援外医疗助力人类卫生健康共同体建设》，《人民日报》2023年6月7日，第9版。
④ 国务院新闻办公室：《为人民谋幸福：新中国人权事业发展70年》，人民出版社，2019，第56—57页。

洲、欧洲、美洲15个国家的共279名外国公民安全撤离"。① 此次任务，是中国首次派遣海军舰艇直接泊靠外国港口组织撤离中国公民，也是中国海军舰艇首次实施撤离外国公民的国际救助行动。

（四）援助对象

中国的国际人道主义援助对象广泛。据《中国的对外援助（2011）》白皮书公布，截至2009年底，中国已经累计对161个国家以及30多个国际和区域组织提供了援助，经常性接受中国援助的发展中国家有123个，其中，亚洲30个、非洲51个、拉丁美洲和加勒比18个、大洋洲12个、东欧12个。②

从地区接受的援助金额看，以2007—2011年统计数据为例，在中国国际人道主义援助总额的1.5159亿美元中，非洲和撒哈拉沙漠北部地区接受的份额最多，达7770万美元，约占51.3%；其次是南美地区，达2650万美元，约占17.5%；再次是远东地区为1650万美元，约占11%；北美以及中美洲国家为1440万美元；南亚以及中亚地区310万美元；欧洲100万美元；中东地区20万美元；大洋洲50万美元；其他地区1170万美元。③

从接受援助最多的国家看，以2017年为例，9个接受中国对外人道主义援助最多的国家依次为：肯尼亚、埃塞俄比亚、南苏丹、索马里、尼日利亚、也门、刚果、乍得、多米尼加。其中，绝大多数为非洲国家。前6个受援国占整体中国国际人道主义援助的比例依次是：20.8%、16.3%、15.2%、10.1%、9.5%、8.8%。④

---

① 国务院新闻办公室：《为人民谋幸福：新中国人权事业发展70年》，人民出版社，2019，第57页。

② 国务院新闻办公室：《中国的对外援助（2011）》，人民出版社，2011，第17页。

③ 其中的比例是根据《全球人道主义援助》关于中国的数据计算得出，http://www.globalhumanitarianassistance.org/countryprofile/china#tab-humanitarian-response。

④ 援助国家分布图见：https://fts.unocha.org/donors/2976/summary/2017。

（五）援助原则

中国国际人道主义援助秉持对外援助的统一原则——"坚持正确义利观和真实亲诚理念，相互尊重，平等相待，合作共赢；尊重受援国主权，不干涉他国内政，不附加任何政治条件；量力而行，尽力而为，重信守诺，善始善终；因国施策，共商共建，形式多样，注重实效。"[①]

同时，中国国际人道主义援助呼吁国际社会一起遵守《联合国宪章》及联大相关决议确立的人道主义援助基本原则，尊重受援国主权、独立、领土完整和国家统一，遵守国际法等法律。[②] 2017年1月18日，习近平主席在联合国日内瓦总部的演讲中强调，"面对频发的人道主义危机，我们应该弘扬人道、博爱、奉献的精神，为身陷困境的无辜百姓送去关爱，送去希望；应该秉承中立、公正、独立的基本原则，避免人道主义问题政治化，坚持人道主义援助非军事化"。[③]

二、中国国际人道主义援助的决策与管理机制

新中国成立之后，中国国际人道主义援助属于对外援助的一种类型，没有独立、专门的决策机制，其决策与管理过程等同于对外援助。进入21世纪，由于国际人道主义援助规模增加，2004年9月，中国初步建立了国务院跨部门国际人道主义援助协调机制：商务部负责制订人道主义援助的政策方案，确定援助项目并组织实施，管理援助资金使用；国防部负责人道主义援助物资筹措并安排运输；外交部、卫生部（现为国家卫生健康委员会）、地震局、海关总署、质检总局和中

---

① 国家国际发展合作署、外交部、商务部：《对外援助管理办法》，2021年8月31日，国家国际发展合作署2021年第1号令。

② 中华人民共和国常驻联合国代表团：《常驻联合国副代表王民大使在第70届联大审议加强联合国人道主义和救灾援助的协调议题的发言》，2015年12月10日，http://un.chinamission.gov.cn/gdxw/201512/t20151211_8307776.htm，访问日期：2019年9月1日。

③ 《共同构建人类命运共同体》，载《习近平著作选读》（第一卷），人民出版社，2023，第564—565页。

国民用航空局等部门在各自职能范围为人道主义援助提供便利，协调配合。①

在决策层面，商务部和外交部协商决定是否援助和援助多少，并启动应急任务的执行。在执行层面，商务部和总参谋部指定专人建立全天候对口联系制度，由总参谋部具体负责协调和落实。② 总参谋部秉持"特事特办"的原则，精简报批、审批程序，联系民航部门等落实救援物资的运输和救援任务的执行。

为进一步加强各部门间的决策协调，2008年10月，在商务部、外交部、财政部领衔下，24个中央部委和单位组成了"对外援助部际联系机制"。2011年2月，部际联系机制升级为"部际协调机制"。该机制"不仅负责统筹援外归口管理和多方联动，发挥各方专业功能的优势，就中国援外问题进行沟通，而且定期就政策问题进行协调，强化对外援助领域的发展规划、政策规划和制度建设"。③

在"部际协调机制"下，商务部是主管对外援助的主要部门，负责人道主义援助资金的分配和管理；外交部各司负责本地区的人道主义援助事宜。④ 一般来说，中国驻外使领馆根据受灾国请求或者本使领馆的决定向外交部提交申请，外交部讨论、审批和通过；中国驻外使领馆负责中国对驻在国援助项目的一线协调和管理；地方商务管理机构配合商务部，负责协助办理管辖地有关对外援助的具体事务。⑤ 卫生部负责组织、派遣医疗队，团中央负责选派海外志愿者。民政部与联合国儿童基金会、联合国难民事务高级专员署、亚太经合组织、

---

① 李小瑞：《中国对外人道主义援助的特点和问题》，《现代国际关系》2012年第2期，第52页。

② 周弘：《中国援外60年》，社会科学文献出版社，2013，第37页。

③ 周弘：《外援书札》，中国社会科学出版社，2015，第247页。

④ Miwa Hirono, *Exploring the Links between Chinese Foreign Policy and Humanitarian Action: Multiple Interests, Processes and Actors*, HPG Report, January 2018, p.25.

⑤ 国务院新闻办公室：《中国的对外援助（2011）》，人民出版社，2011，第26页。

上海合作组织、国际海事组织、欧盟、东南亚国家联盟、世界银行、亚洲开发银行等机构也紧密合作，参与一些人道主义援助项目。

2016年4月5日，中国政府成立了对外人道主义紧急援助部际工作机制，包括商务部、外交部、财政部、民政部、卫生计生委、地震局、民航局、中国红十字会共8家单位，与2004年建立的紧急物资援助协调机制共同指导中国官方人道主义援助管理和实施，形成了官、军、民共同协调配合的人道主义援助工作模式。[①] 2018年3月，根据中共中央印发的《深化党和国家机构改革方案》，国务院决定把商务部对外援助工作有关职责、外交部对外援助协调等职责整合，成立国务院直属的副部级单位——国家国际发展合作署。此后，上述8家单位中的商务部被国际发展合作署替代，民政部被应急管理部替代，卫生计生委被卫生健康委替代。[②]

中华人民共和国应急管理部是第十三届全国人民代表大会第一次会议审议并通过的国务院机构改革方案设立的新机构。该机构于2018年4月16日正式挂牌，这是将原国家安全生产监督管理总局的职责、国务院办公厅的应急管理职责、公安部的消防管理职责、民政部的救灾职责、原国土资源部的地质灾害防治职责、水利部的水旱灾害防治职责、原农业部的草原防火职责、原国家林业局的森林防火职责、中国地震局的震灾应急救援职责，以及国家防汛抗旱总指挥部、国家减灾委员会、国务院抗震救灾指挥部、国家森林防火指挥部的职责整合后，直接隶属国务院主管的26个部门之一。

中华人民共和国应急管理部下属国际合作和救援司的重要使命是，"通过应急管理国际交流与合作，借鉴国外先进经验和举措，促进国内应急管理体制、机制和能力建设，助力应急管理事业发展，同时为国

---

① 商务部国际贸易经济合作研究院编《国际发展合作之路：40年改革开放大潮下的中国对外援助》，中国商务出版社，2018，第214页。

② 同上。

际应急管理事业贡献中国智慧和中国力量"。[①]

经过2018年的机构调整，目前，国家国际发展合作署成为对外人道主义援助最重要的决策和管理单位。根据2021年最新颁布的《对外援助管理办法》，在人道主义灾难发生后，国家国际发展合作署会同有关部门拟定紧急援助方案并办理立项，具体确定对外援助项目，监督评估对外援助项目实施情况；商务部等对外援助执行部门负责承担具体执行工作；外交部驻外使领馆（团）统筹管理在驻在国（国际组织）的对外援助工作，协助办理对外援助有关事务，与受援方沟通援助需求并进行政策审核，负责对外援助项目实施的境外监督管理。[②]

此外，根据2018年3月公布的《深化党和国家机构改革方案》，中国组建了由公安部管理的"国家移民管理局"，该局整合了过去分散于多个部门的移民和出入境管理职能，将全面负责包括难民管理、协调难民政策制定和执行在内的多项事务。同年4月，国家移民管理局正式在北京挂牌。未来，由难民署驻华代表处承担的难民登记和身份确认工作，也将逐步向新成立的国家移民管理局转移，成为完全由中国政府所有，由中国政府独立完成的工作。[③]

三、中国国际人道主义援助的实施机制：政府、军队与民间分工配合

中国国际人道主义援助的实施主要通过政府、军队与民间力量合

---

① 应急管理部国际合作和救援司：《国际合作和救援司党支部书记、司长刘为民讲主题教育专题党课》，2019年7月23日，https://www.mem.gov.cn/dj/jcdt_1/201907/t20190723_325266.shtml，访问日期：2020年7月8日。

② 国家国际发展合作署、中华人民共和国外交部、中华人民共和国商务部：《对外援助管理办法》，2021年8月31日，国家国际合作署令2021年第1号文件。

③ 联合国：《难民署与中国：从受助者到合作者——访难民署驻华代表达纳帕拉》，2019年6月29日，https://news.un.org/zh/story/2019/06/1034911，访问日期：2020年7月8日。

作完成。其中，在对外人道主义紧急救灾物资援助部际工作机制的协调下，"政府和军方分工配合机制"[①]是最重要的方式。2000年以后，随着民间力量的发展，政府也通过与企业合作，或出资"购买"非政府组织的服务等方式进行援助。

中国军队包括中国人民解放军、中国人民武装警察部队、预备役部队等。中国军队已组建抗洪抢险应急部队、地震灾害紧急救援队、核生化应急救援队、空中紧急运输服务队、交通电力应急抢险队、海上应急搜救队、应急机动通信保障队、医疗防疫救援队、气象保障应急专业队等9类5万人的国家级应急专业力量；各军区已会同有关省（自治区、直辖市），依托现役和预备役部队组建4.5万人的省级应急专业力量。[②]中国军队参与国际人道主义援助包括卫生合作援助、对外联演联训、人道主义紧急救援、联合国维和行动、打击恐怖主义、维护中国海外利益、扫雷等。

参与国际人道主义援助是中国军队应尽的义务和责任。在2017年10月18日举行的中国共产党第十九次全国代表大会上，习近平总书记强调，"中国军队将加强练兵备战，有效遂行海上维权、反恐维稳、抢险救灾、国际维和、亚丁湾护航、人道主义救援等重大任务"。[③]2021年1月1日开始实行的最新修订版《中华人民共和国国防法》第六十八条明确，"中华人民共和国遵循以联合国宪章宗旨和原则为基础的国际关系基本准则，依照国家有关法律运用武装力量，保护海外中国公民、组织、机构和设施的安全，参加联合国维和、国际救援、海上护航、联演联训、打击恐怖主义等活动，履行国际安全义

---

① 李小瑞：《中国对外人道主义援助的特点和问题》，《现代国际关系》2012年第2期，第52页。

② 国务院新闻办公室：《中国武装力量的多样化运用》，人民出版社，2013，第22页。

③ 习近平：《决胜全面建成小康社会　夺取新时代中国特色社会主义伟大胜利——在中国共产党第十九次全国代表大会上的报告（2017年10月18日）》，人民出版社，2017，第6页。

务，维护国家海外利益"①。

为了更有效地开展国际人道主义救援，2001年4月27日，中国专门成立了以军队工兵团为主体，由国家地震局技术骨干、武警总医院医疗救护人员组成的专业救援队伍，在国内救援时称作国家地震灾害紧急救援队，参与国际救援时代表中国政府，称作中国国际救援队。这支队伍由3个部门的人员组成，军队工兵团主要负责现场搜寻与救援的技术工作；武警总医院的医护人员主要负责被救人员的应急医疗处置和灾区灾民的医疗救治工作；中国地震局负责现场协调，派出地震和结构专家指导搜救工作，制定救援方案，同时负责救援装备的保障，组织开展救援培训工作，担任科技和信息工作。②

2018年8月，中国政府还在中国国际救援队基础上成立了中国救援队。③它以北京消防总队为主要骨干，再加上中国地震应急搜救中心和中国应急总医院有关的人员构成。④2019年10月20日至22日，中国救援队和中国国际救援队分别接受了联合国国际城市搜索与救援咨询团（INSARAG）组织的国际重型救援队测评和复测，取得了联合国重型设备城市搜救能力资质认证，中国成为亚洲首个拥有两支联合国认证的国际重型救援队的国家。⑤

---

① 《中华人民共和国国防法》，法律出版社，2021，第19页。

② 国务院新闻办公室：《中国军队参加国际人道主义救援行动及中国军队建设情况发布会》，2010年6月3日，http://www.scio.gov.cn/ztk/xwfb/jjfyr/29/tt/Document/728913/728913.htm，访问日期：2019年9月2日。

③ 应急管理部地震和地质灾害救援司、国际合作和救援司：《中国救援队和中国国际救援队接受联合国国际重型救援队测评复测》，2019年10月20日，https://www.mem.gov.cn/xw/bndt/201910/t20191020_337843.shtml，访问日期：2020年4月6日。

④ 中国网：《应急管理部就中国救援队和中国国际救援队通过联合国国际重型救援队测评和复测举行记者见面会》，2019年10月23日，http://www.china.com.cn/zhibo/content_75330555.htm#fullText，访问日期：2020年4月6日。

⑤ 应急管理部地震和地质灾害救援司、国际合作和救援司：《中国救援队和中国国际救援队顺利通过联合国国际重型救援队测评复测》，2019年10月20日，https://www.mem.gov.cn/xw/bndt/201910/t20191023_339507.shtml，访问日期：2020年4月6日。

2003年5月21日，阿尔及利亚发生6.2级地震。5月23日，中国政府继5月20日提供500万元人民币的紧急救灾物资后，再派出30名中国国际救援队成员，配备了3条搜救犬，并携带多种救助设备，赴阿尔及利亚执行国际援助。这是中国国际救援队首次参与国际地震灾害的救援行动。"整个救援行动，中国国际救援队搜救幸存者1人，挖出遇难者4人。在参与救援的38支救援队中，总共只搜救出幸存者2人，中国国际救援队是继法国救援队之后震区第二支成功搜索到幸存者的队伍。联合国救灾协调中心宣布救援行动基本结束后，中国国际救援队还派出医疗小组，对受灾地区伤员进行医疗巡诊，3天时间内共医治伤病员170名。同时组成建筑物安全鉴定小组，开展受损房屋安全性鉴定，并对当地专业技术人员进行培训。"[1]

2008年5月2日，缅甸遭受特强热带风暴袭击。此后不久，中国境内发生汶川特大地震。即使在这种情况下，中国政府仍然派出50人的医疗队赴缅甸灾区执行医疗和防疫任务。2010年以来，中国人民解放军医疗救援队多次赴海地、巴基斯坦和菲律宾等国家执行国际人道主义医学救援任务，陆军航空兵直升机救援队还曾赴巴基斯坦协助抗击洪涝灾害。[2]

医疗援助是中国人民解放军国际人道主义援助的重要内容。"近年来，我军已先后向50多个国家和地区，派遣170余批援外军医专家组、医疗设备交装培训组；向40多个国家提供120余批援外医疗物资、紧急人道主义医疗物资；派出100余批次专家组赴老挝、赞比亚等国开展军事医学援助，特别是2014年派出6批次563人圆满完成援

---

① 余瑞冬:《综述：中国国际救援队首次亮相国际社会成效斐然》，2003年5月30日，https://www.chinanews.com/n/2003—05—30/26/308889.html，访问日期：2020年4月6日。

② 陈胜武、姜晓东、王滢、刘智超等编著《中国军队与人道主义救援》，五洲传播出版社，2015，第2—3页。

非抗击埃博拉任务。"[①] 中国人民解放军还在不断创新对外人道主义医疗援助的方式。2017年成立的中老"和平列车"医疗队在老挝首都万象开展医疗服务活动，并于2018年7月22日赴老挝阿速坡溃坝事故现场开展紧急医疗救助工作。中国自行研制的世界上首艘超万吨级医院船——中国海军"和平方舟"号自2008年12月正式入列以来，"11年间先后9次跨出国门，横越三大洋，在六大洲为43个国家和地区的23万多民众提供医疗服务"[②]，并参加了东盟防长扩大会人道主义援助救灾联合实兵演练和军事医学联演、多国海上联合演习等20余项重大任务。

为减少和消除地雷引发的人道主义灾难，中国人民解放军积极参与国际人道主义扫雷运动。根据2013年中国政府发布的《中国武装力量的多样化运用》白皮书，自1999年以来，人民解放军通过举办扫雷技术培训班、专家现场指导、援助扫雷装备等方式，配合国家相关部门向亚洲、非洲、拉丁美洲近40个国家提供扫雷援助，为其他国家培训扫雷技术人员400多名，指导扫除雷场20多万平方米，捐赠价值约6000万元人民币的扫雷装备器材。[③]

中国人民解放军还积极推动国际救灾交流合作，促进地区救灾机制、能力建设和人员培训。[④] 2010年8月，中方与泰国在北京举办第2届东盟地区论坛武装部队救灾法律规程建设研讨会。同年10月，中方在石家庄举办东盟—中日韩非传统安全论坛。2016年10月20日，

---

① 周娜、孙兴维：《我军卫勤系统构建国际多边卫生交流合作机制为军事外交建设作出了贡献》，《解放军报》2017年8月19日，第1版。

② 葛炎、孙国强、贾磊、张伟乐、常乐：《"和平方舟"号医院船执行重大任务启示录》，《政工学刊》2020年第1期，第5页。

③ 国务院新闻办公室：《中国武装力量的多样化运用》，人民出版社，2013，第32页。

④ 国务院新闻办公室：《中国军队参加国际人道主义救援行动及中国军队建设情况发布会》，2010年6月3日，http://www.scio.gov.cn/ztk/xwfb/jjfyr/29/tt/Document/728913/728913.htm，访问日期：2020年4月6日。

中国和德国军队围绕地震灾害人道主义医学救援在重庆举行"联合救援—2016"卫勤实兵联合演习。中国还与美国、澳大利亚、新西兰等国军队举行了人道主义救灾研讨作业。

在国际人道主义救援事业中，中国军队逐渐成为一个重要的角色。"2003年至2014年，中国军队先后派出18支搜救、医疗防疫和直升机救援队，赴10个国家，13次参加地震、海啸、洪水和疫情等灾害的国际救援行动，协助中国政府向28个受灾国累计提供总价值超过17亿元人民币的救援物资，彰显了中国负责任大国和中国军队和平之师的良好形象。"[1]

---

[1]　陈胜武、姜晓东、王滢、刘智超等编著《中国军队与人道主义救援》，五洲传播出版社，2015，第2页。

第七章 中国红十字会系统与
国际人道主义援助

作为人道主义援助的专门组织，在过去的100多年间，中国红十字会发挥了政府在人道主义领域的重要助手作用。近现代，在处于战乱落后的背景下，中国红十字会不仅引入了大量国际资源，也开展了众多国际人道主义援助行动，是中国逐步走向世界、融入世界和建设世界的重要渠道。新时代，作为推动构建"人类命运共同体"的独特工具，中国红十字会的国际人道主义援助事业实现了前所未有的飞跃。总体而言，当前，中国红十字会在中国国际人道主义事业中所占的比重还相对较小，有很大的发展空间。

第一节 近现代中国红十字会与国际人道主义援助

在新中国成立之前，中国红十字会在国内外慈善力量的帮助下成立，并很快被红十字国际委员会承认。在革命和战争的背景下，中国红十字会一边积极寻求国际援助，拯救中国军民，一边在力所能及的范围内开展了数起对外人道主义援助。国际人道主义援助，是中国较早对接国际社会的领域。

一、中国红十字会成立

中国红十字会的成立与国外传教士、红十字工作人员在华建立的医院及红十字组织有直接关系。从16世纪开始，西方教会纷纷向中国派遣传教士。他们一边传教，一边帮助中国建立学校、医院、书局、救济院、收容院、孤儿院，在做慈善的同时传播西方先进的知识文化和科学技术。1569年，耶稣会传教士天主教澳门教区首任主教贾尼劳（D. Belchior Carneiro，1516—1583）建立了中国乃至亚洲第一所西医院——"圣拉斐尔医院"（Hospital de S. Rafael），俗称澳门白马行医院。从1569年开办，至1975年关闭，医院存在了406年。至1900年，仅英美基督教会所属医院及诊所在华就有40余所，分布于两广、江浙一带。① 外国传教士在中国开展的医疗救助不仅促进了基督教在中国的传播，也将跨国人道主义医疗慈善的理念和行动模式带到中国。

除基督教的影响外，中国红十字会的成立也受益于国际上更早成立的红十字会机构、工作人员以及非宗教外国医生。19世纪70—80年代，英国红十字会创始人康德黎（James Cantline）在中国香港、英国医生梅威令（William Wykeham Myers）在中国台湾地区分别成立了红十字会，并且帮助中国培养救护人员。② 这些早期成立的组织为此后中国红十字会的成立奠定了基础。国际红十字会也十分关注红十字组织在中国地区的发展，成立后不久就邀请中国加入。1885年11月29日，国际红十字会邀请中国入会，但当时由于认识不足，中国误认为是美国创立，没有加入。③

1894年，甲午战争爆发。12月底，外国人在营口建立了主要由外国传教牧师和兵船人员组成的红十字会医院，刚开始医院仅有8人。④ 此后他们还在天津、上海、北京建立了红十字会组织，在天津、烟台建立了医院。这些初期成立的红会医院多是自发形成，其间并不存在

---

① 嘉惠霖、琼斯：《博济医院百年》，沈正邦译，广东人民出版社，2009。

② 池子华：《晚清时期中国红十字会运动研究》，科学出版社，2019，第28—29页。

③ 袁灿兴：《1899—1949：国际人道法在华传播与实践》，合肥工业大学出版社，2015，第40页。

④ 《善会募捐》，《申报》1895年2月7日，第2版。

一个统一的协调机构。① 西方传教士、外交官和随军医生在中国传播国际红十字会世界人道主义援助的理念，并且帮助中国建立了最早的红十字医院。

外国人在中国建立的红十字会及红十字医院在甲午战争中的救助行动，受到了清政府、官僚和百姓的高度称赞。在西方人的影响下，中国国内的官僚、商人和各界精英开始关注和支持本国的人道主义援助事业。1894年11月，李鸿章私人资助天津红十字会中国商船去旅顺港收治中国伤员。② 他不仅个人推动红十字会发展，而且还从官方给予红十字会支持。自李鸿章公开赞助红十字会后，沈阳和牛庄的道台③ 也纷纷支持。1895年1月14日开始，道台开始每人每天支持10分钱用于牛庄红十字医院的士兵购买食品。④《申报》为了弥补牛庄医院的资金不足，于1895年2月7日，开始正式刊发《劝捐公启》，最终募集英洋4500元、规元1000两。⑤ 3月初，江督捐银10000两，苏抚捐银2000两，上海著名义赈慈善家施善昌民间筹银1000两，专门赞助牛庄红十字会医院。⑥ 中国的本土慈善事业开始突破地方的区域限制，上升到国家的层面。

与此同时，国内具有先见之明的人士开始呼吁中国仿效日本和西方成立红十字会。1897年，由于1895年发起的广州起义失败，当时正在英国流亡的孙中山，受英国伦敦红十字会医生柯士宾的委托，翻译

---

① 向长水、周秋光:《中国红十字会》，载周秋光主编《中国近代慈善事业研究》（上），天津古籍出版社，2013，第484页。

② Caroline Beth Reeves, *The power of mercy: The Chinese Red Cross Society 1900—1937* (Harvard University Ph.D dissertation, May 1998), p.46.

③ 又称道员，清代官名。

④ "Red Cross Hospital Fund", *North China Herald*, March 22, 1895, Volume 1895, Issue 1442, p.445.

⑤ 朱浒、杨念群:《现代国家理念与地方性实践交互影响下的医疗行为——中国红十字会起源的双重历史渊源》，《浙江社会科学》2004年第5期，第171页。

⑥ 靳环宇、周秋光:《施善昌与晚清义赈》，《福建师范大学学报》（哲学社会科学版）2012年第1期，第116页。

出版了《红十字会救伤第一法》，呼吁在中国成立红十字会。① 与此同时，由于大批中国留日学生加入于 1877 年成立、1887 年得到国际红十字会正式承认的日本赤十字社（初名"博爱社"）的缘故，也呼吁中国成立自己的红十字会。②

旅日商人孙实甫（名孙淦，字实甫）在日本加入了赤十字社，广泛在中国传播西方"人道"理念，并于 1897 年在东京向中国驻日公使裕庚呈递了《大阪华商孙淦呈请裕钦使转咨总署奏设红十字会禀》（附有汉译"日本赤十字社章程"），恳请裕庚咨明总理各国事务衙门（又称总署、总理衙门），建议清政府成立中国红十字会，被誉为"中国倡导红十字会第一人"。③ 孙淦在给中国驻日公使裕庚的信中说，成立红十字会将有四大好处：增加军队士气，提高国际威望，改善自然灾难中的公共健康，提高医疗科技。孙淦的信受到清政府的重视，其后被《申报》《时务报》等刊登。

清政府闭关锁国，保守落后，但对红十字会一直持积极态度。1899 年，在俄国沙皇发起、荷兰政府邀请下，26 个国家的 101 名代表参加了在海牙举行的保和会（Hague Peace Conference）。在清政府的支持下，中国驻俄使臣杨儒应荷兰公使克罗伯之邀于 1899 年 4 月 15 日参加会议。这次会议将日内瓦红十字会原约《陆战条约》推广到了水上。杨儒和各国代表共同签字画押表示同意。1904 年 2 月 10 日，清政府出使美、秘、古、墨大臣梁诚将日内瓦公约条款，各国入会年份，美国红十字会章程等译成汉文，奏请外务部照会瑞士国政府，申请加入红十字会。④ 清政府和外务部对此均十分重视，开始国际交涉。

中国本土最早独立效仿国际红十字会成立的组织是在上海由中国

---

① 池子华：《晚清时期中国红十字会运动研究》，科学出版社，2019，第 21 页。

② 池子华：《中国红十字会首任会长——盛宣怀的故事》，山东画报出版社，2018，第 97 页。

③ 池子华：《晚清时期中国红十字会运动研究》，科学出版社，2019，第 24 页。

④ 王立忠、江亦曼、孙隆椿主编《中国红十字会百年》，新华出版社，2004，第 6 页。

东南地区绅商发起的"中国救济善会"（包括救济善会和济急善局）。
1900年，八国联军入侵中国，陆树藩于1900年9月9日在《申报》宣
告成立救济善会。[①] 其后，9月18日，严信厚等人在《申报》宣告成立
济急善局。[②] 这两个机构都希望借用红十字会的名义和理念开展华北救
助。陆树藩还起草了《筹创中国红十字会启》，并制定了较为详细的章
程。[③] 但后来得知，不加入红十字会，就不能使用红十字会的标志和名
义，遂产生了筹办红十字会的念头[④]，但未成功。

1904年1月21日，在上海大南门外宗孟女学堂内的"对俄同志女
会"成立大会上，被选举出的三名总议长——郑素伊、陈婉衍、章同
雪提议成立"中国赤十字会"，受到大家的赞同。[⑤] 会后，该女会还通
告了瑞士等国赤十字社，并派专员和日本赤十字会联络。[⑥] 1906年5月，
廖太夫人（原名邱彬忻）在北京成立了"中国妇人红十字会"（又称中
国妇人会）。[⑦] 由于规模和影响力有限，上述组织均没有得到清政府的
大力支持，未能发展成为正式的中国红十字会组织。但这些早期仿效
国际红十字会成立的组织为中国红十字会的最终成立提供了经验。

中国红十字会的最终成立是国际人道主义援助的理念、组织和行
为与中国本土慈善意识、组织和行动模式相结合的产物。1904年2月，
日俄战争在中国东北爆发。由于只有红十字会这一中立性的人道救援
组织才能进入战地，为救助东三省同胞，上海各界绅士模仿1900年组

---

① 《救济善会启》，《申报》1900年9月9日，第3版。

② 《济急善局公启》，《申报》1900年9月18日，第3版。

③ 《筹创中国红十字会启》，载陆树藩：《救济文牍》卷一，清光绪三十三年（1907）铅印本，第40—43页。

④ 《北方救济并归顺直春赈启》，《申报》1901年3月22日，第4版。

⑤ 穆景元等：《日俄战争史》，辽宁大学出版社，1993，第447—448页。

⑥ 《俄事警闻》，1904年1月26日。转引自穆景元等：《日俄战争史》，辽宁大学出版社，1993，第447—448页。

⑦ 池子华：《无私奉献的精神——中国红十字会创建的故事》，山东画报出版社，2018，第97页。

织救济善会赴京救济难民的前例，集资成立了东三省红十字普济善会。同年3月3日，沈敦和、施则敬、任锡芬、曾铸等22人在上海英租界仁济善堂召开东三省红十字普济善会成立大会。3月10日，清朝商约大臣吕海寰、工部左侍郎盛宣怀等人在上海邀请中立的英、美、法、德代表，共同协商成立了"万国红十字会上海支会"。① 这就是当代中国红十字会的前身。

1904—1905年，万国红十字会上海支会在东北各地设立分会，救护灾民，集资遣返原籍，战后紧急赈灾，至1907年1月，共救济（包括收入、遣返、治疗、赈济）46.7万余人。② 虽然万国红十字会上海支会取得了巨大的成就，但其中外合办的背景令国人不满。1907年7月21日，吕海寰、盛宣怀联名上书朝廷建议终止五国合办的万国红十字会上海支会，独自成立中国红十字会，获批准。之后，万国红十字会上海支会被解散，中国红十字会成立。盛宣怀被公推为首任会长，沈敦和负责后续事物。1909—1910年，沈敦和利用万国红十字会上海支会的余款兴办了中国红十字会总医院和中国红十字会医学堂。1910年2月底，清政府任命盛宣怀为红十字会会长。不过，由于盛宣怀上任后一直受"铁路风潮"③影响，实际事务由沈敦和主持。

在日本赤十字社的帮助下，中国红十字会逐渐完善了立会、制定草章、征集会员，以及加盟国际红十字会等工作。④ 1912年1月12日，

---

① 《中国红十字会的诞生及历史沿革》，中国红十字会网站，http://www.redcross.org.cn/zzgk/lsyg/，访问日期：2020年9月1日。

② 袁灿兴：《1899—1949：国际人道法在华传播与实践》，合肥工业大学出版社，2015，第48页。

③ 1911年4月，时任清朝邮传部大臣的盛宣怀突然下令，把"官督商办"的铁路收归"国有"。投资粤汉、川汉铁路的股东们利益受到重大损失，由此引发了四川剧烈的保路运动。

④ 池子华：《中国红十字会首任会长——盛宣怀的故事》，山东画报出版社，2018，第97—98页。

中国红十字会收到红十字国际委员会承认正式加盟的函。[1] 这标志着中国红十字会成为国际红十字会的正式会员。同年5月7日至17日，有32个成员国参加的第九届万国红十字联合大会在美国首都华盛顿举行，中国留美学生监督黄鼎、驻美参赞容揆、驻美公使张荫棠分别作为中国红十字会和中国政府代表参会，福开森为顾问。[2] 这是中国红十字会第一次参加国际红十字会大会。1912年10月30日至31日，上海召开中国红十字会统一大会。从此，一个代表中国的统一红十字会开始运行。

二、近现代中国红十字会发展概况

（一）民间主导阶段（1911—1933年）

从1911年辛亥革命到1933年国民政府颁布《中华民国红十字会管理条例施行细则》，是中国红十字会发展的民间主导时期。在内战的背景下，中国红十字会以国内救助为主，同时积极开展国际交往，为国内救助募集资金，并学习国际经验壮大发展自身。1914年8月21日，中国红十字会常议员会议召开，决定"预筹海战救护船、陆战救护队，以及临时医院以便青岛如有战事即可出发救济，并预备渔船救护难民；筹募临时救济经费，由常议员分头劝募；与中华民国北洋政府、驻瑞士联邦日内瓦的国际红十字会总会'接洽一切'"。[3] 1919年8月1日，蔡延干到中国红十字会任职。1920年10月，汪大燮接替吕海寰任中国红十字会会长。两人执掌中国红十字会期间，重视国际交往，积极与美国红会谋求合作，并积极仿效美国红会的运作模式。[4] 采取红十字会

---

[1] 中国红十字年鉴编辑部：《中国红十字会通志：1904—2015》，中华工商联合出版社，2016，第24页。

[2] 池子华：《中国红十字会首任会长——盛宣怀的故事》，第101页。

[3] 中国红十字年鉴编辑部：《中国红十字会通志：1904—2015》，中华工商联合出版社，2016，第24页。

[4] 向长水、周秋光：《中国红十字会》，载周秋光主编《中国近代慈善事业研究》（上），天津古籍出版社，2013，第523页。

学员制度，很好地推动了红十字会会员的迅速扩充。至抗战爆发前夕，全国分会达到464处，拥有10余万名会员。[1]

（二）政府主管阶段（1934—1949年）

1934年南京国民政府对中国红十字会进行改组后，中国红十字会成为政府的附庸机构。为更好地拯救中国军民，争取更多的国际人力物资资源，中国红十字会建立、健全了国内外制度。1937年9月30日，中国红十字会总会在海外设立了基层组织——缅甸华侨红十字会，负责缅甸"各地筹募捐款事宜"。除联系华侨外，中国红十字会还邀请国外很多国家的组织和个人前来援助中国的抗战救护工作，包括红十字会系统的国际红十字会、英国和美国红十字会，还有国际援华医疗队、美国医药援华会等国际性慈善组织。[2]为凝聚、整合包括白求恩、柯棣华以及"西班牙医生"在内的一大批国际友人，中国红十字会特地制定了《外籍医生服务办法》。[3]利用红十字会的网络，1944年，受国际红十字委员会委托，中国红十字会代办红十字通信，先后发函3942件，寄信约3500人，通信范围以南洋各地居多，印度、法国次之。[4]

抗日战争期间，中国红十字会在1938年举行的国际红十字第16届大会上积极宣传中国红十字会的国内救护工作，取得了国际同情，这对中国争取国际援助发挥了重要作用。据统计，"1942—1945年，中国红十字会总收入六亿八千五百万元（法币），其中90%以上来自海外。来自国际红十字组织和加拿大、美国、奥地利、英国、印度、波兰、保加利亚等国的款项、医疗物资和医务工作者对于拯救中国难民发挥

---

[1]　池子华：《在深化改革中砥砺前行——中国红十字事业改革史》，《中国红十字报》2018年4月24日，第3版。

[2]　向长水、周秋光：《中国红十字会》，载周秋光主编《中国近代慈善事业研究》（上），天津古籍出版社，2013，第536页。

[3]　池子华：《在深化改革中砥砺前行——中国红十字事业改革史》，《中国红十字报》2018年4月24日，第3版。

[4]　中国红十字会总会编《中国红十字会历史资料选编》（1904—1949），南京大学出版社，1993，第508页。

了很大的作用。其中，英国红十字会主要援助了款项，美国红十字会主要援助了医药器械。"①

1945年10月，抗日战争胜利后，中国红十字会改以行政院为主管官署，受社会部卫生署善后救济总署的指挥。1946年以后，中国红十字会进入复员时期（1946—1949年）。② 在该阶段，虽然中国国内处于内战状态，但中国红十字会依然在联结官方和民间、国内和国际的人道主义援助事业中发挥了重要作用。1947年1月，中国红十字会联合世界红卍字会等四个团体，组成"中国社会团体救济日本中南部灾民委员会"，救济日本中南部地震灾民，赠送药品25大箱③、食盐及2035万元现款。④ 这些款物于7月13日送交中国驻日代表团。此外，中国红十字会还处理了800多起国外请求的探送者事宜。⑤

作为正式成员，中国红十字会还积极参加了诸多国际红十字会系统内的会议与活动。中国红十字会先后派代表参加了1944年9月在日内瓦举行的红十字会国际联合会（简称"红联"）召开的各国红十字会代表咨询会议；1945年10月15日至11月2日在巴黎召开的红联第18次理事会；1945年11月14日至16日在英国牛津召开的第19次理事会；1946年7月8日至20日，国际红十字委员会召开的修改公约初步商讨会议；1946年11月29日至30日，巴黎红联之小组会及红联之执行委员会会议；1947年4月14日至26日，在日内瓦举行的国际红十字委员会

---

① 王立忠、江亦曼、孙隆椿主编《中国红十字会百年》（上），新华出版社，2004，第71页。
② 中国红十字会总会编《中国红十字会历史资料选编》（1904—1949），南京大学出版社，1993，第511页。
③ 同上书，第513页。
④ 中国红十字会总会编《中国红十字会的九十年（1904—1994）》，中国友谊出版公司，1994，第114页。
⑤ 中国红十字会总会编《中国红十字会历史资料选编》（1904—1949），南京大学出版社，1993，第513页。

组织的讨论保护战争灾难者公约的政府专家会议。[1] 部分参会代表还顺路访问了英国、法国、瑞士、美国等国红十字会。其间，1946年7月26日至8月3日，在第18届理事会中，中国红十字会蒋梦麟会长被选为红联执行委员会5位副会长之一。[2] 这是中国红十字会第一次担任该职务。1922年，中国红十字会还被选为国际儿童救济协会执行委员之一。中国红十字会成为当时中国联系世界的重要渠道。

三、近现代中国红十字会开展的主要国际人道主义援助行动

1904年之后，以"战时扶伤拯弱""平时救灾恤邻"为宗旨，中国红十字会开始有组织地参与国际人道主义援助事业。在国内战争的背景下，中国红十字会积极争取国际援助对中国难民进行救济，对中国伤员进行治疗。同时，中国红十字会还协同政府、商会、民众参加了对俄罗斯、波兰、美国、日本等国的人道主义援助。其中，1923年，对日本地震的援助最具代表性。

（一）援助美国旧金山地震

1906年4月18日凌晨，美国旧金山地区发生地震。据美国国家档案馆记录，整个地震不到1分钟，但是其引起的大火烧了3天，造成3000人死亡，40万人无家可归。[3] 地震带来的损失高达50亿美元。[4] 当时，国内对生活在旧金山的10余万华人伤亡情况不明。在各大报社的报道下，国内掀起了一股民族主义的高潮。"慈禧太后特命中国政府拨

---

① 中国红十字会总会编《中国红十字会历史资料选编》（1904—1949），南京大学出版社，1993，第514页。

② 同上书，第513—514页。

③ "San Francisco Earthquake, 1906", Http://www.archives.gov/legislative/features/sf/, accessed on January 22th, 2023.

④ Peter Walker, Daniel G. Maxwell, *Shaping the Humanitarian World* (Routledge, 2009), pp. 28-29.

银十万两作为捐款，另拨四万两救助受灾的华人"。①

4月25日，上海万国红十字会和寓沪绅商筹垫规银五万两（其中，万国红十字会筹凑两万两，绅商集银三万两）、洋5000元（粤商筹集），兑换成美元后，电汇驻美大使梁诚，请其派员赴旧金山散发。②募集活动从4月26日报纸刊登募集启示后，一直持续到5月中旬上海各报为湖南水灾募集善款后才逐渐褪去热潮，甚至到9月下旬才基本结束。据地震后驻美大使梁诚递给清政府的奏折，此次募捐，"在半个月之间，得到了20多万美金（约合30万两规银）"。③实际上，国内为旧金山华侨的募资应该还远远超过这个数字。这是笔者迄今所看到的记录最早的中国红十字会国际人道主义援助的行动记录。不过1905年和1906年的赈济对象全是海外华人。④

（二）在国际红十字运动系统内捐款捐物，医治战俘，代办查人转信

第一次世界大战期间，中国红十字会通过向国际红十字委员会及各国红十字会捐款进行国际人道主义援助。1914年，《申报》记载，"京款万元，已兑往万国红十字联合会，第一批助款英金百镑"，"又塞尔维亚红会专电求助，亦兑往英金百镑。此事关于友邦信谊，是戈戈者已觉汗颜，现余不满三千，仅汇上二千应用"。⑤同年11月，瑞士万国红十字会联合会来电征募，中国红十字会"电汇八千元（银圆）以遵

---

① 池子华：《无私奉献的精神——中国红十字会创建的故事》，山东画报出版社，2018，第85页。

② 《上海官绅致各省官场电，为筹济旧金山华侨事》，《申报》1906年5月1日，第4版。

③ 《钦差出使美墨秘古大臣梁奏陈美国旧金山地震灾情折》，载区宠赐编《旅美三邑总会馆史：1850—1974》，三藩市旅美三邑总会馆，1975，第261—263页。按：当时美元对规银的汇率约为1：114。参见杜涛：《清末民族主义与旧金山地震信息在中国的传播》，《社会科学》2009年第10期，第159页。

④ 安特利亚·扬库：《国际人道主义在中国：从20世纪初的灾赈谈起》，《史学月刊》2014年第4期，第18页。

⑤ 《红十字会之救灾恤邻》，《申报》1914年10月1日，第10版。

前约"[①]。

1917年，中国对德国、奥地利宣战后，居住在上述两国的2000多名华侨颠沛流离，中国红十字会经与淞沪护军使卢永祥及上海总商会商议后，先筹垫2万元寄交瑞士万国红十字会，用以接济中国留学生。[②]

1925年，法国受灾，死亡人数超过20万，中国红十字会总办事处汇寄3000法郎。[③]同年，中国红十字会捐3000法郎赈助玻利维亚巨灾。1937年，美国冬天遭遇水灾。中国红十字会、华洋义赈会、中华慈幼协会、上海各界联合救灾会四团体议决先筹赈款20万元，其中，10万元为汇款，10万元用于购买赈济物资，由于一时难以凑齐，由中央银行借垫，各团体随后快速募集。[④]1947年1月，日本再次发生地震，中国红十字会募集赈款2035万元，并赠送部分物资。[⑤]

此外，1942年5月，中国红十字会总会还派医疗队到贵州镇远第二俘房收容所医治700名战俘；1944年再派医疗队到重庆南温泉敌伪集中营为200人医治和防疫。[⑥]该项工作在1944年国际红十字会联盟来华视察俘房工作时受到肯定。

（三）援助苏俄难民

一战后期，英、美、日等协约国联合进攻苏俄，双方在西伯利亚

---

① 中国红十字会总会编《中国红十字会历史资料选编》（1904—1949），南京大学出版社，1993，第462页。

② 《中国红十字会劝募救济居留德奥华侨捐款》，《申报》1919年3月1日，第10版。

③ 池子华、丁泽丽、傅亮主编《〈新闻报〉上的红十字》，合肥工业大学出版社，2014，第279页。

④ 中国红十字会总会编《中国红十字会历史资料选编》（1904—1949），南京大学出版社，1993，第410页。

⑤ 央视国际：《中国红十字会新闻：中国红十字会大事年表》（1944—1948），2004年3月8日，http://www.cctv.com/health/special/C11952/20040308/101067.shtml，访问日期：2020年4月6日。

⑥ 中国红十字会总会编《中国红十字会的九十年（1904—1994）》，中国友谊出版公司，1994，第89页。

海参崴①一带激战，中国红十字会派出了专门的医疗队进行救助。1918年11月24日，由朱礼琦带队，7名医生、9名看护人员及2名仆役组成的19人医疗队出发，12月14日到达海参崴，设立临时医院，月支经费约1500元，1919年8月医疗队撤回，共计花费2.6万余元。②

除战地救护外，中国红十字会还对西伯利亚的俄国难民和俄属庙街华侨救济。1919年，中国红十字会募集现洋2700元、旧军衣1500套，红会又自筹5000元，委托美国红十字会驻沪办事处运往西伯利亚发放。③1920年7月，在日俄交火中，俄庙街被放火。我国驻庙街军艇领事及华侨数千人，在离庙街40俄里的麻盖地区避难。据《中国红十字会历史资料选编》（1904—1949）记录，中国红十字会商准国务院、财政交通等部，特派驻哈吉林分会组成30人的医疗救护队，携带白面8000袋、小米2000袋、盐20石及药品，租用戊通公司宜兴轮船，抵达麻盖发放赈品。此后，中国又租广州铜山杭州三船将避难华侨2000余人运回，由滨江县及警察厅妥当安置，船于10月16日抵达哈尔滨。整个救护过程中，中国红十字会购买面、盐以及租船共计支出国币5.6万余元。④

（四）援助日本地震灾民

1923年9月1日至3日，日本的东京和横滨发生地震。本次地震造成在日侨胞、华工、华商及留日学生数万人流落街头，约2000人死亡，约3000人受伤。⑤9月3日至4日，外交总长顾维钧在内阁会议和其后组

---

① 海参崴，现称为符拉迪沃斯托克，是俄罗斯远东的最大城市。——编者注

② 中国红十字会总会编《中国红十字会历史资料选编》（1904—1949），南京大学出版社，1993，第469页。

③ 上海市红十字会、红十字运动研究中心：《红十字在上海：1904—1949》，中国出版集团东方出版中心，2014，第365页。

④ 中国红十字会总会编《中国红十字会历史资料选编》（1904—1949），南京大学出版社，1993，第474—475页。

⑤ 中国红十字会总会编《中国红十字会的九十年（1904—1994）》，中国友谊出版公司，1994，第47页。

织的社会名流会议上指示红十字会和其他社会团体赴日救灾。9月6日，上海总商会、红十字会等团体召开联席会议，成立了上海中国协济日灾义赈会。中国红十字会首先认款1万元。①9月8日，中国红十字会理事长庄得之组织了一支包括队长庄得之、医务长牛惠霖，以及医生和护士共26人的医疗救护队携带药品、病床、帐篷等90多件必需品乘"亚细亚皇后"号轮赴日救助。

中国红十字会赴日医疗队在救治地震难民的同时，积极与神户中华会馆合作，资助受难华侨回国。对于回国的难侨，中华会馆发给绒毯1条、现金5元，救护医院帮助联系船只、电告总办事处难侨抵沪日期以备接护；中国红十字会领导的"中国协济日灾义赈会"负责接待、安置；总办事处则派出医护人员，收治伤病同胞。自9月19日至11月16日，中国红十字会共资助6723人回国。②

中国红十字会回国（1923年10月14日）之前，将未用药品23大箱和4000元金币一起送给日本赤十字社。③此次救灾，中国红十字会共计用款17217.64元。④截至1923年12月底，全国共有50多个分会捐款大洋23376.945元。⑤1923年11月27日，日本政府派代表团来华道谢。

除上述记录比较多的国际人道主义援助行动外，中国红十字会还参加了其他几起对外救助。1905年下半年，海参崴城中的华人遭俄军滋扰，"所有庐舍悉被一炬，受伤八百人"，沈敦和、任锡汾和施则敬等接到消息后，于当年11月间以上海万国红十字会名义"酌拨会款"，

---

① 池子华，崔龙健主编《中国红十字运动史料选编（第一辑）》，合肥工业大学出版社，2014，第125页。

② 中国红十字会总会编《中国红十字会的九十年（1904—1994）》，中国友谊出版公司，1994，第47页。

③ 中国红十字会总会编《中国红十字会历史资料选编》（1904—1949），南京大学出版社，1993，第493页。

④ 同上。

⑤ 中国红十字年鉴编辑部：《中国红十字会通志：1904—2015》，中华工商联合出版社，2016，第25页。

并派会员廖锦春、陈刚、余树勋等人由上海赴烟台，搭乘"海定"轮前往救济。① 上海万国红十字会"酌拨会款购买罗布（卢布）一万枚，新棉衣裤二千套，计八十包，饼干九千镑，计一百八十箱"②，并拟根据灾情"再续汇三万金"。③ 1914年，日本鹿儿岛地震，中国红十字会捐款2000元；同年11月，第一次世界大战爆发，中国红十字会再次捐款8000元。④ 根据《中国红十字会历史资料选编（1904—1949）》⑤ 记录，1922年底，15艘俄国白党舰驶抵吴淞口避难。1923年初，上海中外善团共集捐款2万元，委托中国红十字会总办事处主持救济。红十字会购备煤斤、粮食、面粉、饼干、茶砖、盐、萝卜干等，护送其出境。

总之，在外国传教士、医生、外交官、红十字会工作人员、商人，以及中国本土思想先进的官僚和慈善人士等的共同推动下，中国红十字会在清政府瓦解的前夜成立。虽然深受外扰内困，清政府仍然从刚开始就关心和支持中国红十字会的成立和运作。在国内热心慈善的李鸿章、盛宣怀、沈葆桢等人的支持下，中国红十字会仿照日本赤十字社和英国等其他发达国家的红十字会，平时筹款，建造医院，培养医护人员；战时拯救国内外难民。

在实践中，中国红十字会先后在日俄战争中救助了东北难民，也参与了辛亥革命的战场救护，甚至在力所能及的情况下对美国旧金山、日本等国发生的地震进行了国际人道主义援助。这些援助有些是为了救助海外华侨或者本土难民，有些是为了救助外国受灾人口。总体来说，在新中国成立之前，中国红十字会已经基本完成了组织成立、规

① 中国红十字年鉴编辑部：《中国红十字会通志：1904—2015》，中华工商联合出版社，2016，第247页。

② 《十月九日红十字会沈任施三观察致海参崴商务局委员李兰舟》，《申报》1905年12月10日，第10版。

③ 《十一月初四日复盛宫保电》，《申报》1905年12月6日，第11版。

④ 中国红十字会编《图说中国红十字会110年》，中华工商联合出版社，2015，第26页。

⑤ 中国红十字会总会编《中国红十字会历史资料选编》（1904—1949），南京大学出版社，1993，第488页。

章制度建设，加入国际红十字会等重要事宜，是20世纪上半叶中国争取和接受外援，以及对外人道主义援助的重要专门机构。

第二节　新中国红十字会与国际人道主义援助

从新中国成立到2002年，中国红十字会完成了改组，恢复了在国际人道主义组织的合法席位，加强了制度化、规范化、法治化建设，初步树立了在国际人道主义援助领域中的大国形象。

一、新中国成立初期中国红十字会的国际人道主义援助（1949—1977年）

（一）1949—1965年，中国红十字会开展和参与的国际人道主义援助

新中国成立后，以毛泽东同志为代表的中央领导集体高度重视中国红十字会在对外交往和对外援助中的重要作用。配合中国外交，维护新中国政权，树立新中国国际形象，发挥民间外交重要作用成为此期中国红十字会国际人道主义援助的重要目标。

毛泽东继续以革命战争年代医疗卫生战线"救死扶伤，实行革命的人道主义"作为指导思想。1950年8月，中国红十字会协商改组大会，即中国红十字会第一次全国代表大会召开，会议通过了协商改组事宜，明确规定中国红十字会是"中央人民政府领导下的人民卫生救护团队"，旨在推动防疫、卫生、医药、救济福利事业。[①]中国红十字会的任务主要是担任救护训练及宣传公共卫生；开展防疫工作和医疗服务；办理灾害救助；担负必要的国际援助等。[②]20世纪60年代，中

---

① 《新中国成立以来红十字事业发展研究报告（1949—2009）》，载中国红十字会总会编《〈中华人民共和国红十字会法〉修改研究》，社会科学文献出版社，2014，第245页。

② 池子华：《红十字运动：历史与发展研究》，合肥工业大学出版社，2013，第260页。

国红十字会的定位改为"中国人民组织的群众性的卫生救护团体"。受"大跃进"的影响，中国红十字会地方组织，尤其是基层组织发展很快。至1960年底，地方组织达376个（改组时80个），会员500多万（改组时30多万）。①

在体制上，周恩来曾就中国红十字会的归属问题多次作出指示。1950年12月30日，政务院总理办公室发出通报，明确中国人民救济总会及中国红十字会由政法委员会领导，救济总会及红十字会业务中有关卫生部分，将同时受卫生部的指导；有关外交事项，将同时受外交部的指导。②1952年4月29日，周恩来指示中国红十字会由卫生部直接领导。③"1955年冬，周恩来在国务院会议上再次指示中国红十字会与中国人民救济总会合署办公，中国红十字会的工作以国际为主，国内工作主要是急救训练和群众卫生等"。④1960年12月，卫生部办公会议决定，中国红十字会（总会）与卫生部门合署办公。⑤中国红十字会的经费主要依靠会费及事业收入，不足时"请求人民政府的领导和财政支持"。

新中国成立后，中国红十字会的对外人道主义援助工作从协助政府援助朝鲜、越南开始。1950年6月，朝鲜战争爆发，中国红十字会总会立即组织了7个国际医疗服务大队，666名医务人员赴朝鲜战场为伤病员服务，其中30名队员于1952年1月29日获朝鲜最高人民会议功劳章。⑥中国红十字会还选派35名代表赴朝鲜参加联合红十字会小

---

① 池子华：《红十字运动：历史与发展研究》，合肥工业大学出版社，2013，第261页
② 沈传亮：《周恩来与中国红十字会》，《百年潮》2008年第2期，第44页。
③ 同上。
④ 同上。
⑤ 池子华：《红十字运动：历史与发展研究》，合肥工业大学出版社，2013，第261页。
⑥ 肖凤城：《中国红十字会与国际人道法》，载赵白鸽主编《中国国际人道法：传播、实践与发展》，人民出版社，2012，第3页。

组，参与协助遣返战俘工作。① 此外，中国红十字会为越南抗美救国提供了1600多万元的援助。② 在国际红十字会和红新月会协会的有关会议上，中国红十字会还谴责了美军违反日内瓦公约，虐杀中朝战俘的罪行。

这一时期，中国红十字会还协助了大批日侨回国，并协助遣返了日本和联合国军队战俘。"1954年，中国红十字会接收拒绝遣返的联合国军被俘人员27人，安排他们在中国学习和工作。此后，根据去留自愿的原则，陆续协助其中25人回国；另外2人一直留在中国，由中国红十字会照料他们的生活"。③ 之后，其中一人，即前联合国军土耳其士兵乃加梯·欧斯土鲁于1956年3月1日，经中国红十字会协助途经香港回国。④

中日红十字会合作，还解决了二战遗留问题。二战结束后，留居中国大陆的日本侨民有3.4万多人，其中5000多名妇女与中国人结婚，一大批孤儿被中国人收养。由于当时中日之间无外交关系，中国红十字会受中国政府委托，与外交部、公安部、总理办公室等部门共同组成中央日侨事务委员会，与日本红十字会、日本和平联络委员会和日中友好协会联系，共协助3.2万名日侨返回日本，协助1082名在华日本妇女和她们在华出生的子女回日本探亲。⑤ 与此同时，还协助1024名被中国政府释放的日本战俘回国⑥，协助数千名旅居日本的华侨回到中国，

① 《新中国成立以来红十字事业发展研究报告（1949—2009）》，载中国红十字会总会编《〈中华人民共和国红十字会法〉修改研究》，社会科学文献出版社，2014，第250页。

② 沈传亮：《周恩来与中国红十字会》，《百年潮》2008年第2期，第44页。

③ 王立忠、江亦曼、孙隆椿主编《中国红十字会百年》（上），新华出版社，2004，第132页。

④ 中国红十字年鉴编辑部：《中国红十字会通志：1904—2015》，中华工商联合出版社，2016，第87页。

⑤ 王立忠、江亦曼、孙隆椿主编《中国红十字会百年》（上），新华出版社，2004，第127页。

⑥ 同上。

并促成日本将侵华期间抓到日本做苦工致死的7000多具华工遗骨送还中国。①

中国红十字会是建国初期中日交流和联系的重要渠道。以李德全会长为团长、廖承志为副团长的中国红十字会代表团应邀于1954年和1957年两次访问日本。这是新中国的第一个访日代表团。中国红十字会还为在华日本战争犯罪分子和日侨转递信件和包裹，至1962年共转递信件6435封、包裹3536件。②1954年至1965年，中国红十字会还帮助日本共查询23 000多人次，查到1974人的下落，并通知了他们在日本的家属。③中国红十字会开展的民间对日交流为1972年中日邦交正常化奠定了良好的基础。

除上述大规模的对外人道主义援助外，中国红十字会也对其他一些自然灾难受害国进行了双边援助。据统计，1950—1965年，中国红十字会对印度、英国、比利时等近30个遭受自然灾害影响的国家进行了援助。④其中，"1953年1月、2月，荷兰、英国、比利时沿海地区遭遇暴风，中国红十字会和中国人民救济总会联合致电慰问，募捐23.9亿元（旧人民币）；同年11月11日，印度水灾，中国红十字会和中国人民救济总会联合捐款15亿元（旧人民币）。1956年3月，中国红十字会为意大利寒潮灾民捐款2万元人民币，为匈牙利水灾灾民捐款5万元人民币，为黎巴嫩地震灾民捐款3万元人民币；7月9日，希腊地震，中国红十字会捐款1万瑞士法郎。1956年，中国红十字会共计捐赠14次，捐赠人民币35.58万元。1957年，中国红十字会向伊朗地震捐款1.5

① 肖凤城：《中国红十字会与国际人道法》，载赵白鸽主编《中国国际人道法：传播、实践与发展》，人民出版社，2012，第3页。

② 央视国际：《中国红十字会新闻 中国红十字会大事年表（1954~1963）》，2004年3月8日，https://www.cctv.com/health/special/C11952/20040308/101128.shtml，访问日期：2020年4月6日。

③ 同上。

④ 《新中国成立以来红十字事业发展研究报告（1949—2009）》，载中国红十字会总会编《〈中华人民共和国红十字会法〉修改研究》，社会科学文献出版社，2014，第259页。

万元人民币，向印度尼西亚水灾捐款1.1万元人民币，向保加利亚水灾捐款10万元人民币等"。①

在军事冲突中，中国红十字会提供人道主义服务，归还敌方人员的遗物、遗体，释放、遣返了战俘，提供了联系服务。1956年10月，中国空军击落1架进入中国领空的美海军巡逻机，飞机坠落在舟山群岛以东海域的琅岗山附近，3具美军飞行员遗体被舟山地区渔民发现。中国红十字会上海分会受中国军方委托，通过英国驻沪领事馆，将美军飞行员遗体转交美方。②1962年，中国红十字会受中国边防部队委托，为中印边界冲突中被俘的印军服务：协助释放、遣返3942名印军被俘人员；把26名印军人员尸骨和遗物交还印度红十字会；协助印军被俘人员与家属联系，提供免费通信服务。③

尤其值得肯定的是，中国红十字会是新中国成立后第一个在国际组织中取得合法席位的社会组织。④1950年7月，中国政府和中国红十字会代表团出席第18届国际红十字大会。同年9月5日，中国红十字会电告国际红十字会协会，要求恢复其合法席位。10月16日至21日，中国红十字会派代表参加由57个国家参加的，在摩洛哥召开的国际红十字会协会第21届理事会。会上，中国红十字会被选为12个国家组成的执行委员会成员。年底，红十字国际委员会主席吕格访问中国。1952年7月13日，周恩来代表中国政府发表声明，宣布承认1949年有关改善战地伤病者境遇等4个日内瓦公约。同年7月26日至8月7日，第18届红十字与红新月大会迫使台湾退出，承认中国红十字会是中国唯一

---

① 王立忠、江亦曼、孙隆椿主编《中国红十字会百年》（上），新华出版社，2004，第134页。

② 肖凤城：《中国红十字会与国际人道法》，载赵白鸽主编《中国国际人道法：传播、实践与发展》，人民出版社，2012，第4页。

③ 《新中国成立以来红十字事业发展研究报告（1949—2009）》，载中国红十字会总会编《〈中华人民共和国红十字会法〉修改研究》，社会科学文献出版社，2014，第250页。

④ 徐国普：《新中国成立初期中国红十字会研究（1949—1956）》，人民出版社，2013，第180页。

合法的全国性红十字会，中国红十字会恢复了国际合法席位。

恢复国际合法席位后，中国红十字会积极与国际红十字会，特别是以苏联为首的社会主义国家阵营的红十字会展开了双边交流。在出访方面，"1955年，中国红十字会代表团李德全会长、彭炎副秘书长、倪裴君副秘书长访问英国。1957年，中国红十字会常务理事伍云甫率代表团访问南斯拉夫红十字会。同年，中国红十字会副秘书长彭炎率代表团访问保加利亚红十字会。1958年，彭炎副秘书长等访问民主德国红十字会"。在来访方面，"1955年，捷克斯洛伐克红十字会会长杜马和苏联红十字与红新月联合会会长米捷列夫访问中国。1956年，澳大利亚红十字会会长麦克考伦和比利时红十字会理事马克·索麦渥桑访问中国。1964年，阿尔及利亚红十字会会长马奈·尼绍瓦访问中国。1965年，阿尔及利亚红新月会会长、加拿大红十字会主席李瑟，以及保加利亚红十字会副会长格奥尔基·戈斯波季诺夫来华访问"。[①]

在国际红十字会人道主义系统内，中国在力所能及的范围内参与了部分事务，开始捐款，并利用国际舞台展开了外交斗争。中国红十字会率代表团先后参加了1952年召开的第18届国际红十字大会、1953年5月19日至22日于瑞士日内瓦举行的国际红十字会与红新月协会第22届理事会、1954年11月11日红十字会与红新月会协会举行的第23届执行理事会第二次会议，以及1957年召开的第19届国际红十字大会。新中国派代表参与了关于国际人道主义援助的法律起草，成为最早签约日内瓦四公约的国家之一，该条约也是新中国成立后批准加入的第一个国际公约。[②]1956年、1957年、1958年，中国分别捐款1万瑞士法郎给红十字国际委员会。[③]借助国际红十字舞台，中国政府代表

---

① 上海图书馆馆藏《中国红十字会成立八十周年纪念画册》，中国红十字会总会，1984。

② 朱文奇:《中国与国际人道法》，载赵白鸽主编《中国国际人道法：传播、实践与发展》，人民出版社，2012，第19页。

③ 新华社:《给红十字国际委员会捐款我国红十字会汇出一万瑞士法郎》，《人民日报》1958年6月24日，第4版。

团、中国红十字会代表团还反对制造"两个中国"，抗议美国侵略朝鲜，揭发美国在朝鲜战争的非人道行为等。

（二）1966—1977年，中国红十字会开展的国际人道主义援助

1966年年底，中国红十字会国内工作陷入停滞。但是，中国红十字会对第三世界和其他国家的援助、战俘遣返工作并没有停止。1966—1977年，中国红十字会共向138个受灾国灾民提供了169次援助，款物合计1亿多元人民币。① 例如，1966年7月8日，中国红十字会捐赠5万元卢比给尼泊尔；9月3日，中国红十字会向土耳其红新月会捐款3.5万元人民币用于救助地震灾民。② 又如，1976年2月13日，中国红十字会向马达加斯加龙卷风受灾民众捐赠15万元人民币；8月20日，向菲律宾红十字会捐赠20万元人民币物资；向埃塞俄比亚联邦民主共和国红会捐赠1000吨玉米和10000条棉毯；11月30日，向土耳其红新月会捐款10万元人民币。③ 在遣返战俘方面，"中国红十字会分别于1974年1月31日和2月5日，根据日内瓦公约，协助遣返两批在西沙群岛自卫反击战中被俘的越南战俘48人和1名美国人"。④

这一时期，中国红十字会对外人道主义援助并没有中断，中国积极参与国际人道主义援助机制建设和全球治理，凸显了大国地位。在双边层面，"1965—1975年，日本、刚果、瑞典、阿尔及利亚、土耳其、罗马尼亚等国红十字会或红新月会代表团，红十字国际委员会主席等先后访问中国。中国红十字会也访问了非洲数国、罗马尼亚、土

---

① 王立忠、江亦曼、孙隆椿主编《中国红十字会百年》（上），新华出版社，2004，第140页。

② 中国红十字年鉴编辑部：《中国红十字会通志：1904—2015》，中华工商联合出版社，2016，第91页。

③ 同上。

④ 王立忠、江亦曼、孙隆椿主编《中国红十字会百年》（上），新华出版社，2004，第140页。

耳其等国。"① 在多边层面，中国红十字会代表团参加了1966年10月4日至8日在瑞士日内瓦举行的国际红十字与红新月会协会第86次执委会，分别于1973年11月2日至7日和11月8日至15日在伊朗德黑兰举行的第32届国际红十字与红新月会协会理事会和第22届国际红十字大会，1974年10月24日至26日和1975年10月28日至11月1日于瑞士日内瓦举行的国际红十字与红新月会协会第90次执委会及第33届国际红十字与红新月协会理事会；在第32届国际红十字与红新月协会理事会上，中国红十字会还被选为执行委员。②

二、改革开放后的中国红十字会与国际人道主义援助（1978—1991年）

1978年，国务院在其转批的《关于恢复红十字会国内工作的报告》中明确，"文革"中被撤销的中国红十字会各级组织要逐步恢复建立工作机构，开展相关工作；③ 红十字会的具体任务是协助卫生部门进行爱国卫生运动、输血和救护训练。④ 1979年2月，中国红十字会在北京召开第三次全国会员代表大会。根据大会确定的总方针，在国际活动中，中国红十字会是开展人民外交的一个渠道，要"配合国际斗争，团结一切可以团结的力量"；"加强国际联系，促进国际交流"；"做好国际救济"。中国红十字会"国内工作由卫生部负责，对外工作直接由外交部领导"。在改革开放新理念指导下，中国红十字会的国际人道主义援助重点集中在与中国国家利益紧密相关的周边国家，如越南、日本，以

---

① 王立忠、江亦曼、孙隆椿主编《中国红十字会百年》（上），新华出版社，2004，第140页。

② 同上书，第139页。

③ 《新中国成立以来红十字事业发展研究报告（1949—2009）》，载中国红十字会总会编《〈中华人民共和国红十字会法〉修改研究》，社会科学文献出版社，2014，第246页。

④ 《以科学发展观为指导，推动红十字事业又好又快地发展》，2009年1月12日，https://www.redcrossol.com/html/2011-01/21618862.html，访问日期：2020年4月6日。

及在国际事务中支持中国的非洲等广大发展中国家上。

此期，最受国际社会称赞的是中国红十字会协助中国政府对越南来华难民进行了妥善安置。1979年，越南驱赶大批华侨。联合国难民署专门召开难民安置问题日内瓦会议，中国政府接受了安置难民的任务。中国国务院成立了专门的安置难民领导小组，中国红十字会副会长杨纯任副组长。中国红十字会组织医疗队奔赴难民涌入的口岸，为难民查体治病；护送难民到安置地点，改善居住条件、环境卫生和饮水状况；建立医疗点，为难民进行经常性的医疗、防疫和保健工作。①同年，对越自卫反击战打响，中国红十字会协助遣返被俘的越南武装人员1 636名，接收越南送回的我被俘人员238名。② 1979年之后，中国红十字会和有关省红十字会协助政府接待和安置被越南当局驱赶来华的难民27万余人，中国政府支出各项费用高达11亿余元。③

20世纪70年代末，中国红十字会还协助政府完成了"阿波丸"号死难者遗骨、遗物转交工作，有力推动了中日民间关系的友好发展。1972年，尼克松总统访华时，提出建议中美共同打捞美军1945年3月于中国福建击沉的日本"阿波丸"号巨型运输船。1977年1月13日，中华人民共和国国务院和中央军事委员会决定打捞。④ 在1979年签署的《中日和平友好条约》的良好气氛下，1979年和1980年，中国红十字会分批向日本移交了"阿波丸"号死难者遗骨和遗物。作为回报，日本援建了中日友好医院。

80年代，中国对外人道主义援助的资金一度缩减，保持在较低水

---

① 《新中国成立以来红十字事业发展研究报告（1949—2009）》，载中国红十字会总会编《〈中华人民共和国红十字会法〉修改研究》，社会科学文献出版社，2014，第253页。

② 同上书，第250页。

③ 上海图书馆馆藏《中国红十字会成立八十周年纪念画册》，中国红十字会总会出版，1984。

④ 中国红十字年鉴编辑部：《中国红十字会通志：1904—2015》，中华工商联合出版社，2016，第89—90页。

平，每年对外援助的国家徘徊在20个左右，但对发展中国家的人道主义援助增加了。1979—1984年，中国红十字会向47个国家和地区提供69次援助：计111.3万美元、78万元人民币、40万法郎、6.4万英镑，还有其他物资如药品、粮食、毛毯、针织品，近30多个亚非国家和地区接受了援助。① 1986年，中国红十字会向23个受灾国家提供了614万元人民币的救援款物。② 1987—1989年，中国红十字会共向64个国家和地区提供了498万元人民币和98.5万元（包括物资折款）的援助。③

80年代，中国红十字会开展的比较大的一次对外援助是对非洲干旱引起的饥荒的援助。1983年，旱灾导致非洲大陆1600万人饥饿致死；1984年36个国家严重缺粮，灾民人数高达1.5亿—1.8亿。④ 1983年7月，钱信忠会长代表中国红十字会在会见中非共和国卫生部长恩家因迪罗时向中非共和国政府捐现款。⑤ 1984年，联合国第39届联大通过《关于非洲紧急情况宣言》，呼吁国际社会紧急援助。1985年，中国红十字会在国务院的批示下，发出《关于为非洲灾民开展社会募捐的通知》。募捐在24个有红会组织的省、自治区、直辖市的大城市广泛展开，这是新中国红十字会自1950年改组以来首次开展的全国性大规模社会募捐活动。⑥ 截至9月23日，总会共募集捐款13 870 146.33元（含

① 中国红十字年鉴编辑部：《中国红十字会通志：1904—2015》，中华工商联合出版社，2016，第144页。

② 央视国际：《中国红十字会新闻 中国红十字会大事年表（1954～1963）》，2004年3月8日，https://www.cctv.com/health/special/C11952/20040308/101128.shtml，访问日期：2020年4月6日。

③ 中国红十字年鉴编辑部：《中国红十字会通志：1904—2015》，中华工商联合出版社，2016，第144页。

④ 杨红星：《"为了非洲的旱灾灾民"——中国红十字会援非募捐活动剪影》，《中国红十字报》2009年7月7日，第3版。

⑤ 上海图书馆馆藏《中国红十字会成立八十周年纪念画册》，中国红十字会总会出版，1984。

⑥ 王立忠、江亦曼、孙隆椿主编《中国红十字百年》（上），新华出版社，2004，第163—164页。

总会捐款12万元）。[1] 这一年，中国向非洲提供了12万吨救灾粮，中国红十字会向非洲受灾国捐赠了价值约68万元的食品、药品和捐款。[2]

在查人、找人、转递信物方面，"中国红十字会协助各国红十字会和外国公民查询在华外籍人员下落，协助海外华侨查询他们在国内的亲属，协助我国公民查询他们在海外亲人的下落，并转递信件、包裹。1980—1983年，处理查询在华印支难民信件488封，查找到36人。1983年，处理查人来信共九百余件，帮助36名失散人员重新同他们的亲属取得联系"。[3]

中国红十字会一边对外实行积极人道主义援助，一边也为本国呼吁国际援助，发展自己。"1984年6月13日，由瑞典红十字会捐资150万瑞士法郎（约合人民币135万元），日本红会捐资5000万日元（约合人民币45万元），澳大利亚红会，突尼斯总统夫人，以及中国自己提供的225万元共同筹建的中国红十字会训练中心破土动工。该大楼于1986年9月15日建成"。[4] 训练中心大楼不仅改善了中国红十字会的国内工作环境，也促进了中国与各国红会之间的交流，增强了友谊。1991年夏秋，中国南方发生洪灾。在中国红十字会的呼吁下，在红十字会与红新月会国际联合会的协调下，挪威、奥地利、加拿大、美国、韩国、瑞士等30多个国家和地区向中国捐款折合人民币1.04亿元，捐物折合人民币2.3亿元。[5] 这些款物对改善中国灾区百姓的生活发挥了重要作用。

改革开放之后，中国红十字会积极寻求国际先进人道主义救助经

① 中国红十字年鉴编辑部：《中国红十字会通志：1904—2015》，中华工商联合出版社，2016，第148页。
② 中国红十字会编《图说中国红十字会110年》，中华工商联合出版社，2015，第164页。
③ 上海图书馆馆藏《中国红十字会成立八十周年纪念画册》，中国红十字会总会出版，1984。
④ 王立忠、江亦曼、孙隆椿主编《中国红十字会百年》（上），新华出版社，2004，第162页。
⑤ 同上书，219页。

验，提升本国救助人员的素质和能力，并开始向国际社会宣传中国红十字会及其精神和技术经验。1979年以来，中国红十字会开始在输血、急救方面与国际进行技术交流，多次派输血技术人员去日本、瑞士、加拿大等国进修，并邀请澳大利亚、日本、美国的输血专家来华讲学；1983年，我国第一次举办心肺复苏训练班，邀请美国心脏协会4位专家来华授课，传授心肺复苏早期处理及后期治疗的先进技术和经验。① "1987年5月11日至17日，中国红十字会举办国际人道法讲习班；10月19日至31日举办首届中医急救技术讲习班"，"1990年6月11日至21日，国际红十字会与红新月协会在北京举办国际红十字与红新月运动知识讲习班、中国红十字会救灾工作研讨班；10月19日至23日，在北京举办国际红十字人类白细胞抗原研讨会"，"1991年，中国红十字会联合红十字国际委员会、中国人民解放军总政治部在西安政治学院举办了武装冲突讲习班；9月22日，在意大利国际红十字博览馆进行'中国红十字展览'"。②

在此期间，中国红十字会更加注重与各国红十字会与红新月会的交往与合作，大国红十字会的国际地位开始凸显。在双边层面，1981年，中国红十字会副会长王敏出访民主柬埔寨解放区；1982年，杨纯副会长访问摩洛哥；1983年，杨纯副会长访问澳大利亚、瑞典；1980年，日本红十字会会长林敬三、美国红十字会主席霍兰访问中国；1982年，缅甸红十字会会长吴基和斯里兰卡红十字会会长阿贝赛克拉访问中国；1983年，红十字会协会主席德拉马塔访问中国。③

在国际层面，中国红十字会代表团出席了1979年10月4日至6日

---

① 上海图书馆馆藏《中国红十字会成立八十周年纪念画册》，中国红十字会总会出版，1984。

② 王立忠、江亦曼、孙隆椿主编《中国红十字会百年》（上），新华出版社，2004，第217页。

③ 上海图书馆馆藏《中国红十字会成立八十周年纪念画册》，中国红十字会总会出版，1984。

于日内瓦举行的红十字会协会第1届大会和代表大会，1981年11月7日至14日于菲律宾马尼拉举行的第24届国际红十字大会和第2次红十字会协会大会，1983年10月8日至14日于日内瓦举行的红十字会协会第3届大会和国际红十字代表会议，1984年9月2日至7日在芬兰和瑞典举行的第2届世界红十字与红新月和平大会。[1] 从1985年开始，中国红十字会连续12年当选为国际联合会执行理事会成员。

在1986年10月举行的第25届国际红十字大会上，中国红十字会代表团在修改国际红十字与红新月运动章程的会议上积极发言；在1988年11月于巴西里约热内卢举行的第6届红十字会与红新月协会大会上，以谭云鹤副会长为团长的中国红十字会代表团提出的2项议案均得到通过。[2] 1989年10月21日至27日，在瑞士日内瓦召开的国际红十字会与红新月会协会第7届大会上，中国红十字会总会常务副会长谭云鹤当选为协会副主席，这是中国红十字会领导人首次担任（国际红十字会与红新月会协会）副主席职务。[3]

三、冷战结束后的中国红十字会与国际人道主义援助（1992—2002年）

冷战结束后，以江泽民同志为代表的中央领导集体在"三个代表"思想的指导下，对中国红十字会加强了制度化、规范化、法治化建设。1993年10月，第八届全国人大常委会第四次会议通过的《中华人民共和国红十字会法》对中国红十字会定位为："从事人道主义工作的社会

---

① 中国红十字会总会编《中国红十字会的九十年（1904—1994）》，中国友谊出版公司，1994，第219页。

② 同上书，第285页。

③ 《与改革开放同行——改革开放40周年中国红十字会大事记》，《中国红十字报》2018年12月18日，A3版。

救助团体"。① 中国红十字会"独立自主地开展工作","人民政府对其给予支持和资助,保障红十字会依法履行职责,并对其活动进行监督;红十字会协助人民政府开展与其职责有关的活动"。②

1994年4月25日中国红十字会第六次全国全员代表大会通过的《中国红十字会章程》规定:中国红十字会的任务包括"参加国际人道主义救援工作";"宣传国际人道主义法,进行国际间的友好合作和经验交流","依照国际红十字和红新月运动的基本原则,完成人民政府委托的有关事宜"。③

在体制机制建设方面,1999年12月29日,中央机构编制委员会办公室下发《关于理顺中国红十字会总会管理体制的通知》,将中国红十字会总会由"卫生部代管"改由国务院领导联系,机关党的工作由中央国家机关工委领导、干部按中组部有关规定进行管理、经费列国管局。④ 1999年版的《中国红十字会章程》(简称《章程》)规定,中国红十字会接受国务院和地方同级人民政府管理,除总会会址设在北京外,县级(含县)地方各级红十字会的会址设在同级政府所在地,一般"同级领导"担任会长,其工作机构应依法单独设置。⑤ 在新《章程》的指导下,至2002年底,全国有29个省、10个计划单列市和省会城市、5个地(市、州、盟)和175个县(区、市、旗)红十字会理顺管理

① 《新中国成立以来红十字事业发展研究报告(1949—2009)》,载中国红十字会总会编《〈中华人民共和国红十字会法〉修改研究》,社会科学文献出版社,2014,第247页。

② 《中华人民共和国红十字会法》,1993年10月31日第八届全国人民代表大会常务委员会第四次会议通过,1993年10月31日中华人民共和国主席令第十四号公布施行。http://www.gov.cn/banshi/2005—08/01/content_18932.htm,访问日期:2020年4月6日。

③ 《中国红十字会章程》,1994年4月25日中国红十字会第六次全国会员代表大会通过,载朱文奇:《国际人道法概论》,香港健宏出版社、红十字国际委员会,1997,第147—148页。

④ 罗国亮:《灾害应对与中国政府治理方式变革研究》,中国社会科学出版社,2012,第131页。

⑤ 《中国红十字会章程》,1999年10月13日中国红十字会第七次全国会员代表大会通过,载中国红十字年鉴编辑部:《中国红十字会通志:1904—2015》,中华工商联合出版社,2016,第1093页。

体制。[①]

在对外人道主义援助方面，根据公开报道的资料，1993年度，中国红十字会向23个受灾国家和地区提供了21.5万美元捐款和价值175万元人民币的物资援助。1994年，该会向26个遭受自然灾害和动乱的国家、地区提供了44.65万美元捐款和244.5万元人民币的救援物资。"1995年，中国红十字会共向20个遭受自然灾害和战乱的国家提供了43万美元的赈款；向日本、白俄罗斯、朝鲜等7个国家提供价值118.25万元人民币的救援物资。1996年，中国红十字会向24个国家提供了56.1万美元捐款；向4个国家提供价值135万元人民币的物资援助。1997年，中国红十字会向尼泊尔、莫桑比克、伊朗等30个国家红十字会（红新月会）提供50多万美元捐款和157万元人民币的物资援助。"[②] 1998年，中国红十字会向29个国家、地区提供了600万元人民币款物的援助。[③] 1999年，中国红十字会共向遭受灾害和战乱的23个国家的红十字会和政府提供了总额为1 537万元人民币的物资和捐款。[④]

2000年，中国红十字会向越南、柬埔寨等30个国家和地区提供35次共计80万美元的救灾款和价值16万美元的救灾物资。[⑤] 2001年，中国红十字会向21个遭受战乱和自然灾害的国家红十字会和红新月会、政府提供总额为73万美元的救济款、总价值52万元人民币的救济物资援助（包括中国红十字会捐款3万美元救助在巴基斯坦境内的阿富汗难

① 《新中国成立以来红十字事业发展研究报告（1949—2009）》，载中国红十字会总会编《〈中华人民共和国红十字会法〉修改研究》，社会科学文献出版社，2014，第248页。

② 中国红十字年鉴编辑部：《中国红十字会通志：1904—2015》，中华工商联合出版社，2016，第145页。

③ 王立忠、江亦曼、孙隆椿主编《中国红十字会百年》（上），新华出版社，2004，第435页。

④ 同上书，第437页。

⑤ 中国红十字年鉴编辑部：《中国红十字会通志：1904—2015》，中华工商联合出版社，2016，第217页。

民）。①2002年，中国红十字会向18个遭受自然灾害、疫病和灾难国家的红十字会和政府提供总价值390万元人民币的捐款和救济物资。②

综合数据进一步显示，"1993—2004年，中国红十字会共计对180多个国家、地区、国际组织进行了援助。参加国际人道主义救援工作成为中国红十字会的七大主要职责之一"③。"1999—2004年，中国红十字会共向53个遭受战乱和自然灾害的国家捐赠266.5万美元和价值1719万元人民币的物资，向红十字国际委员会和红十字会与红新月会国际联合会缴纳会费94万余瑞士法郎，以中国政府名义向红十字国际委员会捐款255万瑞士法郎"④。

在对外援助的同时，中国红十字会也为国内发生的自然灾害呼吁国际援助。1995年，中国28个省、自治区、直辖市遭受自然灾害。"截至1995年12月31日，中国红十字会收到捐助款物折合人民币7603.9万元，加之国际联合总会动用的紧急救灾款230万，共7833.9万元。这些款物使177.3万灾民受益。"⑤1996年，中国红十字会联合国际联合会、香港红十字会、台湾红十字会为国内12省水灾募集款物4 288 000美元，约合人民币35 595 000元。⑥

---

① 中国红十字年鉴编辑部：《中国红十字会通志：1904—2015》，中华工商联合出版社，2016，第218页。

② 同上书，第219页。

③ 《中华人民共和国红十字会法》规定，中国红十字会履行下列职责：（1）开展救灾的准备工作，在自然灾害和突发事件中，对伤病人员和其他受害者进行救助；（2）普及卫生救护和防病知识，进行初级卫生救护培训，组织群众参加现场救护；参与输血献血工作，推动无偿献血；开展其他人道主义服务活动；（3）开展红十字青少年活动；（4）参加国际人道主义救援工作；（5）宣传国际红十字和红新月运动的基本原则和日内瓦公约及其附加议定书；（6）依照国际红十字和红新月运动的基本原则，完成人民政府委托事宜；（7）依照日内瓦公约及其附加议定书的有关规定开展工作。

④ 中国红十字年鉴编辑部：《中国红十字会通志：1904—2015》，中华工商联合出版社，2016，第158页。

⑤ 王立忠、江亦曼、孙隆椿主编《中国红十字会百年》（上），新华出版社，2004，第249页。

⑥ 同上书，第251页。

在国际交流方面，1993年5月24日至29日，北京举行第四届亚太区域红十字会与红新月大会，大会以"合作的战略"为主题，31个国家签署了致力于解决本地区面临的主要问题，促进相互交流和合作的《北京宣言》。1999年版的新《章程》继续要求中国红十字会根据独立、平等、相互尊重的原则，"参与国际红十字运动"，发展同各国红十字会或红新月会的友好合作关系。2001年，中国红十字会连续当选为红十字会与红新月国际联合会领导委员会会员。

综上，新中国成立之后，中国红十字会经过改组和"文革"之后的调整，体制管理和角色定位得到最终确立。中国政府对中国红十字会高度重视和肯定。在功能定位上，作为"政府在人道领域重要助手"，中国红十字会发挥了革命外交和实用主义外交的重要功能，有力缓解了冷战时期中国和外部世界的紧张关系。同时，作为国际红十字和红新月运动的一员，中国红十字会自新中国成立伊始就恢复了自己的合法身份，参与了《日内瓦公约》的起草工作。人道主义援助是新中国融入世界最早的领域，成就斐然。

第三节　当代中国红十字会与
国际人道主义援助

2003年以来，中国红十字会在"和谐世界"与"人类命运共同体"方针的指引下，在"一带一路"倡议的推动下，在援助范围、援助规模、援助能力、援助效果、人才培养、国际交往等方面取得了跨越式进展。

一、"和谐世界"与当代中国红十字会国际人道主义援助的兴起

2002年11月，中国共产党第十六次全国代表大会召开，以胡锦涛同志为代表的中央领导集体提出了"科学发展观""和谐社会""和

谐世界"等治国理政思想与目标。作为国家治理和国际交往的重要平台，中国红十字会得到党中央高度重视。中国红十字会全面、快速发展。2004年，中国红十字会在成立100周年之际召开了第八次全国会员代表大会（以下简称"八大"），这是中国红十字会历史上的一个重要里程碑。至"八大"召开，中国共有基层红十字组织7万多个，会员2000多万人，志愿工作者40万人。[①]"八大"聘请胡锦涛担任中国红十字会名誉会长。胡锦涛在会议上提出希望中国红十字会"在协助政府开展人道主义援助和促进经济社会发展等方面继续发挥积极作用"[②]。

（一）印度洋海啸与中国红十字会国际人道主义援助的兴起

印度洋海啸是中国红十字会国际人道主义援助史上具有分水岭意义的事件。2004年12月26日，印度尼西亚苏门答腊近海发生8.7级地震，引发巨大海啸，波及东南亚、南亚、东非多国，截至2005年2月，共造成近30万人死亡，7966人失踪，超过100万人无家可归。[③]海啸之后，中国政府和民间展开了史无前例的大规模海外援助。据2005年1月1日民政部下发的《关于开展对印度洋海啸灾区民间捐赠活动的紧急通知》，中国红十字会及各地红十字会、中华慈善总会及各地慈善会负责接收民间捐款的组织协调、宣传报道、数据汇总、信息发布等工作。在对印度洋海啸的捐款中，中国红十字会共募集款物4.43亿元人民币，向11个受灾国提供了紧急救助。[④]

在印度洋海啸中，中国红十字会首次派出了工作组亲赴灾区，独自或与中华慈善总会合作，为印度尼西亚、斯里兰卡、马尔代夫、泰

---

① 《中国红十字会第八次会员代表大会开幕》，《人民日报》（海外版）2004年10月28日，第1版。

②同上。

③ 邓通：《爱，超越国界——中国红十字会救援印度洋海啸》，载池子华、郝如一主编《中国红十字会百年往事》，合肥工业大学出版社，2015，第287页。

④ 王君平：《凝聚人道的力量——中国特色红十字事业实现新跨越》，《人民日报》2009年10月27日，第16版。

国、缅甸等受灾国家建造了1487套永久性住房以及学校、医院、诊所等公共设施。① 而在这之前，中国红十字会的救灾工作主要在国内。②

2005年，"卡特里娜"飓风袭击美国南部，中国红十字会向美国红十字会捐款10万美元；向南亚地区强烈地震遭受重大损失的巴基斯坦和印度两国红会分别提供10万美元和5万美元紧急援助，并为巴基斯坦运送了价值320万元人民币的救助物资，同时为巴基斯坦红新月会募集救助款139.7万元人民币。③ 2007年，中国红十字会向纳米比亚、肯尼亚等非洲国家红十字会提供发展项目资助，通过红十字"爱心企业联盟"募捐近8 000辆自行车运往非洲，支持8个非洲国家红十字会开展基层红十字会工作。④ 受商务部委托，中国红十字会总会还首次承办了两期以发展中国家和红十字会高层官员为对象的"'加强国家红会能力建设'和'社区卫生'国际研修班"。⑤

印度洋海啸之后，中国红十字会在国际人道主义援助体系中的作用，受到了国际社会的重视。中国红十字会和国际社会的合作进一步增强。2005年7月，红十字国际委员会与中国政府签订了《东道国协议》，在北京设立东亚代表处。同年7月19日，红十字国际委员会主席雅各布·克伦贝格尔（Jakob Kellenberger）访问中国，受到胡锦涛亲自接见。2007年11月，中国红十字会总会会长率团参加第30届红十字与红新月国际大会，会议通过《携手为人道》宣言，中国红十字会再次当选为领导委员会成员。⑥

---

① 肖凤城：《中国红十字会与国际人道法》，载赵白鸽主编《中国国际人道法：传播、实践与发展》，人民出版社，2012年版，第4—5页。

② 孙语圣：《中国红十字会灾害救助机制研究》，合肥工业大学出版社，2013，第208页。

③ 中国红十字会编《图说中国红十字会110年》，中华工商联合出版社，2015，第283页。

④ 同上。

⑤ 同上。

⑥ 孙语圣：《中国红十字会灾害救助机制研究》，合肥工业大学出版社，2013，第258页。

（二）汶川地震与中国红十字会国际人道主义援助的快速发展

2008年5月12日，中国四川汶川地区遭遇新中国成立以来的最大烈度的地震，伤亡人数超过10万。汶川地震其间及其后，中国红十字会接受了来自美国、日本、加拿大、德国、西班牙等40多个国家红会价值11亿多元人民币的款物，专业化救援队伍的帮助，以及应急设备和相关技术支持。[①] 怀着感恩的心，中国红十字会对2008年遭受"纳吉斯"风暴的缅甸进行了救灾；2010年，对海地地震进行救助；2011年，对日本海啸进行了救灾。中国红十字会在亚太、非洲和中亚地区，广泛开展人道领域合作，并成功在菲律宾、缅甸、阿富汗等地区实行了对局部冲突、灾害所致的人道救援活动。[②]

2011年，中国红十字会对外援助1.5亿元，配合国家整体外交战略，向日本、利比亚、肯尼亚等17个国家提供了18批次的国际人道主义援助，举办了3期对外援助人力资源开发培训班，来自29个国家的90名红十字会人员及政府官员参加了培训。[③] 其中，向日本地震捐款7400万元，向利比亚提供救援物资5000万元，向肯尼亚、埃塞俄比亚旱灾提供援助200万元。

在积极对外人道主义援助的同时，中国红十字会也积极为国内灾害募集资金，用于紧急救援和加强防灾减灾能力建设。"五年中，中国红十字会与国际联合会及挪威、荷兰、英国等10国红十字会合作，引进资金1.1亿多人民币，开展社区备灾等援助项目，培训项目管理人员

[①] 《新中国成立以来红十字事业发展研究报告（1949—2009）》，载中国红十字会总会编《〈中华人民共和国红十字会法〉修改研究》，社会科学文献出版社，2014，第251页。

[②] 2014年8月29日，赵白鸽在纪念《1864年日内瓦公约》暨国际红十字与红新月运动150周年研讨会上的发言。参见张薇：《中国红会是国际人道法参与者也是实践者》，2014年8月29日，http://politics.gmw.cn/2014—08/29/content_12888855.htm，访问日期：2020年4月6日。

[③] 《中国红十字会2011年对外援助1.5亿元》，http://news.cri.cn/gb/27824/2011/12/10/5551s3470980.htm。

和专业人员"。① 在2010年玉树地震救灾及重建资金中，红十字会境外援助项目提供的资金达12 983万元，其中应急救援资金729万元，非紧急重建资金12 254万元，涉及重建项目11个。在"2013年四川芦山地震救灾期间，中国红十字会共收到境外捐款共计人民币6211万元。美国、澳大利亚、日本、加拿大、瑞士、荷兰、西班牙等国家红会，还在大众卫生、减灾备灾、艾滋病预防、水上救援等方面援助资金约8550万元"。②

此期，中国红十字会于2009年10月召开了第九次全国会员代表大会（以下简称"九大"），胡锦涛继续担任中国红十字会名誉会长。"九大"工作报告在"五年经验总结部分"再次延续了"六大"和"八大"的提法，强调要构建有中国特色的国际人道主义援助模式。报告认为，坚持走中国特色红十字事业发展道路，就必须"立足我国国情，遵守国家宪法和法律，遵循国际红十字运动基本原则，贯彻科学发展观，服务中心工作，充分发挥政府人道领域的助手作用；必须弘扬人道精神，传播人道理念，动员人道理论，致力于改善最易受损害群体境况，不断满足人民群众日益增长的人道需求；把中国红十字事业建设成为推动社会和谐、促进世界和平进步、造福人类的崇高事业"。该报告为新的国内外环境下，中国红十字会实施人道主义援助指明了新方向。

在国内外资源的共同助力下，汶川地震之后，中国红十字会的防灾减灾、国际援助能力显著增强。2004—2009年，"中国红十字会向国际提供人道救援达7亿元人民币"，同时，中国红十字会也积极协助国际红十字会实施对华30亿元人民币的灾害救助、社区备灾、艾滋病等

---

① 《新中国成立以来红十字事业发展研究报告（1949—2009）》，载中国红十字会总会编《〈中华人民共和国红十字会法〉修改研究》，社会科学文献出版社，2014，第251页。

② 中国新闻网：《中国红十字会副会长：人道援助拉近中国与世界距离》，2015年4月21日，http://www.chinanews.com/gn/2015/04-21/7223697.shtml，访问日期：2019年9月6日。

项目。[①] 在人员配置上，截至2009年6月底，全国有9万个基层组织、2589万名会员，170万名志愿者。[②] 在基础设施上，2009年，中国红十字会总会备灾救灾中心建成并投入使用，各级备灾中心（仓库）已达371个，国内备灾救灾网络基本形成。[③] 在人力资源管理上，中国红十字会建立了包括搜救、赈济、医疗、供水、大众卫生、心理以及水上等7种类型的救援队，创建了中国特色的红十字应急处理体系。[④] 在国际交流方面，2011年，中国红十字会共与33个国家和地区组织了交流活动，分别与柬埔寨、马尔代夫、保加利亚、塞内加尔、加纳签署了双边合作协议；参加了31届红十字国际大会、联合国大会，提交了中国红十字会对第30届国际大会承诺及决议的落实情况以及对31届大会的承诺。[⑤] 中国红十字会开展国际人道主义援助的组织、制度、人力、物资等基础均得到了加强。

二、人类命运共同体与中国红十字会国际人道主义援助的崛起

2012年7月，国务院出台了《关于促进红十字事业发展的意见》，提出要"建立与社会主义市场经济体制和国际人道主义原则相适应的体制机制，理顺政府与红十字会的关系，使红十字会在人道救助工作中发挥更大作用"，中国政府将"支持和指导红十字会积极参与国际红十字运动和国家对外人道援助工作，将红十字会的对外人道援助工作纳入国家对外援助整体部署。支持和指导红十字会依照有关规定设立

---

① 王君平：《凝聚人道的力量——中国特色红十字事业实现新跨越》，《人民日报》2009年10月27日，第16版。

② 《新中国成立以来红十字事业发展研究报告（1949—2009）》，载中国红十字会总会编《〈中华人民共和国红十字会法〉修改研究》，社会科学文献出版社，2014，第249页。

③ 同上书，第250—251页。

④ 中国红十字会：《救援队伍建设》，2018年1月29日，https://www.redcross.org.cn/html/2018—01/53458.html，访问日期：2020年4月6日。

⑤ 国际在线：《中国红十字会2011年对外援助1.5亿元》，http://news.cri.cn/gb/27824/2011/12/10/5551s3470980.htm，访问日期：2017年9月1日。

民间国际人道援助基金，建立以专职工作人员为骨干、志愿人员为主体的民间救援队伍，提高红十字会参与国际人道救援的能力"。①

党的十八大之后，以习近平同志为核心的党中央决定推动"构建人类命运共同体"，并发起"一带一路"倡议。在有利的国内外环境的推动下，中国红十字会实现了一次又一次的飞跃。

在指导思想上，2015年5月6日召开的中国红十字会第十次全国会员代表大会明确，中国红十字会在中国国际人道主义援助中的地位除常规国内外救助、合作交流、制度与能力建设外，还将辅助政府构建人类命运共同体。会议通过的《中国红十字会章程》②规定，在国际人道主义援助体系中，中国红十字会负责"宣传国际人道法、红十字运动基本原则，总会承担中国国际人道法国家委员会秘书处的日常工作"；"参加国际人道救援工作；开展与国际红十字组织和各国红十字会或红新月会及其他国际组织的交流与合作"，"在推动构建人类命运共同体中发挥独特作用"。

《中国红十字会章程》还指出，根据日内瓦公约及其附加议定书，中国红十字会在战时和武装冲突时期还将履行组织红十字救护队，参与战场救护；在武装部队中依法协助开展传染病的防治工作；对战区平民进行救助；协助战俘、被监禁者及难民与家人取得联系，转交钱物，并为此建立必要的通信渠道；参与探视和见证交换战俘等职责。紧急救援、应急救护和人道救助是红十字会三大核心业务。

在援助规模上，③2012年，中国红十字会面向非洲和亚太地区举办了6期发展中国家红会能力建设培训班，来自63个国家的178人参与培

① 《国务院关于促进红十字事业发展的意见》，2012年7月30日，国务院文件，国发〔2012〕25号。

② 《中国红十字会章程》，中国红十字会网站，http://www.redcross.org.cn/hhzh/zh/hsigk/zcfg/201110/t20111014_931.html，访问日期：2020年4月6日。

③ 中国红十字年鉴编辑部：《中国红十字会通志：1904—2015》，中华工商联合出版社，2016，第224页。

训；全年与外交部共同实施向7个受灾国家的8次紧急人道援助。① 2013年，中国红十字会的对外援助经费从650万元增加到1650万元；全年向7个受灾国进行了8次紧急人道主义援助。② 同时，中国红十字会依托中国红十字会援外物资供应站，完成了商务部支持的2013年度非紧急人道主义援助项目，向巴布亚新几内亚、柬埔寨、乌干达、几内亚、肯尼亚、斐济等6个国家红会提供了价值800万元人民币的物资援助。③

在援助方式上，2013年10月11日，中国红十字会成立了救援队。在当年援助菲律宾应对台风"海燕"中，中国红十字会派出国际救援队，这是中国红十字会在1923年日本关东大地震中派出国际救援队之后第二次走出国门，也是新中国成立以来中国红十字会首次向遭受重大自然灾害的国家派遣综合救援队。④

2013年11月8日，在超强台风"海燕"袭击菲律宾的同日，中国红十字会接到菲律宾红十字会的救援请求。从11月20日，中国红十字国际救援队第一批17名队员领命出发，到2014年1月29日中国红十字国际救援队第三批队员圆满完成任务凯旋，中国红十字会先后派出三批救援队共100人开展医疗和搜救工作，援助了价值约87万美元的救灾物资和医疗设备，在6个城市援建了20所学校、166间临时校舍，共计9 960平方米。⑤ 香港红十字会和汇丰银行为临时校舍捐赠了配套8

① 中国红十字会编《图说中国红十字会110年》，中华工商联合出版社，2015，第283页。
② 中国红十字年鉴编辑部：《中国红十字会通志：1904—2015》，中华工商联合出版社，2016，第224—225页。
③ 中国红十字会编《图说中国红十字会110年》，中华工商联合出版社，2015，第283页。
④ 张佩沛：《"九大回眸"：拉近中国与世界的距离——"九大"以来中国红十字会对外交往工作回顾》，http://www.cnredcross.org/pdred/jdxw/2014/12/114008.html，访问日期：2020年4月6日。
⑤ 张佩沛：《"九大回眸"：拉近中国与世界的距离——"九大"以来中国红十字会对外交往工作回顾》，http://www.cnredcross.org/pdred/jdxw/2014/12/114008.html，访问日期：2020年4月6日。

300套学生座椅，和166套教师座椅。①

截至2013年12月24日，中国红十字国际救援队共救治伤病员4786人，搜救遇难者遗体53具。②2014年1月25日，离开菲律宾之前，中国红十字会将价值约827万比索（约合人民币111万元）的集装箱、建设工具设备、部分后勤物资捐赠给了菲律宾红十字会。③这次援菲行动，标志着中国红十字会已经成为国际紧急人道主义救援的重要参与方。④

2014年，中国红十字会再次自我突破，首次直接将人道主义救援物资送到了战乱冲突地区。同年2月，缅甸国内地区冲突，北部克钦地区大量民众流离失所。2月21日，中国红十字会将价值500万元人民币的1万个"赈济家庭箱"（包括大米、食用油、棉被等在内的基本人道援助物资）从中国送抵克钦地区。⑤运抵的物资被发放到4200个克钦地区流离失所家庭。⑥

在能力建设方面，为了提升参与国际人道主义援助的能力，中国红十字会在管理、技术、物流、人才等方面全面对接国际标准。2013年，中国红十字会总会启动组织能力评估与认证（OCAC）⑦，迈开了引进国际组织先进管理理念的第一步。此后，中国红十字会又在31个

---

① 池子华、邓通:《中国红十字历史编年（2010—2014）》，合肥工业大学出版社，2016，第221页。

② 同上书，第216页。

③ 同上书，第220页。

④ 赵莹莹:《国际人道救援中的"中国正能量"——海丽曼谈中国红十字会与国际人道救援》,《人民政协报》2016年8月23日，第11版。

⑤ 同上。

⑥ 《中国红十字会援助物资运抵缅甸克钦地区》，2014年2月21日，http://gb.cri.cn/42071/2014/02/21/6071s4433170.htm，访问日期：2020年4月6日。

⑦ OCAC是红十字与红新月国际联合会在对全球180多个国家红会的调研与意见征集基础上制定的诊断式评估工具，是为打造强大国家红十字会而设立的国际评估程序，为评定"强大国家红会"提供了具体的国际衡量标准。

省级红十字组织开展了组织能力评估与认证评估。[①]"目前，全国红十字系统共建有各类救援队伍600余支，包括国家级红十字救援队24支、省级82支，注册队员近2万人。单队救援时，每支国家级救援队均能保障1个月内实现自给自足，梯队救援时可持续4个月以上。"[②] 根据时任中国红十字会常务副会长梁惠玲在中国红十字会第十一次全国会员代表大会上所作报告，中国红十字基层组织已达9万多个，会员1700多万名，全国红十字志愿服务组织2.3万个，志愿者120多万名。[③]

在人才培养方面，中国红十字会将"走出去"与"引进来"相结合。2014年，中国红十字会先后派出6人参加国际援助能力建设培训班和医疗基本紧急护理培训班。2015年，派人到加拿大学习国际救援和参加人道物流相关培训。[④] 与此同时，2014年2月17日至20日，中国红十字会与加拿大红十字会在北京合作，共同举办了"中国红十字会国际救援能力建设培训班"。该培训班是中国红十字会首次举办的以培养国际援助人才为主题的培训班，是中加红会"白求恩国际代表培训项目"的重要内容。2019年8月，在红十字国际委员会、红十字会与红新月会国际联合会支持下，中国红十字会总会、中国红十字基金会与苏州大学在苏州联合创设红十字国际学院。该学院是国内首个，也是国际上第一个专门致力于红十字运动理论研究、人才培养、文化传播、学术交流等的专业高等教育机构，计划通过引入国内外专家，加强国际、国内交流，为中国红十字会培养国际化高端人才。

[①] 中国新闻网：《中国红十字会副会长：人道援助拉近中国与世界距离》，2015年4月21日，http://www.chinanews.com/gn/2015/04-21/7223697.shtml，访问日期：2019年9月6日。

[②] 王达：《让党放心让人民满意——中国红十字会应急救援体系建设掠影》，2019年8月2日，https://www.redcross.org.cn/html/2019-08/61683.html，访问日期：2018年8月16日。

[③] 梁惠玲：《高举习近平新时代中国特色社会主义思想伟大旗帜，奋力开创中国特色红十字事业发展新局面》，2019年9月17日，https://www.redcross.org.cn/html/2019-09/62215_1.html，访问日期：2020年4月6日。

[④] 中国新闻网：《中国红十字会副会长：人道援助拉近中国与世界距离》，2015年4月21日，http://www.chinanews.com/gn/2015/04-21/7223697.shtml，访问日期：2019年9月6日。

此外，中国与亚太、非洲地区的发展中国家红会、区域以及国际相关机构间的交流也进一步增强。2012年5月，中国在江苏举办了中非国家红会合作论坛暨中非国家红会能力建设研讨班。同年9月22日，在北京举办了亚太国家和地区红会合作论坛暨能力建设研讨班。2017年11月6日，中国全国人大常委会副委员长、中国红十字会会长陈竺当选红十字会与红新月会国际联合会新一届联合会副主席。2018年9月12日，中国-东盟红十字博爱论坛开幕。2018年11月9—10日，中国举办了东吴国际人道交流合作研讨会。

2020年，在新冠疫情发生之后，中国红十字会调集医疗队伍、抗疫物资和设备，向全球46个国家提供了援助，还向12个国家提供了160万剂新冠疫苗援助。[①]2022年6月19日，在红十字会与红新月会国际联合会（以下简称"国际联合会"）第23届全体大会上，国际联合会将其最高荣誉奖项亨利·戴维逊奖（Henry Davison Award）颁给了中国红十字会，以表彰中国红十字会通过"动员人道力量改善易受损人群生活"的杰出服务。[②]

三、中国红十字会国际人道主义援助的实施模式

（一）中国红十字会国际人道主义援助的主要类型

联合国人道主义事物协调办公室的统计表明，"中国在国际人道领域的对外援助资金从2000年的597万美元上升为2011年的8692万美元，增幅近14倍"，其中，"中国红十字会每年执行的对外援助总额约占9%"。[③]

---

① 中央广电总台国际在线：《红十字会与红新月会国际联合会：中国红十字会工作成就和亮点众多》，2022年8月31日，https://www.toutiao.com/article/7137983764017349157/，访问日期：2023年1月1日。

② 同上。

③ 孙志祥：《中国社会组织参与对外援助工作的现状、形势与发展思路——以中国红十字会为例》，载龚维斌主编《2016社会体制蓝皮书》，社会科学文献出版社，2016，第214页。

中国红十字会的国际人道主义援助类型主要包括紧急和非紧急状态下的物资、资金①，以及非紧急人道主义物资援助项目和社区综合发展项目，举办发展中国家红会能力建设研修班，加强与非洲、亚太及中亚等地区发展中国家的人道合作与交流等。② 其中，捐助资金和物资占90%以上。③ 具体可以大致分为四类。

第一类，紧急和非紧急状态下的物资、现金有形援助，以及医疗、救援队等人力援助。21世纪初，中国红十字会平均每年向20多个国家提供捐款和救济物资，总价值在人民币600万元以上。④ 仅2011—2014年，"中国红十字会给予世界各国自然灾害以及局部冲突的支持额度，已达到2.5亿人民币。"⑤ 2009—2015年，中国红十字会总计向非洲、亚太等地区的22个国家红会提供非紧急人道主义物资援助，主要包括救灾物资、办公设备、轻工机械、医疗设备和家纺产品等五大类物资，价值约4000万元人民币。⑥ 2010—2015年，中国红十字会共计向60多个国家和组织提供小额援助325万美元，约合人民币2000万元。⑦

中国红十字会紧急人道主义援助资源主要来自两个渠道：一是国家商务部、外交部等方面的政府援助资金，约占35%；二是接收的社会捐款和中国红十字会直接提供的食品、帐篷等救灾物资，约占

① 中国红十字会通过小额紧急人道主义援助应急反应机制向60多个国家提供了资金援助。

② 孙志祥：《中国社会组织参与对外援助工作的现状、形势与发展思路——以中国红十字会为例》，载龚维斌主编《2016社会体制蓝皮书》，社会科学文献出版社，2016，第215页。

③ 同上。

④ 中国红十字会：《中国红十字会的国际交往工作》，2003年5月23日，http://www.redcross.org.cn/hhzh/zh/hxyw/gjrdjz/200806/t20080620_10508.html，访问日期：2020年4月6日。

⑤ 2014年8月29日，赵白鸽在纪念《1864年日内瓦公约》暨国际红十字与红新月运动150周年研讨会上的发言。参见张薇：《中国红会是国际人道法参与者也是实践者》，2014年8月29日，http://politics.gmw.cn/2014-08/29/content_12888855.htm，访问日期：2020年4月6日。

⑥ 中国红十字会国际人道主义援助分为紧急人道主义援助物资和非紧急人道主义援助物资两部分，参见孙志祥：《中国社会组织参与对外援助工作的现状、形势与发展思路——以中国红十字会为例》，载龚维斌主编《2016社会体制蓝皮书》，社会科学文献出版社，2016，第210页。

⑦ 孙志祥：《中国社会组织参与对外援助工作的现状、形势与发展思路——以中国红十字会为例》，载龚维斌主编《2016社会体制蓝皮书》，社会科学文献出版社，2016，第209页。

65%。① 中国红十字会也积极争取国际社会的资金支持，尤其是在应对国内自然灾害方面。除各国红会对中国捐款外，红十字国际委员会和红十字与红新月会国际联合会也对中国红十字会给予了大力支持。近年来，联合会向中国红十字会捐款捐物共计约8.33亿元人民币，红十字国际委员会向中国红十字会提供各类项目资金支持约3500万元。②

第二类，重建家庭联系服务。利用国家红会和红十字国际委员会共同组成的寻人网络，中国红十字会可以在和平和战时开展重建家庭联系服务。例如，2011年3月11日，日本发生9.0级地震后，中国红十字会总会于3月14日紧急启动重建家庭联系（寻人）工作。中国红十字会根据此次灾情和需要，向公众提供了网站查询和"急切盼望消息"通信两项免费服务。需要寻人者可通过中国红十字会网站的"重建家庭联系"（寻人）栏目登录"日本地震寻人"页面进行登记和查询，或者联系所在地红十字会填写"急切盼望消息"红十字通信，由中国红十字会转交日本红十字会协助查询。

第三类，援外培训班。自2007年开始举办面向发展中国家红十字会/红新月会的援外培训班以来，2010—2015年，中国红十字会共举办援外培训班25期，共培训来自90多个国家红会或政府的管理人员和工作人员600多名，培训内容涉及灾害应急能力建设、紧急救护、社区服务项目管理、艾滋病防控管理、组织能力建设等多个方面。③

第四类，社区服务与培训等项目。近年来，中国红十字会引入国际先进援助理念不断创新了对外人道主义援助的方式，海外博爱家园项目、博爱单车全球志愿服务行动、中巴急救走廊项目、天使之

---

① 孙志祥:《中国社会组织参与对外援助工作的现状、形势与发展思路——以中国红十字会为例》，载龚维斌主编《2016社会体制蓝皮书》，社会科学文献出版社，2016，第210页。

② 中国新闻网:《中国红十字会副会长：人道援助拉近中国与世界距离》，2015年4月21日，http://www.chinanews.com/gn/2015/04-21/7223697.shtml，访问日期：2019年9月6日。

③ 孙志祥:《中国社会组织参与对外援助工作的现状、形势与发展思路——以中国红十字会为例》，载龚维斌主编《2016社会体制蓝皮书》，社会科学文献出版社，2016，第210页。

旅——"一带一路"人道救助计划等项目逐渐得到开展。

（二）中国红十字会国际人道主义援助的实施渠道

当前，中国红十字会作为国家对外人道主义紧急援助部际工作机制成员，与其他7家单位——国际发展合作署、外交部、财政部、地震局、民航局、应急管理部、卫生健康委紧密合作，初步形成了中国红十字会参与国际人道主义援助的合作机制。根据其合作渠道，大致可以分为以下三类。

第一，在国际红十字系统的合作网络中直接向受援国红十字会总会或机构进行援助。借助红十字国际委员会、红十字会与红新月会国际联合会的庞大网络系统，中国红十字可以将多边和双边援助相结合，开展具体援助行动。例如，2017年11月2日，中国红十字基金会完成对叙利亚的首次派员出访。在近一周的时间内，红十字会援外项目组向叙方提供了大型移动医院、疫苗等人道主义援助。[①] 其间，援外项目组还考察了国际红十字组织和当地红新月会为难民和流离失所民众提供人道服务的项目点，走访了当地需要帮助的民众，并就后续援建儿童假肢康复中心等项目进行了调研和评估。

第二，委托大使馆等中国驻外机构或其他第三方组织、机构转交资金或物资。例如，2016年4月16日，厄瓜多尔发生强烈地震。4月19日上午，驻厄瓜多尔大使王玉林向厄瓜多尔红十字会转交了中国红十字会总会提供的10万美元紧急人道主义现汇。[②] 与此同时，数支中国搜救队也抵达厄瓜多尔，参与了搜救工作。

第三，作为助手，参与实施中国政府统一安排的国际人道主义援助任务。中国红十字会执行的国际人道主义援助有一部分是政府基于

---

① 郑一晗、车宏亮：《中国红十字会向叙利亚提供人道主义援助》，http://news.sina.com.cn/o/2017-11-03/doc-ifynmnae1491406.shtml，访问日期：2020年4月6日。

② 中华人民共和国驻厄瓜多尔使馆：《驻厄瓜多尔大使王玉林向厄瓜多尔红十字会转交中国红十字会总会紧急人道主义援助》，http://www.fmprc.gov.cn/web/zwbd_673032/gzhd_673042/t1357036.shtml，访问日期：2020年4月6日。

总体考虑安排下来的任务。中国外交部每年大致安排600万元左右的资金用于援助受灾国家，商务部每年会安排100万美元援助资金用于红十字会支持非洲及亚洲发展中国家的红十字会。[①] 例如，2017年初，智利发生了历史上最严重山火。智方向中方提出救灾援助请求后，中方第一时间启动相应机制予以研究，最终决定，中国红十字会向智利红十字会提供5万美元紧急人道主义援助；中国政府向智政府提供100万美元紧急人道主义援助，帮助智方开展救灾和灾后重建工作。[②]

四、中国红十字会国际人道主义援助的管理机制

在国际层面，中国红十字会是国际红十字与红新月运动的一员，遵守1986年10月日内瓦国际红十字大会第二十五次会议通过的"国际红十字和红新月运动章程"中确立的人道、公正、中立、独立、志愿服务、统一和普遍七项基本原则。中国红十字会也遵守中国批准的于1949年8月12日订立的日内瓦四公约——《改善战地武装部队伤者病者境遇之日内瓦公约》《改善海上武装部队伤者病者及遇船难者境遇之日内瓦公约》《关于战俘待遇之日内瓦公约》《关于战时保护平民之日内瓦公约》，及1977年6月8日订立的《一九四九年八月十二日日内瓦四公约关于保护国际性武装冲突受难者的附加议定书》和《一九四九年八月十二日日内瓦四公约关于保护非国际性武装冲突受难者的附加议定书》为核心的国际人道法，并传播国际人道法。

在国家层面，中国红十字会是国家对外人道主义紧急援助部际工作机制成员单位，服从国家统一安排和指示，也根据国际社会人道主义需求作出自己管辖范围内的援助决策和部署。根据2019年9月3日中

---

① 邓国胜：《中国民间组织国际化的战略与路径》，中国社会科学出版社，2013，第59页。
② 中华人民共和国驻智利共和国大使馆：《智利政府感谢中国政府提供紧急人道主义援助》，2017年2月14日，http://www.fmprc.gov.cn/ce/cechile/chn/sgxw/t1438173.htm，访问日期：2020年4月6日。

国红十字会第十一次全国会员代表大会通过的《中国红十字会章程》[①]，中国红十字会的最高权力机关是全国会员代表大会。该会每五年召开一次，由中国红十字会理事会召集。除理事会外，中国红十字会还设有理事会、常务理事会、执行委员会、监事会，负责政策和事务的具体制定、实施与监督。其中，常务理事会对理事会负责，执行委员会对常务理事会负责，监事会向全国会员代表大会负责。中国红十字会在国家层面设立中国红十字会总会，对外代表中国红十字会，对内通过其下设的各地方红十字会、行业红十字会和基层组织指导全国和地方具体工作。中国红十字会总会、地方分会可独立或合作共同实施对外援助项目。

在和平时期，中国红十字会负责宣传国际人道法、红十字运动基本原则，总会承担中国国际人道法国家委员会秘书处的日常工作；参加国际人道救援工作；开展与国际红十字组织和各国红十字会或红新月会及其他国际组织的交流与合作；完成人民政府委托事宜。[②] 同时，依据日内瓦公约及其附加议定书，红十字会在战时和武装冲突时期还将组织红十字救护队，参与战场救护；在武装部队中依法协助开展传染病的防治工作；对战区平民进行救助；协助战俘、被监禁者及难民与家人取得联系，转交钱物，并为此建立必要的通信渠道；参与探视和见证交换战俘。[③]

在机构设置方面，"中国红十字会总会内设办公室、赈济救护部、筹资与财务部、组织宣传部、联络部、机关党委（人事部）6个部室。其中，联络部专门负责与红十字国际组织、各国红十字会（红新月会）以及其他国际组织的交流与合作；负责与台湾红十字组织、香港、澳

---

① 《中国红十字会章程》，2019年9月18日，中国红十字会网站，https://www.redcross.org.cn/html/2019-01/56089.html，访问日期：2020年4月6日。

② 同上。

③ 同上。

门红十字会的交流与合作；协助政府开展民间外交和对外及台港澳地区的交往，执行政府指定或委派的人道主义工作，具体实施对外人道救援工作"。① 中国红十字会总会的经费主要来自财政拨款，事业单位接收捐赠、银行利息等收入只占据极少的比例。中国红十字会直属单位援外物资供应站负责对外援助的物资筹备、储备与调配。

在对外人道主义援助领域中，中国红十字会具有诸多优势。其中，来自国际和国内管理制度上的优势是核心。首先，中国红十字会具有组织优势。作为遍布全球的红十字组织网络——国际红十字与红新月会的一员，中国红十字会有系统性的组织优势和红十字国际人道事务分工协作机制的支持，这是其最大的优势。其次，制度优势。基于红会的特殊历史渊源和社会地位，中国红十字会可以进入武装冲突地区、地缘政治敏感区域开展援助工作。再次，中国红十字会实行专业化管理，行业经验丰富，具有较成熟的专业救援和医疗服务经验。最后，合法性优势。中国红十字会有募集救援资源的合法资质。2021年，国务院《关于促进红十字事业发展的意见》明确提出，要"支持和指导红十字会积极参与国际红十字运动和国家对外人道援助工作，将红十字会的对外人道援助工作纳入国家对外援助整体部署。支持和指导红十字会依照有关规定设立民间国际人道援助基金，建立以专职工作人员为骨干、志愿人员为主体的民间救援队伍，提高红十字会参与国际人道救援的能力"。②

但是，中国红十字会参与国际人道主义援助也有一定的局限性——资金匮乏，社会层面理解不足，以及向海外的援助渠道不够通畅等。例如，当海外发生灾难时，中国红十字会在向海外开展援助之

---

① 《中国红十字会总会内设机构人员情况》，2020年11月20日，https://www.redcross.org.cn/html/2020-11/75210.html，访问日期：2020年4月6日。

② 《国务院关于促进红十字事业发展的意见》，2012年7月30日，国务院文件，国发〔2012〕25号。

前，需要向外交部申请批准，而且申请程序复杂，这使得红十字会无法对一些紧急灾难及时作出反应。[①]

未来，政府可以给予中国红十字会更多的资金和项目支持，鼓励其"走出去"，促进中国红十字和其他国家红十字会以及总会之间的联系和交流，增加经验、提高能力，为中国红十字会医疗救援队出国执行任务开通绿色通道，扩大中国国际人道主义援助的志愿者规模，培养更多的以青年人为核心的援外志愿者和工作人员，提高专业技术人员的素质和能力。

中国红十字会自身也要加强廉政建设，大力改革，积极改善自身形象，成为捐民信任的社会组织。中国红十字会可以进一步透明化捐助环节，及时向捐民和社会公布善款用途；可以利用现代技术增强自身的物资储备和分配能力；可以加强和其他民间人道主义援助社会组织的联系，做非政府领域国际人道主义援助组织的引领者、协调者和管理者；注重学习国际经验和宣传国内经验，做负责任大国的红十字会。

---

① 邓国胜:《中国民间组织国际化的战略与路径》，中国社会科学出版社，2013，第59页。

第八章　中国国际人道主义援助的其他行为主体

　　中国参与海外人道主义援助的行为主体除政府、红十字会外，还有基金会、慈善会、专业救援队等非政府组织，海内外企业，公民社会团体或个人，媒体，智库等。从性质上看，这些行为主体有的属于政府体制内单位；有的受政府支持，具有半官半民的性质；更多的是纯粹的民间力量。从发展阶段看，公民个体及组织、企业都在近代就开始参与中国对外人道主义援助，具有较悠久的历史，发展亦较为成熟；基金会、慈善会在20世纪80年代之后开始发展，先行组织正在学习国际经验，处于探索和快速成长之中；专业救援组织在2008年"汶川地震"之后诞生，凭借"小、快、灵"的优势，逐渐受到重视。从援助功能看，它们凭借中立、灵活、创新、专业、深入社区，成为中国政府国际人道主义援助的重要社会补充力量。目前，这些行为主体参与国际人道主义援助大多尚处于起步阶段，在自身能力、合法性、与国际组织和本国政府的合作等方面均亟待加强，有较大的发展潜力。

第一节　非政府组织与近、现代中国国际人道主义援助

　　近代，随着中西方交流的增多，长期在国内开展慈善行为的中国非政府组织也开始将救助范围扩展到在华外国人、外国商船，以及境外的华人，甚至域外国家和公民。中国境内成立的非政府组织参与国际人道主义援助具有久远的历史。

作为和政府相对应的社会组织——非政府组织在中国历史悠久，形式多样。在古代，表现为以血缘为纽带的宗族、以业缘为纽带的行会、以神缘为纽带的社镜、以地缘为纽带的会馆，以及以生产、生活为目的的水会、钱会等；在近代，会馆转化为同乡会、行会转化为公会；同时，商会、教育会、公民会等民间新式组织大量出现。①

非政府组织参与国际人道主义援助的实践是其长期国内救助在近代中外交流增多背景下的自然外延。在有记载的历史中，中国的救助机构和行动以官方为主，但非政府组织参与国内慈善的记录也并不乏见。早期，主要体现为各种类型的非官方慈善、救济组织和机构。例如，隋唐时期，宗教机构，尤其是寺庙发挥了国内慈善救济的重要功能。至宋代，慈善机构世俗化。12世纪，南宋时期，中国开始有（水上）救援协会。② 明末清初之后，各种类型的慈善济贫组织大幅增加，尤其是恤嫠会、施棺会、掩骼会、浮图会、保婴会、惜字会、救生船等大量善会组织的出现，解决了当时大量的社会问题。③

清代，由于政府衰弱，火政乏力，民间以商人为主、外加少数知识分子和政治精英的民间紧急救火组织"水龙局""水局""水会"等陆续出现。晚清对民间社团组织实行地方自治，要求民间社团制定章程，以"救火会"名目备案。④ "救火会"资金主要靠自筹，政府也给予一定的补贴。救火会除救火外，也（日常）施茶、施衣、赠药、施

---

① 徐文彬:《近代民间组织与灾害的应对——以福州救火会为论述中心》，社会科学文献出版社，2018，第12页。

② 《镇江救援协会博物馆介绍》，第3部分，转引自托马斯·理查德·戴维斯:《未讲述的"国际卫生组织起源"故事：救援协会、国际网络与个体角色》，王卓译，载张勇安主编《医疗社会史研究》（第3辑），第1期，中国社会科学出版社，第31页。

③ 朱健刚、武洹宇:《华人慈善：历史与文化》，中国社会科学出版社，2020，第144页。

④ 徐文彬:《近代民间组织与灾害的应对——以福州救火会为论述中心》，社会科学文献出版社，2018，第13页。

棺，有十善之说。^① 在水上，1702年或1703年，江原丁在内的15（或者18）个京口人集资在西津渡成立了京口救援协会，即镇江救援协会，该协会一直运行了两个世纪，由江宇家族管理，直至在第二次鸦片战争中被英国人占领。^②

晚清，随着资本主义在中国的发展，绅商义赈兴起。1876—1879年，清朝连续四年旱灾。1876年（光绪二年），上海绅商李金镛与浙绅胡光墉筹集10余万金，前往灾区散放。^③ 1877年，上海富商经元善和其他商人募捐救济豫灾，开办"义赈"。1878年4月，经元善成立上海"协赈公所"，将其作为组织江浙沪绅商，联系洋务企业和中国驻外使馆进行义赈活动的常设机构。随后，各地纷纷成立协赈公所。至20世纪初，义赈逐渐被中国红十字会、华洋义赈救灾总会，以及一些新式的宗教性救灾组织，例如中国济生会和世界卍字会取代。^④

此外，随着中西方人文交流的增加，外国传教士意识到自己有责任救济中国难民，开始在华建立了一些专门性慈善组织。例如，1878年1月26日，西方传教士、外交官和外商等组成"中国赈灾基金委员会"，总部设在上海，这是外国人在中国成立的第一个赈灾机构。^⑤ 外国人建立的慈善机构及其对中国百姓的救助不仅缓解了中国百姓的困苦，挽救了无数百姓的生命，拉近了中外人士之间的民间情感，而且，其采取的灾情调研、灾民登记、分发财物、媒体宣传、组织募捐、财

---

① 龙潭救火会还设立义葬社，收葬路边饿殍、水中浮尸。徐文彬：《近代民间组织与灾害的应对——以福州救火会为论述中心》，社会科学文献出版社，2018，第122页。

② 托马斯·理查德·戴维斯：《未讲述的"国际卫生组织起源"故事：救援协会、国际网络与个体角色》，王卓译，载张勇安主编《医疗社会史研究》（第3辑），第1期，第30页。

③ 《循史传四：李金镛》，载王钟翰（点校）：《清史列传》卷77，中华书局，1987，第6371页。

④ 安特利亚·扬库：《国际人道主义在中国：从20世纪初的灾赈谈起》，《史学月刊》2014年第4期，第15页。

⑤ 陈桦、刘宗志：《救灾与济贫：中国封建时代的社会救助活动（1750—1911）》，中国人民大学出版社，2005，第450—452页。

务公开等方法对近现代中国非政府组织的发展提供了重要借鉴。

民国时期，军阀混战，政府国内救助力量严重不足，民间自发成立的各种基金会和慈善机构参与国内赈灾，甚至成为基本力量。1920年，当中国北方五省大旱之时，参与灾荒赈济的民间慈善团体有京畿农民救济会、北京民生协济会、华北救灾协会、北方工赈协会、山西旱灾救济会、陕西义赈会、上海女界义赈会、中华慈善团、国际统一救灾总会、华洋义赈会、中国济生会等数十个。①

随着中西方交往的扩大，参与国内救助的中国非政府组织也逐渐将其业务扩展到国际，开始对外人道主义援助。1923年，日本发生地震。"据统计，在日灾发生后，各地召集或参加赈济日灾会议的社会团体、机关和学校有122个之多。在赈济日灾活动中建立的各种赈灾团体有44个之多，范围遍及全国。此外，政要名流、各界人士、各种团体，或驰电慰问，或倡言赈灾者，为数众多。"②中国佛教界通过佛教法事超度遇难者亡灵、实物捐助、并派遣佛教代表团亲赴日本地震灾区进行慰问。③在上海、北京、江苏、浙江等一些地方还有自发的募捐活动。著名京剧艺术家梅兰芳组织了赈灾义演。由此可见，在新中国成立之前，中国各类社会组织、个人等社会力量已经开始以多种形式发起和参与了力所能及的国际人道主义援助。近代中国参与国际人道主义援助的形式已经较为丰富。

中国非政府组织参与国际人道主义援助是其长期国内实践在中外交往背景下的国际延续。据笔者查询资料所知，参与的开始时间主要于1840年鸦片战争之后。从参与的领域看，中国非政府组织不仅在自然灾害中提供了援助，也在战争和冲突之中参与了救护和协调。从参

---

① 刘峰、吴金良主编《中华慈善大典》，浙江工商大学出版社，2017，第126页。

② 李学智：《1923年中国人对日本震灾的赈救行动》，《近代史研究》1998年第3期，第287页。

③ 谢忠强：《中国佛教界对1923年日本关东大地震的赈济》，《五台山研究》2015年3月，第17页。

与的行为主体看，有本土自发的社会组织，也有中外合作的组织；有宗教组织，也有世俗组织。从参与的方式看，主要是捐款、捐物、慰问、派人发放物资、派遣救援队、参与国际交流与合作。从参与的效果来看，初步展示了中国人民的良好形象，也促进了中国非政府组织的自身发展。近、现代中国非政府组织积极参与国际人道主义援助的历史进程是中国人民自古以来"乐善好施"优秀品质的体现，也反映出中国人渴望融入世界、参与世界事务治理的美好愿望。

第二节　基金会、慈善会与当代中国国际人道主义援助的兴起

新中国成立后，中国非政府组织的主要表现形态是社会团体。"社会团体是中国公民自愿组成，为实现会员的共同意愿，按照其章程开展活动的非营利性社会组织。包括各种协会、学会、联合会、研究会、联谊会、促进会、商会等"。[①] 为了对其进行规范管理，1950—1951年，中国政务院[②] 先后颁布了《社会团体登记暂行办法》《社会团体登记暂行办法实施细则》。此后，大量社会团体涌现。

1988年8月，根据国务院关于加强社会团体管理和新成立的全国性社会团体统一由民政部负责审批的精神，民政部成立了"社团管理司"，开始承办全国性社团的审批工作。[③] 1997年5月，社团管理司更名为社会团体和民办非企业单位管理司。1998年机构改革中又更名为

[①] 　中华人民共和国民政部编《2019中国民政统计年鉴》，中国社会出版社，2019，第497页。

[②] 　1954年颁布的《中华人民共和国宪法》规定设立中华人民共和国国务院，撤销政务院，其全部职权由国务院行使。

[③] 　《民政部办公厅关于加强全国性社会团体成立活动宣传报道管理的函》，1989年7月27日，（1989）民办字157号。

民政部民间组织管理局，对社会团体、民办非企业单位①以及基金会②实行统一管理。③2016年，民政部民间组织管理局被更名为民政部社会组织管理局。④

根据民政部统计数据，截至2020年底，我国社会组织总量为89.4万个，其中社会团体37.5万个、民办非企业单位（社会服务机构）⑤51.1万个、基金会8 385个。⑥从事慈善事业的社会组织截至2019年1月31日，中国境内共有5 285家，其中基金会3 818家，占比72.24%；社会团体945家，占比17.88%；红十字会276家，占比5.22%，社会服务机构246家，占比4.65%。⑦受制于救助能力，参与慈善的中国社会组织绝大多数停留在国内发展层面，能够走向国际的并不多。"截至2018年11月，在全国性社会组织中，仅有37个国际性社团、19个外国商会，占比为2.49%；在全国性基金会中，涉外类基金会9个，占比为4.41%；2017年，在全国40万个民办非企业单位中，仅有15个

---

① 民办非企业单位，即社会服务机构，是指企业事业单位、社会团体和其他社会力量以及公民个人利用非国有资产举办的，从事非营利性社会服务活动的社会组织。目前主要分布在教育、卫生、文化、科技、体育、劳动、民政、社会中介、服务业等行（事）业中。参见中华人民共和国民政部编《2019中国民政统计年鉴》，中国社会出版社，2019，497—498页。

② 基金会，指利用自然人、法人或者其他组织捐赠的财产，以从事公益事业为目的，按照《基金会管理条例》规定成立的非营利性法人。包括公开募捐资格的基金会和不具有公开募捐资格的基金会。见中华人民共和国民政部编《2019中国民政统计年鉴》，中国社会出版社，2019，第498页。

③ 徐家良、赵文聘主编《新时代慈善大格局：慈善力量参与脱贫攻坚》，中国社会出版社，2020，第3页。

④ 廖鸿、杨婧：《改革开放以来社会组织的发展与主要成就》，《中国民政》2018年第15期，第30页。

⑤ 2016年3月16日，第十二届全国人民代表大会第四次会议通过的《中华人民共和国慈善法》，"民办非企业单位"统一调整为"社会服务机构"。

⑥ 民政部：《2020年4季度民政统计数据》，http://www.mca.gov.cn/article/sj/tjjb/qgsj/2020/202004.html。

⑦ 徐家良、赵文聘主编《新时代慈善大格局：慈善力量参与脱贫攻坚》，中国社会出版社，2020，第6页。

国际及其他涉外类组织。"①

参与中国国际人道主义援助的非政府行为主体除上述在民政部注册登记的一些社会组织外，还有包括人民团体、群众团体等在内的事业单位，在工商管理或行业主管部门登记的企业，以及在公安部门注册的在境外合法成立的基金会、社会团体、智库机构等境外非政府组织。目前，参与中国国际人道主义援助的非政府组织并没有一个统一、具体的官方数字。综合看来，其规模尚十分有限。但是，由于非政府组织在开展救灾捐赠、防灾减灾教育和研究、救灾款物的发放与监督、组织力量直接参与救灾抗灾抢险、医疗防疫等方面有自己的独特优势，受到了中国政府愈来愈多的重视，具有较大的发展潜力。

在20世纪80年代后成立的中国各类基金会、慈善会中，有些已经成为参与国际人道主义援助的突出社会力量。这些基金会、慈善会参与国际人道主义援助一般与其成立的初衷——接受外部援助紧密相连。改革开放之后，中国改变了之前30年拒绝国际社会援助的政策，逐渐开始转变为接受外来援助。80年代中后期，由于"有些国际民间组织不习惯与政府部门直接交往，他们希望我国能有与之相对应的民间机构"。② 在这种背景下，90年代，慈善会系统、爱德基金会以及中国扶贫基金会等组织加入灾害救助中来。③

2000年以后，随着中国综合国力的增强，慈善会、基金会等社会组织不仅接受外来援助，也开始对外援助。爱德基金会、中国扶贫基金会和中华慈善总会是其中的典型代表。其中，爱德基金会是以宗教信仰为基础的基金会；中国扶贫基金会初期是官办，后转型为市场

---

① 颜克高：《中国社会组织参与对外援助70年：经验、问题与展望》，《国外社会科学》2021年第1期，第41页。

② 《民政部、经贸部、外交部印发〈关于在接受国际救灾援助中分情况表明态度的请示〉的通知》，1988年9月8日。

③ 韩俊魁、赵小平：《中国社会组织响应自然灾害研究：以2008年以来重特大地震灾害为主线》，社会科学文献出版社，2016，第15页。

化的民间基金会；中华慈善总会是政府支持的全国性、非营利性社会团体。

一、爱德基金会

根据基金会中心网观测数据显示，截至2019年12月31日，全国基金会总数达7938家。[1] 根据基金会的创始人背景，基金会又可以分为政府背景的基金会，企业家基金会，高校基金会，宗教基金会，名人基金会等。[2] 其中，宗教背景的基金会有151家。[3] 佛教背景的有112家，占比74.2%；基督教背景的有15家，占比9.9%；道教背景的有7家，占比4.6%；天主教背景的有5家，占比3.3%；伊斯兰教背景的有7家，占比4%；民间信仰背景的基金会，如妈祖信仰，有6家，占比4%。[4] 爱德基金会是改革开放之后出现的第一家民间基金会[5]，也是宗教非政府组织参与国际人道主义援助的行业翘楚。1985年，它由全国政协原副主席丁光训、韩文藻博士等老一辈爱国宗教人士发起。30年来，基金会先后与20多个国家和地区近300家机构开展了不同形式的友好合作，广泛动员海内外爱心人士支持和投身公益，在城乡社区发展、公益倡导与行业支持、国际合作等多个领域开展了大量的工作。[6]

在国际人道主义援助方面，爱德基金会积极对第三世界国家援助，先后开展了2011—2013年连续3年的朝鲜粮援项目，2013年11月的菲

---

[1] 程刚、王璐、霍达：《2019年中国基金会发展报告》，载杨团主编《慈善蓝皮书：中国慈善发展报告（2020）》，社会科学文献出版社，2020，第104页。

[2] 李泳昕、曾祥霞：《中国式慈善基金会》，中信出版社，2018，第43—45页。

[3] 邱仲辉、凌春香、朱艳伟：《2019年中国宗教公益慈善发展报告》，载杨团主编《慈善蓝皮书：中国慈善发展报告（2020）》，社会科学文献出版社，2020，第142页。

[4] 同上书，第143页。

[5] 徐家良、赵文聘主编《新时代慈善大格局：慈善力量参与脱贫攻坚》，中国社会出版社，2020，第28页。

[6] 爱德基金会官网：《爱德基金会30周年工作报告》，2015年11月16日，http://www.amity.org.cn/index.php?m=Home&c=News&a=view&id=23，访问日期：2017年9月10日。

律宾"海燕"台风灾害救援，马达加斯加的沼气技术输出和肯尼亚"非洲之饥"旱灾援助项目，以及与国际机构合作开展的对特困人群提供的医疗救助项目等。[①] 近年来，爱德基金会还在尼泊尔、斯里兰卡、菲律宾、缅甸等国开展了跨国社区发展类项目，在当地实施饮水、助学、能力建设等；爱德基金会还与爱德香港办公室合力打造了海外版"活水行"项目。[②] 初期，爱德基金会国际援助的资金主要来自国际组织，[③] 到2013年，筹款超过50%来自大陆。[④]

爱德基金会参与国际人道主义援助受益于国际救灾与发展联盟（Act Alliance）的支持。爱德基金会是国际救灾与发展联盟的创始成员和理事，也是后者在中国的唯一成员机构。[⑤] 爱德基金会理事长丘仲辉先生曾经两次被选举担任该联盟理事会理事，参与决策。从20世纪90年代中期开始，联盟及其成员从资金和能力上全面支持爱德基金会的人道主义救援工作，包括跨国行动。2015年，尼泊尔发生地震，爱德基金会在震后20分钟就和国际救灾联盟日内瓦秘书处及国际救灾联盟尼泊尔成员机构取得了联系，第一时间参与了国际救灾联盟的协调机制中。

随着对外人道主义援助事业的逐步开展，爱德基金会国际化水平日益提高。2014年7月，爱德基金会成为联合国经社理事会特别咨商地位组织。2015年7月1日，爱德基金会非洲办公室在埃塞俄比亚首都亚

---

① 丘仲辉：《"走出去"的爱德模式》，载蒋坚永、徐以骅主编《中国宗教走出去战略论集》，宗教文化出版社，2015，第88页。

② 爱德基金会官网：《爱德基金会2019年度报告》，第33页，https://amity.oss-cn-shanghai. aliyuncs.com/owe/2021-04-25/5ea03be51b674e208ef02680b0c693e9/.pdf_20210425143758157.pdf，访问日期：2022年9月1日。

③ 黄浩明：《社会组织走出去——国际化发展战略与路径研究》，对外经济贸易大学出版社，2015，第96页。

④ 丘仲辉：《"走出去"的爱德模式》，载蒋坚永、徐以骅主编《中国宗教走出去战略论集》，宗教文化出版社，2015，第85页。

⑤ 师曾志：《"消失"的传统国界：新媒介赋权化育的民间救灾外交》，载吴建民、于洪君主编《中国民间外交发展报告》（2016），中央编译出版社，2016，第310页。

的斯亚贝巴成立，这是中国民间公益组织"走出去"设立的第一家办公室[①]，标志着中国民间组织国际化"四无"状态——无固定经费来源、无固定项目、无当地雇员、无固定办公场所的终结，具有重大历史意义。[②]2016年3月9日，瑞士日内瓦爱德国际办公室正式成立。2019年8月9日，爱德肯尼亚办公室和爱德印刷肯尼亚办事处在肯尼亚首都内罗毕成立。[③]爱德基金会也与联合国系统、志愿者代理处国际理事会（ICVA）等国际平台建立了联系。[④]2019年，爱德基金会首度与联合国难民事务高级专员署签订合作备忘录，旨在促进双方在人道主义救援方面的合作，实现了中国社会组织零的突破。[⑤]不断得到加强的海外联系和组织建设为基金会参与对外人道主义援助提供了越来越多的便利。

爱德基金会不仅是中国民间组织参与国际人道主义援助的行业先行者，还积极推动国内社会组织对接国际标准，携手共同"走出去"。2019年10月24日，爱德基金会在北京与中国民促会、北京师范大学风险治理创新中心、北京平澜基金会等社会组织共同举办了"中国参与国际人道主义援助交流工作坊"，倡议筹建"中国国际人道主义援助社会力量行动网络"。[⑥]同年12月10日，爱德基金会联合北京师范大学风险治理创新研究中心、乐施会、爱德基金会、基金会救灾协调会在京举办"国际救灾标准研讨会暨环球计划手册2018年中文版发布活动"，并在会上介绍了环球计划和中国联络点的情况。在爱德基金会等先行

---

① 丘仲辉：《"走出去"的爱德模式》，载蒋坚永、徐以骅主编《中国宗教走出去战略论集》，宗教文化出版社，2015，第93页。

② 《爱德基金会国际办公室于瑞士日内瓦揭牌将承担更多国际人道主义责任》，爱神家园网，http://www.aiisen.com/p/33995.html，访问日期：2022年9月1日。

③ 爱德基金会官网：《一带一路——爱德"双轮驱动"战略再发力》，2019年8月19日，http://www.amity.org.cn/index.php?m=Home&c=News&a=view&id=544，访问日期：2022年9月1日。

④ 《爱德基金会2019年度报告》，第33页。

⑤ 同上书，第5页。

⑥ 同上书，第48页。

对外人道主义援助组织的推动下，中国民间组织参与国际人道主义援助的力量正在不断得到整合，国际化水平日益提高。

二、中国扶贫基金会 / 中国乡村发展基金会

成立于1989年的中国扶贫基金会是在民政部注册，由国务院扶贫办主管的全国性扶贫公益组织。[①] 其最初的名字为中国贫困地区发展基金会，是为了拓展国内外民间资源，帮助国内减少贫困，由李先念、林乎加、陈俊生及项南等老同志创建。[②] 1999年之后，国务院扶贫办在中国加入世界贸易组织的大背景下对中国扶贫基金会率先进行了去行政化改革，取消了行政级别和事业编制。在执行会长何道峰的带领之下，从"官办基金会"转化为市场化的民间组织，成为官办基金会的行业引领者和创新者。2022年6月，中国扶贫基金会改名为"中国乡村发展基金会"。

中国扶贫基金会的对外援助与著名人道主义援助机构——国际美慈组织（简称"美慈"）有密切关系。2000年，双方开始建立联系。2001—2002年，美慈向中国扶贫基金会捐赠了大量衣物、医疗设备、药品等救灾物资，用于后者开展国内灾害救援活动。[③] 2001年8月，双方签署《战略合作伙伴协议》。2002年，中国扶贫基金会从美慈借鉴引进了全球人道主义紧急救援项目，成为国内第一家建立救灾备灾网络和灾后重建流程的公益组织。[④] 此外，美慈还帮助中国扶贫基金会取得了《人道主义宪章与赈灾救助标准》中文版的翻译出版权。中国扶贫基金会接受美慈援助的经历和效仿美慈建立的对接国际标准的国内灾

---

① 中国扶贫基金会官网：《基金会简介》，http://www.cfpa.org.cn/about/introduction.aspx，访问日期：2022年9月1日。

② 何道峰主编《中国扶贫基金会改革发展简史》（上），社会科学文献出版社，2018，第2、6页。

③ 同上书，第342页。

④ 同上书，第339页。

害救援机制为其后来开展对外人道主义援助奠定了坚实的基础。

2003年1月，中国扶贫基金会紧急救援项目部建成，这是国内第一个使用国际救灾环球组织设定的国际人道主义救援标准进行组建的专业化灾害救援机构。[①] 初期，该机构主要针对国内灾害开展紧急救援。经过2008年的汶川地震救援、2010年西南五省（自治区、直辖市）旱灾救援和青海玉树地震救援等大型救援活动后，中国扶贫基金会在灾害救援活动上的策划、组织、实施能力和项目设计、把控、创新能力上都有了大幅提升。[②] 其参与国际人道主义援助的条件逐渐成熟。

2005年，在美慈的支持下，中国扶贫基金会将美慈捐赠的价值4438万元药品转赠印度洋海啸灾区[③]，首次参与国际人道主义援助。2008年，中国扶贫基金会再次创新，首次派人常驻受援国，开始在苏丹援建阿布欧舍友谊医院，在社区实施项目。[④] 2009年12月，扶贫基金会成立国际发展项目部，专门负责开展国际援助项目。[⑤] 在救援流程上，"一线的紧急救援项目人员会在灾害发生后36小时内向机构秘书处提交灾情调查评估报告和行动方案/建议书；然后秘书处报请会长会议进行机构行动决策。如果灾情在三级（含）以下，紧急救援项目部将独自组织开展救援活动；如果灾情在二级（含）以上，则组建全会性的救援行动临时机构和部门，分工负责相应工作"。[⑥] 在援助决策上，中国扶贫基金会通常基于灾情，需求状况，援助的可行性、可持续性等因素综合判断后作出是否援助的决定。

---

① 何道峰主编《中国扶贫基金会改革发展简史》（中），社会科学文献出版社，2018，第536，537页。

② 同上书，第939页。

③ 同上书，第876页。

④ 邓国胜等：《中国民间组织国际化的战略与路径》，中国社会科学出版社，2013，第28—29页。

⑤ 章一琪：《援建苏中阿布欧舍友谊医院：中国扶贫基金会的国际化探索》，载康晓光、冯利：《2016中国第三部门观察报告》，社会科学文献出版社，2016，第184页。

⑥ 何道峰主编《中国扶贫基金会改革发展简史》（中），第882—883页。

秉持"大爱无疆，民心相通"的国际化理念，中国扶贫基金会坚持"尊重当地，需求导向"的原则开展国际项目。① 截至2019年底，中国扶贫基金会国际援助和倡导项目累计投入超过2亿人民币，惠及24个国家和地区约90万人（次）。② 开展的项目包括：紧急救援、设备援助、非政府组织能力建设、医院建设、学校供餐、大学生资助及社区综合发展等项目。③ 2019年度，中国扶贫基金会国际项目和国际爱心包裹项目总支出为53 497 635.12元，占全年总支出829 928 824.52元的6.4%。④

迄今为止，中国扶贫基金会已经参与了印度洋海啸、美国飓风、巴基斯坦地震、缅甸飓风、巴基斯坦地震、海地地震、智利地震、缅甸战争难民、尼泊尔地震、厄瓜多尔地震等国际灾害紧急救援。尼泊尔地震救援是其中的突出案例。2015年4月25日，尼泊尔发生8.1级地震，地震及多次强烈余震已造成约8700人遇难，约2.2万人受伤，50万间房子完全倒塌，30万间房屋不同程度损坏，5000多所学校受毁。⑤ "至2020年10月底，从紧急救援、到灾后重建，再到社区发展援助项目，中国扶贫基金会累计募集资金和物资折合人民币3034.53万元，累计支出约2869万元。其中紧急救援与过渡安置阶段支出约644万元。灾后重建项目阶段支出约607万元。社区发展项目阶段支出约1618万元。

---

① 　中国扶贫基金会：《国际项目》，http://www.cfpa.org.cn/project/GJProjectDetail.aspx?id=101.

② 　中国扶贫基金会：《2019中国扶贫基金会年度报告》，第31页，http://www.cfpa.org.cn/information/institution.aspx，访问日期：2022年9月1日。

③ 　廉丹：《中国扶贫基金会：用爱心搭建友谊之桥》，《经济日报》2019年4月16日，第4版。

④ 　根据中国扶贫基金会《2019年财务报告》统计数据计算得出。参见中国扶贫基金会：《2019年财务报告》，2020年4月29日，https://www.cfpa.org.cn/information/institution.aspx?typeid=4，访问日期：2022年9月1日。

⑤ 　中国扶贫基金会官网：《国际公益项目：尼泊尔》，http://www.cfpa.org.cn/project/GJProject.aspx?id=74，访问日期：2022年9月1日。

总受益人数38.35万人次"。[1]

国际紧急救援是中国扶贫基金会国际化的主要内容，所采取的救援行动初期是经由受援国使馆单纯捐赠物资、资金，或赴灾区考察。2015年之后，开始在海外设立项目办公室，亲自实施援助。2015年7月27日，中国扶贫基金会首家海外办公室在缅甸成立。[2]同年8月13日，尼泊尔办公室也注册成立。[3]驻缅甸、尼泊尔办公室的相继成立标志着中国扶贫基金会已成为国际非政府组织。[4]2019年7月1日，中国扶贫基金会埃塞办公室正式完成注册。[5]此外，苏丹也建立了项目办公室。[6]柬埔寨目前虽没有正式注册的办公室，但有专门的团队驻扎当地。[7]

除紧急救援外，近年来，中国扶贫基金会非紧急人道主义援助项目也成就斐然。2011年竣工的阿布欧舍友谊医院，采用了政府、企业和非政府组织合作的援助方式，被外交部评为当年的"公共外交典范工程"。[8]2019年度，中国扶贫基金会国际项目在缅甸、尼泊尔、埃塞俄比亚、柬埔寨、纳米比亚、乌干达、老挝、蒙古国、朝鲜、津巴布

[1] 中国扶贫基金会：《1937个日夜的坚守，播撒中尼友谊的种子——记中国扶贫基金会尼泊尔办公室成立5周年》，2020年12月1日，http://k.sina.com.cn/article_1647171880_622dd92801900r8ub.html，访问日期：2021年4月17日。

[2] 中国扶贫基金会官网：《中国扶贫基金会2015年度报告》，第40页，http://www.cfpa.org.cn/information/institution.aspx，访问日期：2021年4月17日。

[3] 中国新闻网：《中国扶贫基金会驻尼泊尔办公室注册成立》，2015年8月13日，http://www.chinanews.com/gj/2015/08-13/7466265.shtml，访问日期：2021年4月17日。

[4] 中国扶贫基金会官网：《基金会简介》，http://www.cfpa.org.cn/about/introduction.aspx，访问日期：2022年9月1日。

[5] 海外网：《中国扶贫基金会埃塞俄比亚办公室揭牌仪式举行》，2019年9月23日，http://m.haiwainet.cn/middle/457135/2019/0923/content_31633847_1.html，访问日期：2021年4月17日。

[6] 中国扶贫基金会刘文奎秘书长2017年6月16日在联合国中国减贫边会上的介绍。参见佟丽华：《走进联合国——中国社会组织参加联合国人权理事会大会纪实》，人民出版社，2017，第102页。

[7] 章一琪：《援建苏中阿布欧舍友谊医院：中国扶贫基金会的国际化探索》，载康晓光、冯利：《2016中国第三部门观察报告》，社会科学文献出版社，2016，第184页。

[8] 何道峰主编《中国扶贫基金会改革发展简史》（下），第1337页。

韦、巴基斯坦等11个国家开展[1]，"支出1687.21万元，惠及62 952人（次）"。[2] 微笑儿童供餐项目于2015年率先在埃塞和苏丹正式启动，目前已经在埃塞俄比亚、苏丹、尼泊尔、缅甸、巴基斯坦等国家开展，截至2020年底共惠及66 361人。[3]

截至2020年底，国际爱心包裹项目已经在尼泊尔、缅甸、埃塞俄比亚、柬埔寨、老挝、巴基斯坦、蒙古国、纳米比亚、乌干达、津巴布韦等10个国家落地，共惠及732 314名小学生，受到了当地政府、学校和民众的一致欢迎。[4]

除实施具体紧急和非紧急人道主义援助外，近年来，中国扶贫基金会也在不断拓展参与全球人道主义援助治理的方式。基金会参加了联合国国际减灾战略编写的《减轻灾害风险术语》修正工作。[5]

通过与美慈联合主办"国际减灾研讨会"，以及与伊斯兰国际救援组织合作召开"灾害救助能力建设国际研讨会"，中国扶贫基金会加强了与海外组织的联系，提升了专业化、国际化能力与国际影响力。中国扶贫基金会还多次参加国际人权领域的交流对话，广泛宣传中国减贫成就，是中国民间组织成功"走出去"的首批探索者和宣传者。[6]

---

① 郑文凯：《中国扶贫基金会理事长致辞》，载《中国扶贫基金会2019年度报告》，http://www.cfpa.org.cn/information/institution.aspx，访问日期：2021年4月17日。

② 中国扶贫基金会官网：《2019中国扶贫基金会年度报告》，第32页，http://www.cfpa.org.cn/information/institution.aspx，访问日期：2021年4月17日。

③ 中国扶贫基金会官网：《国际微笑儿童项目》，http://www.cfpa.org.cn/project/JProjectDetail.aspx?id=107，访问日期：2021年4月17日。

④ 中国扶贫基金会官网：《国际爱心包裹项目》，http://www.cfpa.org.cn/project/JProjectDetail.aspx?id=102，访问日期：2021年4月17日。

⑤ 何道峰主编《中国扶贫基金会经典案例》，社会科学文献出版社，2017，第236页。

⑥ 中国扶贫基金会官网：《国务院扶贫办主任刘永富在中国扶贫基金会成立三十年座谈会上的讲话》，2019年4月2日，http://www.cfpa.org.cn/news/news_detail.aspx?articleid=1054，访问日期：2021年4月17日。

三、中华慈善总会

1994年，在崔乃夫、阎明复等人的共同推动下，中华慈善总会（简称"总会"）正式注册成立。它是由热心慈善事业的公民、法人及其他社会组织志愿参加的全国性非营利公益社会团体。截至2021年底，已拥有全国各地460余个会员单位及个人会员。[①] 它是内地第一家以慈善命名的全国性慈善组织[②]，也是由"各省、区、市级慈善会和部分县级慈善会"[③] 构成的目前中国最大、最有影响力的慈善组织之一。其宗旨为"发扬人道主义精神，弘扬中华民族传统美德，为发展慈善事业，传播慈善文化，帮助困难群众和个人，开展多种形式的慈善活动"[④]。总会的办公经费和人员费用主要来自财政拨款，但其用于慈善的资金主要来自捐赠。

总会成立初期（1994—1998年）是普通的事业单位，政府官员兼组织负责人，组织主要依赖主管单位的网络筹集资金，属于民政厅事业单位，组织内的某些岗位也是退休返聘人员担任。1998—2002年，中华慈善总会在河北张北地震和抗洪救灾中表现突出，确立了自己在全国性救灾捐赠活动中的主体地位。[⑤] 1998年前后，政府增加了机构人员，由原来的10多人增加到20—30人。这一时期，总会发起了烛光工程、慈爱孤儿工程，并且开始与美国微笑基金会合作。

---

① 中华慈善总会：《总会介绍》，2021年11月18日，http://www.chinacharityfederation.org/n.html?id=87bb7adb-3906-436d-b934-3b56059962bb，访问日期：2022年9月1日。

② 《中华慈善总会2019年报》，第2页，https://res-img.n.gongyibao.cn/uploads/a01358c5-befc-4f81-9c85-48b42fa78b35/20210122/55f1cbc6c25c4e4dbc0a3dea8a1132f8.pdf，访问日期：2022年9月1日。

③ 宋宗合：《2018—2019年度中国慈善捐赠报告》，载杨团主编《中国慈善发展报告》，社会科学文献出版社，2020，第40页。

④ 中华慈善总会：《总会介绍》，2021年11月18日，http://www.chinacharityfederation.org/n.html?id=87bb7adb-3906-436d-b934-3b56059962bb，访问日期：2022年9月1日。

⑤ 中华慈善总会主办，中华慈善年鉴编辑部：《中华慈善年鉴2014》，中华慈善年鉴编辑部出版，2015，第10页。

自成立以来，中华慈善总会在紧急救援、扶贫济困、安老助孤、医疗救助、助学支教等方面取得了显著成绩。总会在全国开展了救灾、扶贫、安老、助孤、支教、助学、扶残、助医等八大方面几十个慈善项目，直接募集慈善款物共折合人民币逾千亿元，数以千万计的困难群众得到了不同形式的救助。①

总会将引进国际慈善资源，服务国内百姓作为自己的重要使命。为扩大国际交流，1998年，中华慈善总会加入了国际联合劝募协会（现更名为"全球联合之路"），成为该组织中在中国大陆的唯一会员；2001年，该会与联合国开发计划署签订了合作备忘录。②2002年以来，中华慈善总会迅速发展。"中华慈善总会与境外慈善组织、机构及相关企业的沟通交流，积极拓展联络渠道、开发慈善项目、共享慈善资源，促进了多层面、多领域、多板块、多项目的稳定合作"。③"已经开始成为联系海内外华人和国际友人，共同促进中国慈善事业稳步发展的一条重要纽带。"④2003年，中华慈善总会率先开启了药品援助项目，和瑞士诺华公司合作，实施了"格列卫"援助项目。2013年，中华慈善总会筹集100亿元慈善款物，其中，来自境外慈善机构、跨国公司的捐助占到90%以上。⑤

同时，总会也将参与国际慈善，开展国际人道主义援助作为自己的重要任务之一。初期，中华慈善总会以捐款为主，目前扩展为联合国内专业救助组织亲自开展救援。2005年，中华慈善总会参加印度洋海啸援助行动，开创了全国性社会援外募捐和民间组织对外救援的先

---

① 中华慈善总会主办，中华慈善年鉴编辑部：《中华慈善年鉴2018》，中华慈善年鉴编辑部出版，2018，第661页。

② 中华慈善总会主办，中华慈善年鉴编辑部：《中华慈善年鉴2014》，中华慈善年鉴编辑部出版，2015，第31页。

③ 中华慈善总会主办，中华慈善年鉴编辑部：《中华慈善年鉴2018》，中华慈善年鉴编辑部出版，2018，第209页。

④ 同上书，第661页。

⑤ 中华慈善总会主办，中华慈善年鉴编辑部：《中华慈善年鉴2014》，第10页。

例。① 2010年1月19日，中华慈善总会邀请全国慈善机构联合为海地灾民募捐。2018年8月28日，中华慈善组织创新了对外援助的方式，成立"中华慈善总会蓝天救援基金"，资助蓝天救援队开展各种应急救援活动、应急救援知识的普及、国内外救援交流、为突遭自然灾害或事故的困难群众提供帮助等。中国社会科学院蓝迪国际智库专家委员会主席赵白鸽对此高度评价，认为"中华慈善总会蓝天救援基金"的成立是蓝天救援团队走向成熟的标志，是民间力量共同携手参与规范应急治理，同时积极拓展服务领域，参与国际救援，协助政府构建国家人道外交大格局的一种有益尝试。②

以中华慈善总会和团体会员为主体的全国慈善会系统正在中国国际人道主义援助领域发挥着越来越重要的作用。据统计，截至2019年底，全国县级以上的慈善会有2664家。③慈善会系统的官方支持背景使得他们在政府资源、组织网络和媒体资源方面有天然优势，可以转化为极强的行政动员能力；慈善会系统的会员之间有隶属关系，可以通过行政手段要求会员参与，直接形成慈善劝募的联合体。④这一点，是没有官方支持的其他民间组织无法企及的。但是，慈善会系统的官方背景也影响了其社会沟通和融合能力，行业的公信力和民间筹资能力比不上基金会。基于此，有学者呼吁慈善会系统去"行政化"，角色定位"社会化"、内部治理"现代化"、慈善募捐"市场化"、选人用人"专业化"，让慈善回归民间，让社会组织回归社会。⑤

总之，改革开放之后，基金会、慈善会等新式非政府组织在接受

---

① 中华慈善总会主办，中华慈善年鉴编辑部：《中华慈善年鉴2014》，第41页。
② 新浪公益：《中华慈善总会"蓝天救援基金"成立》，2018年8月30日，http://gongyi.sina.com.cn/gyzx/2018-08-30/doc-ihikcahf8100484.shtml，访问日期：2021年5月8日。
③ 宋宗合：《2018—2019年度中国慈善捐赠报告》，载杨团主编《中国慈善发展报告》，社会科学文献出版社，2020，第40页。
④ 马天昊：《"99公益日"地方慈善会的崛起与改革》，载杨团主编《中国慈善发展报告》，社会科学文献出版社，2020，第377页。
⑤ 同上书，第379—381页。

外来援助，服务国家发展的过程中产生和快速发展。2000年以后，在中国国际人道主义援助兴起的大背景下，中国的基金会、慈善会在国际合作伙伴的支持和影响下，纷纷开始对外人道主义援助。在2005年发生的印度洋海啸中，以中华慈善总会为代表的中国非政府组织首次参与国际人道主义援助。之后，众多非政府组织纷纷效仿，开始参与国际人道主义援助。

除上面所列三个影响比较大的组织外，还有一些新的组织也在建立和快速成长中。例如，一批中小企业家组成的兰花草艺术基金在2008年汶川地震后开始参与国内外紧急人道主义工作；尼泊尔地震救灾之后，马秀慧出资500万元，支持任志庆等人携手厦门蓝天救援队成立了北京蓝蝶公益基金会，2015年9月16日，北京市民政局正式批准其设立等。他们或联合国内其他非政府组织，或联合政府、政府驻外机构，或联合国际机构结伴开展对外人道主义援助。也有些非政府组织直接开展对国外政府或机构的援助。总体看，目前能够"走出去"的非政府组织数目正在逐渐增加，参与方式处于发展初期的"试水"阶段，参与的机制亟待健全，但是已经得到了中国政府和民间的高度重视和认可，有比较大的发展潜力。

最初，参与对外人道主义援助的基金会等非政府组织由于背景不同，彼此之间未形成一个整体的协调机制，这种局面目前正在逐步得到改善。2013年4月29日，芦山地震之后，中国扶贫基金会、中国青少年发展基金会、中国妇女发展基金会、深圳壹基金公益基金会、腾讯公益慈善基金会、南都公益基金会、爱德基金会7家单位共同发起了"基金会救灾协调会"。基金会救灾协调会在"政府救灾体系需要专门窗口，民间救灾组织需要灾害响应协同机制，基金会之间的合作也存在内在需求"的背景下产生。① 它作为一个非官方组织，试图用一种创

① 周棋彬：《基金会救灾协调会：非官方协调机制的民间实验》，《南方周末》2017年5月25日，第16版。

新性的协调机制，引导民间力量与官方一起协同救灾，并在非官方救灾机构之间建成一个有效沟通平台。[①]2022年，其机构成员包括中国乡村发展基金会、深圳壹基金公益基金会、南都公益基金会、爱德基金会、招商局慈善基金会、腾讯基金会、中国红十字基金会、北京新阳光慈善基金会、北京师范大学风险治理创新研究中心。[②]

第三节　专业救援组织、企业、公民社会与中国国际人道主义援助

21世纪以来，在汶川地震的影响下，中国国内出现了一批新式的民间专业救援队。在中国政府的支持下，在中国红十字会的管理下，民间救援队成为中国国际人道主义援助的重要社会力量。与此同时，在中国扩大国际交往和现代通信技术日益快捷的背景下，中国企业、公民及其组织的国际人道主义援助行为也愈加普遍和重要。

一、蓝天救援与其他民间专业救援组织

2008年汶川地震及其之后，中国涌现出一批民间救援队。2008年成为中国民间救援队的诞生元年。截至2019年7月31日，全国31个省（自治区、直辖市）及新疆生产建设兵团救援队总数为1709支，专职救援人数共计13 905人，平均每支队伍8人；队员共计179 119人，志愿者人数共计423 475人。[③]这些专业救援队中比较著名的有蓝天救援、

---

① 周棋彬：《基金会救灾协调会：非官方协调机制的民间实验》，《南方周末》2017年5月25日，第16版。

② 基金会救灾协调会：《机构介绍》，https://www.cncdrr.org.cn/gywm0810，访问日期：2022年12月15日。

③ 张强、佟欣然、季海燕、张心雨、张元：《防灾减灾救灾中的慈善参与——2019年中国防灾减灾救灾慈善报告》，载杨团主编《中国慈善发展报告》（2020），社会科学文献出版社，2020，第211页。

中扶人道救援队、壹基金救援联盟、中华思源工程、绿舟救援队、深圳救援联合会、上海厚天救援队、蓝豹救援队等。这些救援队分散在城市搜集、高空绳索、山地救援、水上搜救、潜水救援、医疗救助等领域，部分队伍参与了国际救援，是中国政府国际人道主义援助的重要专业补充力量。其中，成立于2007年的蓝天救援是其中最突出的一支队伍。

（一）蓝天救援概况

蓝天救援队创办于2007年，2010年9月在北京市民政局注册为民办非企业单位，这是中国第一个注册为"救援队"的民间社会组织。基于弘扬"奉献、友爱、互助、进步"的志愿服务精神和"人道与中立、坚持与奉献、责任与荣誉、勇气与担当、谦卑与自律、胸襟与视野、团队精神与统一行动、坚持公益救援与杜绝商业化"[①]的精神，蓝天救援将自己定位为政府应急体系的辅助力量，协助、配合政府完成各种灾难事故的紧急救援任务。它是第一个中国志愿者发起的民间国际性人道救援专门组织。

迄今，蓝天救援已经"在全国31个省、市、自治区成立品牌授权的救援队，全国登记在册的志愿者超过5万余名，其中1万余名志愿者经过了专业的救援培训与认证"[②]，包括医生、事业单位职员、公务员、教师、退役军人、国有企业高管、民营企业家等。蓝天救援的任务是"协助政府应急体系展开防灾、减灾教育培训，参与各种灾害事故救援行动，减少灾害和事故造成的财产和生命损失"，"主要涵盖生命救援、人道救助、灾害预防、应急反应能力提升、灾后恢复和减灾等各

---

① 蓝天救援：《蓝天公约》，https://www.blueskyrescue.cn/other/%E8%93%9D%E5%A4%A9%E7%90%86%E5%BF%B5，访问日期：2020年3月7日。

② 蓝天救援信息公开平台：《蓝天救援队》，https://www.blueskyrescue.cn/other/%E8%93%9D%E5%A4%A9%E7%AE%80%E4%BB%8B，访问日期：2020年3月9日。

个领域"。[①]

蓝天救援认同红十字人道、博爱、奉献的价值观。2009年初，其被授予"北京红十字应急辅助队"队旗，正式纳入北京应急反应体系。2010年9月，北京市红十字蓝天救援队获批成为国内首支注册成为"民办非企业单位"的民间志愿救援队。2015年10月，蓝天救援队成功注册为国际组织。[②] 目前，蓝天救援队是联合国国际搜索与救援咨询团（INSARAG）救援队网络成员，并按照其制定的最高标准建设队伍。

（二）蓝天救援参与的主要国际人道主义援助行动

迄今，蓝天救援曾经参加过菲律宾风灾（2013年11月）、缅甸两名失联登山人员与直升机搜救（2014年9—10月）、尼泊尔地震（2015年4月）、缅甸水灾（2015年8月）、缅甸难民安置（2016年11月）、斯里兰卡洪灾（2017年6月）、泰国足球队员搜救（2018年6月）、老挝溃坝（2018年7月）、柬埔寨抗疫（2020年4—5月）等至少9起走出国门的人道主义救援，同时也在非洲津巴布韦成功地开展了反盗猎行动。其中，比较大型的救援行动有以下几例。

1. 菲律宾风灾救援

2013年11月7日，台风"海燕"袭击菲律宾，造成至少7000人死亡、1779人失踪、另有27 022人受伤，菲律宾44个省份累计1600多万人受灾，114万栋房屋受损（其中55万栋房屋完全被毁），约400万人流离失所。[③] 蓝天救援立即评估灾情，研判可行性，建议中国红十字国际救援队开展跨国援助。11月20日至12月6日，蓝天救援队代表中国红十字国际救援队参加菲律宾的救援工作，这是中国民间组织90年

---

① 蓝天救援信息公开平台：《蓝天救援队》，https://www.blueskyrescue.cn/other/%E8%93%9D%E5%A4%A9%E7%AE%80%E4%BB%8B，访问日期：2020年3月9日。

② 张墨宁：《蓝天救援队：为人道事业贡献民间力量》，《南风窗》2015年第26期，第53页。

③ 刘玮：《2013年全球灾害频发，保险业积极应对》，《中国保险报》2014年1月16日，第7版。

来第一次代表中国参与国际救援行动。[①]本次救援的第一批国际救援队员由17人组成，包括：蓝天救援队8名队员（搜救和保障），999救援队7人（包括北京红十字会医疗队、上海华山医院、武警总医院7名医生），中国红十字会总会2人。[②]其中，999救援队主要负责急救，蓝天救援队负责遗体搜索和疫情排查。在菲律宾救援中，"蓝天救援队找到了53人"。[③]

2. 缅甸失踪人员搜救

2014年9月12日，缅甸仰光大学两名大学生登山队员攀登缅甸克钦邦境内的东南亚最高峰——卡喀博雅兹峰时失踪。缅甸向中方求助。在进行搜救过程中，缅甸方面的EC130直升机发生意外在原始森林失联，第二次求助中国蓝天救援队。在前后两次长达2个月的救援中，蓝天救援队共"派出队员32名，保障队员50余人"。[④]蓝天救援队成功搜索到了直升机，但两名登山队员未找到。[⑤]

3. 尼泊尔地震救援

2015年4月25日，尼泊尔发生8.1级强烈地震。造成5000多人死亡，约10 000人受伤。地震发生后，"31个国家派出了76支国际救援队，共找到了178名遇难者；中国蓝天救援队找到了24具遗体。"[⑥]

（三）蓝天救援开展的其他国际人道主义援助行动

除紧急救援外，蓝天救援还在平时将自己具备的救援领域的专业

---

① 张墨宁：《蓝天救援队：为人道事业贡献民间力量》，《南风窗》2015年第26期，第53页。

② 蓝天救援：《菲律宾台风国际救援》，https://www.blueskyrescue.cn/other/%E5%9B%BD%E9%99%85%E6%95%91%E6%8F%B4，访问日期：2020年3月7日。

③ 张墨宁：《蓝天救援队：为人道事业贡献民间力量》，《南风窗》，2015年12月，第26期，第53页。

④ 蓝天救援信息公开平台：《菲律宾台风国际救援》，https://www.blueskyrescue.cn/other/%E5%9B%BD%E9%99%85%E6%95%91%E6%8F%B4，访问日期：2020年3月7日。

⑤ 简书网：《张勇：一位"驴友"，带出一片蓝天》，2022年9月4日，https://www.jianshu.com/p/f404cec7fe44，访问日期：2023年1月1日。

⑥ 张墨宁：《蓝天救援队：为人道事业贡献民间力量》，《南风窗》2015年第26期，第53页。

优势和丰富的经验向不发达国家支援。通过灾害应对技能培训、灾害应对能力提升项目，蓝天救援将灾前预防、安全风险意识提升、灾害应对、灾后救援、灾后的社区恢复等作为应对自然灾害、气候变化、环境生态恶化带来的人道主义危机的主要手段。2017年和2018年，中国蓝天救援队两次赴缅甸开展紧急救援培训。[1]

蓝天救援也关注其他人道救助领域的需求，利用在全国3万余名志愿者的人力资源优势和技能优势，积极扩大国际人道主义行动和人道主义合作。[2] 目前，蓝天救援队已经在马来西亚、尼泊尔、缅甸、老挝、泰国和斯里兰卡等地，特别授权了7支海外救援队伍。

二、中国企业

近代，在洋务运动中兴起了一批新式企业，日渐成为国内义赈的重要力量。1883年，山东水灾，近代企业是赈灾的重要力量。在当时128个义赈收捐处中，位于各处电报分局、轮船招商局分局中的有34个，是当时义赈网络中各类社会组织中最大的一类。[3]

新中国成立后，特别是改革开放之后，随着中国企业的实力壮大，尤其是90年代之后，随着其海外业务的拓展，中国企业对海外自然灾害，基础设施建设，教育、医疗等方面的援助日益增多。中国企业对海外开展的援助，尤其是人道主义援助有利于增加企业在当地的声誉，实现企业的长期利益，展示中国企业的国际社会责任，塑造中国和平、友好、慈善的国家形象。

（一）参与国际人道主义援助的中国企业类型

当前，与中国对外人道主义援助关联的企业大致有三种类型。第

---

① 鹿铖：《中国蓝天救援队在缅开展救援培训》，《光明日报》2018年9月30日，第8版。

② 本溪蓝天救援队：《首届世界人道主义峰会参会感受》，2016年6月11日，http://sanwen.net/a/upylybo.html，访问日期：2020年3月3日。

③ 刘峰、吴金良主编《中华慈善大典》，浙江工商大学出版社，2017，第151—152页。

一类，为受灾对象提供人道主义援助服务的企业，例如，交通运输、邮电、通信、金融保险等企业。

第二类，为人道主义援助提供所需物资的生产型企业。这些物资主要指救灾物品，包括帐篷、棉被、汽车、汽艇、沙袋、食品、饮料、医疗设备等。例如，2011年，三一重工股份有限公司通过中国红十字会向日本捐赠泵车，用于支援日本地震灾区福岛核电站注水冷却作业。捐赠的泵车于3月22日从上海港启运，3月24日运抵日本大阪，由日本红十字会转赠日本东京电力公司。[①] 又如，2021年9月，上海企业思路迪诊断公司向柬埔寨卫生部捐赠了埃提斯（ANDiS）3100自动化样本预处理工作站、埃提斯350核酸提取仪、埃提斯300移液工作站、实时荧光定量聚合酶链式反应仪、新型冠状病毒核酸检测试剂盒和核酸提取试剂等抗疫物资，价值总计21.8万美元，以帮助柬埔寨升级现有实验室和增建新实验室，共同抗击疫情。[②]

第三类，为国际人道主义援助行动捐助物资、资金等的海内外中资企业。企业是慈善捐赠的最主要来源。以2014年为例，企业捐赠占据总社会捐赠的七成，其中民营企业是主力；捐赠对象主要是基金会，其次是各类事业单位、慈善会系统和各级政府。[③] 这些捐赠有些流向国内，也有些流向国际。例如，2005年10月8日，巴基斯坦发生7.8级地震。中国大型公司和企业至少捐款375万美元[④]，并提供了一些设

---

① 中国红十字会：《通过我会捐赠日本地震灾区的泵车运抵大阪》，2011年3月25日，http://www.redcross.org.cn/hhzh/zh/hxyw/gjrdjz/201210/t20121005_503.html，访问日期：2020年4月5日。

② 中国日报网：《上海市援助柬埔寨抗疫物资交接仪式举行》，2021年9月4日，https://baijiahao.baidu.com/s?id=1709944058796555617&wfr=spider&for=pc，访问日期：2021年9月25日。

③ 彭建梅主编《2014年度中国慈善捐赠报告》，中国社会出版社，2015，第77页。

④ 中华人民共和国驻巴基斯坦伊斯兰共和国大使馆经济商务处：《许多国家继续加大对巴基斯坦地震救灾的援助力度》，2005年10月28日，http://pk.mofcom.gov.cn/article/jmxw/200510/20051000670490.shtml，访问日期：2020年4月6日。

备。①2011年，日本地震后，中国工商银行捐款1亿日元、中远集团捐款2000万日元，华为捐款1000万日元，中国中日研修生协力机构向其对口单位日本国际研修协力机构提供了第一批捐款100万元人民币。②

有些企业还成立了专门的基金会，例如，家族企业。根据《中国家族慈善基金会发展报告（2018）》，我国共有家族慈善基金会268家，占全国基金会总量的4%，家族基金会数量和捐赠支出金额都在飞速增长，已成为我国公益慈善领域的重要力量。③其中，部分家族企业基金会参与了国际人道主义援助。例如，疫情期间，马云公益基金会和阿里巴巴公益基金会向150个国家和地区提供了应急抗疫物资捐赠，并向世卫组织捐赠1亿个医用口罩、100万个N95口罩和100万份核酸检测试剂。④另外，2020年3月底，马云公益基金会和阿里巴巴公益基金会还上线了全球新冠肺炎实战共享平台（GMCC），来自近120个国家和地区的首批近3000名抗疫医生志愿加入这场由中国发起的全球最大线上抗疫公益行动中。⑤

不过，参与国际人道主义援助的三类企业——服务型企业、生产型企业和赞助型企业的区分并不是绝对的。有些企业在对外人道主义援助过程中既提供救灾设备，也提供配套服务。也有些企业既提供资金，也提供设备及服务。这种复合型企业，例如华为公司，在国际人

---

① 国际在线：《中国向印度和巴基斯坦捐赠地震救灾款》，2005年10月18日，http://news.sina.com.cn/w/2005-10-18/21327201392s.shtml，访问日期：2020年4月6日。

② 《中国企业纷纷为日本地震捐款捐物》，2011年4月1日，http://japan.people.com.cn/35463/7337678.html，访问日期：2020年4月5日。

③ 朱红、许洁：《慈善还是挑战？——家族慈善基金的利与弊》，《财富管理》2020年2/3月，https://wealthplus.org.cn/20200428823.html，访问日期：2021年4月6日。

④ 《马云公益基金会和阿里巴巴公益基金会宣布向世卫组织捐赠抗疫物资》，《北京商报》2020年4月21日，https://baijiahao.baidu.com/s?id=1664567048682145095&wfr=spider&for=pc，访问日期：2021年4月6日。

⑤ 北国网：《全球新冠肺炎实战共享平台上线 首批数千名海内外医生志愿加入》，2020年4月20日，http://www.ce.cn/xwzx/kj/202004/20/t20200420_34729842.shtml，访问日期：2021年4月6日。

道主义援助行为主体中也是普遍存在的。

（二）中国企业参与国际人道主义援助的渠道

中资企业参与海外人道主义援助的渠道不尽相同。有些是通过国内、国际专业平台，例如，向中国红十字会、援助对象国红十字会、或基金会、慈善会等民间组织出资。2011年6月，中国红十字会副会长郝琳娜访问柬埔寨红十字会时，洪森夫人表示，为柬埔寨红十字会捐款的企业中有70%为中国企业。①

有些企业是在当地外事主管部门或者中国驻外使馆的帮助或组织下参与的。例如，2004年印度洋地震海啸发生后，"中国驻有关受灾国使馆积极组织当地中资企业参与灾后重建。中国地质工程集团公司、中国港湾建设（集团）总公司、北京市政工程总公司和中国海外工程总公司等中资企业通过提供机械设备等方式积极参与一些受灾国的路桥修复和道路清理工作。其他许多中资企业也纷纷捐款捐物，尽自己的力量帮助受灾国开展灾后重建"。②

也有些驻外中国企业是驻外机构或员工通过服务当地社区自发开展的。例如，2013年，中国机械进出口有限公司与中铁五局共同承担斯里兰卡南部铁路一期工程的施工之时，向当地的小学捐赠书包、电脑；2014年又捐款5000多美元用于赈灾。③再如，在2015年尼泊尔地震后，在中国救援机构到来之前，中资企业已经提前在当地展开了救援行动。④

---

① 池子华、邓通主编《中国红十字历史编年（2010—2014）》，合肥工业大学出版社，2016，第95页。

② 龚雯：《中国政府确定承担一批印度洋海啸受灾国重建项目》，2005年1月27日，http://www.huaxia.com/xw/dlxw/2005/01/243740.html，访问日期：2020年4月24日。

③ 吕鹏飞：《中国企业正在为斯里兰卡修筑近90年来的首条铁路"感谢中国朋友给我们巨大帮助"》，《人民日报》2015年1月19日，第3版。

④ 徐方清：《中国海外救援力量初长成》，《中国新闻周刊》2015年5月11日第16期，总第706期，第64页。

（三）中国企业参与国际人道主义援助的动因

中国企业参与海外人道主义援助，目前多数情况下是自发的慈善行为，体现了中国企业和中国人民对其他国家和人民怀有的天然人道主义精神，展示了中国人民心怀天下的宽广胸襟。例如，中国海外建设公司帮助苏丹当地建立了简易学校，提供了场地、建材、水泥钢筋、石料，派出了工人帮助修建；帮助苏丹北方打水井，帮助苏丹南方挖蓄水池，缓解了苏丹当地缺水的窘况。①

除自发的善意外，也有些中国企业参与国际人道主义援助是为了减少公司在受灾国损失，或增进企业和当地居民的关系，或提高企业的国际影响力。例如，参加抗击新冠疫情海外援助的商道纵横总经理郭沛源认为："支持海外抗疫，既是人道主义行为，也会帮助中国企业在海外赢得尊敬。有全球业务及全球品牌影响力的企业尤应采取行动。危难之际伸出援手，比平时花多少钱做广告都强。"②

也有企业将参与国际人道主义援助视为自己的社会责任和国际义务。党的十九大召开后，中国特色社会主义进入了新时代，党中央对国有企业的国际社会责任提出了明确要求："未来，国有企业应该具有政治担当，深化社会责任，配合中央各项海外工作的部署，推动共建人类命运共同体"。在"人类命运共同体"理念和"一带一路"倡议的推动下，中国企业，尤其是国有企业，对跨国人道主义援助的参与正在与日俱增。

三、公民组织与个人

除企业外，中国海内外公民及公民组织在跨国人道主义援助中的

---

① 钟宏武、张蒽、魏秀丽等：《中国国际社会责任与中资企业角色》，中国社会科学出版社，2013，第145—146页。

② 成锦鸿、凌建平：《抗疫下半场：复星阿里等中国企业积极参与国际援助》，2020年3月18日，http://www.nbd.com.cn/articles/2020-03-18/1418039.html，访问日期：2020年4月6日。

作用也不容忽视。明清之际，中国就开始有少数绅商零散地对乡亲和邻近区域灾民开展赈济活动。近代，在中外交往增多的背景下，一些中国公民为陷入灾难的国内百姓在国际社会层面募集救灾资源，开始参与到跨国人道主义援助事务中。例如，1857年，被誉为"中国留学第一人"的美籍华人容闳为中国遭受饥荒的难民筹得一笔可观的捐款。1879年，上海协赈公所成立，标志着我国近代第一个以慈善家为中心的集体组织形成。① 在中国日益融入世界的进程中，海内外中国公民及公民组织开始自发参与到跨国人道主义援助的具体事务中。

新中国成立后，参与国内外人道主义救助是公民的义务之一。他们亲自，或通过向中国驻外领馆、中国红十字会、基金会，个人/家族基金会等捐款、捐物。一些知名人物还通过义卖、义演等方式筹集善款。以印度洋海啸为例，2004年12月26日，苏门答腊岛西北160千米、印度洋水下30千米深处发生强烈的9.3级地震。2005年1月1日，中华人民共和国民政部下发了《关于开展对印度洋海啸灾区民间捐赠活动的紧急通知》，展开了民间最大规模的对外援助活动。截至2005年2月6日，全国民间援助印度洋海啸灾区捐款资金49 794.523万元。② 甚至中国驻外使领馆的人员都参与了捐赠。③

在捐赠主体中，华侨华人④是中国国际人道主义援助的特殊、重要力量。中国公民个体或组织在海外遭遇灾难时会及时展开自救和互救。同时，他们对所在国遭遇的灾难也及时施救。目前在海外的华侨

---

① 刘峰、吴金良主编《中华慈善大典》，浙江工商大学出版社，2017，第125页。

② 《全国民间援助印度洋海啸灾区捐款使用情况的公告》，民政部2005年公告第59号。

③ 《新闻办举行发布会介绍2005年对外人道主义援助情况》，2006年1月18日，http://www.gov.cn/xwfb/2006-01/18/content_162619.htm，访问日期：2020年4月6日。

④ 华人是指不具有中华人民共和国国籍，取得了所在国的国籍的中华儿女。华侨是指具有中华人民共和国国籍而居住在国外的中国公民。

华人总数高达6000多万人①，当所在国发生灾难时，他们凭借对当地社会的深入了解，知道灾民的真正需求，反应迅速，通常能够第一时间传递信息和参与救助。例如，2017年2月，肯尼亚总统肯雅塔宣布由于境内干旱，发生"国家灾难"。3月27日，中国政府决定向肯尼亚提供紧急人道主义粮食援助21366吨，价值人民币1.5亿元（合22.5亿肯先令）。②肯尼亚中华总商会向受灾的马库埃尼郡民众捐助了30吨饮用水和食用油等急需物资，肯尼亚华人华侨联合会等社团也积极捐钱捐物。③

又如，2017年8月14日清晨，塞拉利昂首都弗里敦市及其周边地区因强降雨引发洪水和泥石流灾害。根据塞拉利昂灾区医院发布的数据，截至16日17时，遇难人数已达331人，其中包括111名男性、98名女性和122名儿童。④中国政府8月16日决定为塞拉利昂提供100万美元紧急人道主义现汇援助；当地中资企业机构、华侨华人当天也向塞方转交了由他们捐赠的8万余美元和1亿余利昂（约合10万元人民币）现金，以及食物、饮用水、药品、衣物等救灾急需物资。⑤

---

① 赵文刚、顾时宏、张韵、田惠明：《2013~2018年中国公共关系全球实践报告》，载柳斌杰、王大平、董关鹏主编《公共关系蓝皮书：中国公共关系发展报告（2018）》，社会科学文献出版社，2018，第23页。

② 国际在线：《中国向肯尼亚提供紧急人道主义粮食援助换文签署》，2017年3月28日，http://news.163.com/17/0328/08/CGJPNMHH00018AOQ.html，访问日期：2020年4月6日。

③ 同上。

④ 新华社：《中国政府向塞拉利昂提供100万美元紧急人道主义援助》，2017年8月17日，http://finance.jrj.com.cn/2017/08/17171922958511.shtml，访问日期：2020年4月6日。

⑤ 同上。

下　篇

中国国际人道主义援助的战略部署

虽然中国国际人道主义援助的思想和实践都历史悠久，但是受国际交流和交通、通信的限制，官方或者民间援助机构的战略考虑主要是在清朝后期中外交往扩大的背景下开始的。在中外开明人士的思想宣传和影响下，清朝政府将成立中国红十字会，加入国际红十字和红新月运动作为了解世界、与世界接轨的重要途径。无论官方还是民间的机构都对国际人道主义援助显示出强烈的兴趣和意愿。这不仅是中国人民自发的国际人道主义精神体现，也有不同援助主体拓展国际业务，开阔国际视野、融入世界的战略考虑。但当时国家积贫积弱，战乱不止，难以形成一个全国性的统一的中国国际人道主义援助战略。

新中国成立后，在"一边倒"的外交方针指导下，中国国际人道主义援助支持社会主义阵营，对抗资本主义阵营。国际人道主义援助也成为中国维持生存、拓展国际空间、实现外交战略的重要手段。20世纪60年代，为了对美苏"两面开弓"，中国国际人道主义援助主要对象是美苏之间的"两个中间地带"。70年代，中美关系缓和，中国对原有的资本主义阵营国家以及联合国的人道主义援助增加。改革开放后，中国开始重新思考国际人道主义援助战略，将援助规模和范围调整至力所能及的范围之内。同时，中国改变了拒绝外来援助的态度，开始向国际社会和国际机构呼吁和接受人道主义援助。

21世纪以来，中国的经济实力得到了大幅增强，对外人道主义援助的能力显著增加。汶川地震发生后，中国国际人道主义援助的意识和意愿进一步增强。中国一边学习国际先进救援理念、救援技术，一边积极对外开展国际人道主义援助。在国际社会的呼吁和帮助下，中国逐渐成为国际人道主义援助领域的大国和重要国家。经过长期的发展，当前，中国初步形成了国际人道主义援助的战略布局：以周边国家为重点，推动"一带一路"合作；以亚太为中心，引领区域、次区域人道主义援助机制建设；以世界为方向，支持以联合国为中心的全球人道主义援助机制建设和改革。

第九章　以周边国家为重点，
　　　　助力"一带一路"倡议

"周边国家"一直都是中国国际人道主义援助最重要的援助对象。在"一带一路"倡议提出之后，继续以"周边国家"为重心，同时带动对所有"一带一路"沿线国家的人道主义援助，推动更多的中国政府、中国红十字会和民间社会力量走向世界、服务世界、发展世界是中国国际人道主义援助的首要战略目标。

第一节　中国对周边国家人道主义援助的历史

中国国际人道主义援助始于周边国家。从有记载的中国历史开始，中国就和周边国家相互援助，共同对抗灾难。根据官方中国史记载，在自然灾难中，中国对周边国家无偿援助饥荒所急需的粮食，有时为了增加灾民收入和获取急需的救灾物资，还会开放边境贸易；在人为的灾难中，中国官民会对难民进行物资、医疗、通行等多方面的援助。

一、中国"周边国家"的概念界定

周边国家，在传统学术界中有"大周边"和"小周边"之分。"小周边"是指与中国有陆地和海疆连接的国家和地区。地理上，包括20个邻国。其中，与中国陆地接壤的国家有14个，包括：朝鲜、俄罗斯、哈萨克斯坦、吉尔吉斯斯坦、塔吉克斯坦、蒙古国、老挝、缅甸、印度、不丹、尼泊尔、巴基斯坦、阿富汗、越南。与中国海上相邻或相向的国家有8个，包括：朝鲜、韩国、日本、菲律宾、印度尼西亚、马来西亚、文莱、越南。

"大周边"除包括上述"小周边"国家外，还包括未与中国直接相连但与中国地理相近，关系紧密，并且意义重大的7个国家：乌兹别克斯坦、土库曼斯坦、孟加拉国、斯里兰卡、柬埔寨、泰国、新加坡。[①]本书采用"大周边"的概念，不仅包括与中国有陆地和海疆连接的20个国家和地区，还包括后面7个国家，共27个国家。

在地理区位上，"大周边"国家可以分为东北亚地区（4国）：朝鲜、韩国、日本、蒙古国；俄罗斯及中亚地区（6国）：俄罗斯、乌兹别克斯坦、土库曼斯坦、哈萨克斯坦、吉尔吉斯斯坦、塔吉克斯坦；东南亚（10国）：越南、老挝、柬埔寨、泰国、缅甸、马来西亚、菲律宾、印度尼西亚、新加坡、文莱；南亚地区（7国）：尼泊尔、印度、巴基斯坦、不丹、斯里兰卡、孟加拉国、阿富汗。

二、对周边国家提供人道主义援助的战略意义

周边国家是中国和平发展的战略依托。正如习近平主席所指出，"无论从地理方位、自然环境还是相互关系看，周边对我国都具有极为重要的战略意义"。[②]具体而言，首先，和平解决与周边国家的分歧与争端等历史问题有利于维护中国的国家主权和领土完整与传统安全。其次，一个和平、稳定的周边环境将为国内改革开放和经济发展提供稳定的外部环境。再次，良好的中国与周边国家关系还将为双边之间的贸易与投资，基础设施建设，旅游与人文交流等领域的合作提供有利条件。21世纪以来，中国同周边国家的贸易额快速发展，中国"已成为众多周边国家的最大贸易伙伴、最大出口市场、重要投资来源

[①] 祁怀高等：《中国崛起背景下的周边安全与周边外交》，中华书局，2014，第5页。
[②] 《坚持亲、诚、惠、容的周边外交理念》，2013年10月24日，载《习近平谈治国理政》（第二卷），外文出版社，2017，第296—297页。

地"。①2018年，中国同周边国家的贸易总额达到1.5万亿美元，已经超过同美、欧国家的贸易之和。②最后，跨边界正常、健康的文化交流，文明互鉴，人口流动是维护国家意识形态和文化安全的重要保证。

周边国家从古至今都是中国外交的重要区域，尤其是在党的十八大召开以后。2015年11月7日，习近平主席在新加坡国立大学的演讲中指出，"中国始终将周边置于外交全局的首要位置，视促进周边和平、稳定、发展为己任。中国推动全球治理体系朝着更加公正合理方向发展，推动国际关系民主化，推动建立以合作共赢为核心的新型国际关系，推动建设人类命运共同体，都是从周边先行起步"。③2017年11月12—14日，在党的十九大闭幕后，习近平主席首次出访选择了邻邦越南、老挝；2022年10月31日，习近平主席在二十大闭幕后接见的首位外国领导人是越共中央总书记阮富仲，这都显示了中国与周边国家构建命运共同体的决心。

良好的中国与周边国家关系需要双方政治上互信，经济上相互依赖和共同发展，文化上相互理解和包容。为此，政治上，中国积极通过既有的地区和多边机制为周边国家，尤其是发展中国家伸张正义、主持公道；在经济上，增加对周边发展中国家的贸易、投资，打造经济共赢合作模式；文化上，支持中国和周边国家的文化、艺术交流和互鉴，为周边国家赴华留学生提供资助等。作为经济外交的一种方式，在周边国家发生自然、人为等灾难之时，本着"亲、诚、惠、容"的理念，提供人道主义物资、技术、服务类援助自然成为中国对周边国

---

① 新华社：《习近平在博鳌亚洲论坛2013年会上的主旨演讲》，2013年4月7日，http://www.gov.cn/ldhd/2013-04/07/content_2371801.htm，访问日期：2020年7月28日。

② 《外交部副部长乐玉成谈"一带一路"：中国改革开放"升级版"》，2019年9月21日，http://www.mofcom.gov.cn/article/i/jyjl/e/201909/20190902900968.shtml，访问日期：2020年7月28日。

③ 《中国始终将周边置于外交全局的首要位置》，载习近平：《论坚持推动构建人类命运共同体》，中央文献出版社，2018，第276页。

家外交的重要内容。

对周边国家提供人道主义援助具有重要的战略意义。第一，有利于中国与周边国家人道主义援助经验互鉴，有助于推动一体化的地区人道主义援助合作机制建设；第二，人道主义援助可以发挥"援助外交"的功能，有利于化解中国和周边相关国家紧张的地区热点问题，为复杂的领土、领海、资源开发争端实行"搁置争议、共同开发"创造友好的氛围；第三，有利于参与援助的公民之间增加了解，增进感情，促进文化交流和交往，从而为拓展贸易、投资、技术等经济合作夯实人文与社会基础。

三、1949年之前，中国对周边国家的人道主义援助

自古以来，尤其是在"朝贡体系"下，中国一直承担着援助周边国家和民族的重要角色，形式多种多样。人道主义援助是其中的重要方式之一。在中国国际人道主义援助历史中，周边国家由于地理上和中国毗邻，拥有地缘政治优势，一直是中国国际人道主义援助的重点。例如，公元816年，新罗[①]"荒民饥，抵（中国）浙东，求食者170人"。[②]唐朝为救助和管理来华饥民，专门成立了由来华新罗人专门管理的勾当新罗押衙所，新罗人甚至享有特权——治外法权。[③]

在海上，对发生在本国领海的外国船只和人员实施灾难救助也很早就是东亚各国民间的自发行为。作为东亚海域文明中心的古代中国，曾对朝鲜、日本、吕宋等国的漂流船和船员积极救助。公元589年，隋朝的一艘战船漂到朝鲜半岛，当时的百济国将其送回，还馈赠了大量物资；公元817年，朝鲜半岛上的新罗国王派遣王子金张廉入唐朝贡，

---

① 朝鲜半岛历史上的国家之一——作者注。
② 杨昭全、何彤梅：《中国—朝鲜·韩国关系史》，天津人民出版社，2001，第150页。
③ 同上书，第150—151页。

因风暴漂到现在的浙江沿海地区，当地官员将其救起后送往长安。①

宋朝之后，救助外国海难船民成为中国的固定制度。清朝，中国建立起了程序化的国际海难救援体系。清朝前期规定，"凡遇外国海难漂民，先由沿海发现之地施以援救，动用公银资其衣粮，修理船只遣返，并归还其所带货物。而对于无船可渡的朝鲜海难漂民遣返则由地方官查实身份，该省按察司予以复审再转送礼部。礼部则交给朝鲜朝贡使团带回国内；在没有朝鲜使团时礼部直接派员护送至朝鲜义州交接"。②

近现代之后，中国虽然自身遭遇外敌入侵、内部饥荒不断，但中国政府、民间组织、个人等行为主体依然对外实施了人道主义援助。受制于地理、交通、通信和援助能力，中国对外人道主义援助的规模并不大，受益国家主要是日本、朝鲜等周边国家和民族。最为典型的例子是，朝鲜半岛在沦为日本的殖民地后，大量百姓越境来到中国，得到了中国军民的无私援助。甚至，在中国朝野无私的人道主义援助之下，大韩民国临时政府在华生存了27年。当时的中国官方不仅支付韩国临时政府及议政院活动的政务费，还援助当时随韩国临时政府西迁重庆的韩国侨民及其家属生活费。③ 这些不仅反映了中国人民自古以来的人道主义文化精神，也体现了中国和周边国家人民长期以来互帮互助的深厚感情。

四、新中国对周边国家的人道主义援助

新中国成立初期，以毛泽东同志为代表的中央领导集体在外交上选择了"一边倒"，加入了以苏联为首的社会主义阵营，对抗以美国为首的"帝国主义阵营"。在与周边国家的关系上，中国主张通过发展与

---

① 童杰：《古代东亚海域的国际海难救援》，《光明日报》2014年6月11日，第15版。
② 王铁崖：《中外旧约章汇编》（第一册），生活·读书·新知三联书店，1957，第405页。
③ 石源华：《中华民国外交史新著》（第二卷），社会科学文献出版社，2013，第769页。

周边国家的友好关系来对抗美国。20世纪60年代，中苏关系破裂，中国实行既反苏又反美的"两条线"外交战略，同时争取"两个中间地带"。[①] 周边国家是"中间地带"的最重要区域。

在睦邻友好周边国家、反对霸权主义和支持"世界革命"的指引下，新中国成立初期，周边国家是中国对外人道主义援助的最主要区域，尤其是周边国家中的社会主义盟友和反殖民运动的国家。

20世纪80—90年代，中国在坚持和平共处五项原则的基础上，主张不以社会制度和意识形态的异同作为处理国家关系的依据，开启全方位外交，以更为积极、主动、开放的大国姿态致力于营造一个有利于中国发展的外部环境，融入世界。

21世纪初，中国强调"争取较长时期的和平国际环境和良好周边环境"，将周边国家和发达国家、发展中国家列为中国外交的三大对象，提出"坚持与邻为善、以邻为伴的周边外交方针，加强同周边国家的睦邻友好和务实合作，积极开展区域合作，共同营造和平稳定、平等互信、合作共赢的地区环境"。同时，中国"继续加强同广大发展中国家的团结合作，深化传统友谊，扩大务实合作，提供力所能及的援助，维护发展中国家的正当要求和共同利益"。[②]

在国际舞台上，中国扩大了对外人道主义援助的规模和对多边人道主义援助机制的参与力度，逐渐成为该领域的新兴援助大国。在对周边国家的人道主义援助方面，中国完全超越了意识形态的束缚。2011年，日本发生特大地震和海啸，中国政府向日本派出了15人组成的医疗队，并提供3000万元的救灾物资和2万吨汽油燃料；民间层面，中日友好协会宣布捐款10万元，中国红十字会先后分三次捐款2600万

---

① 亚洲、非洲、拉丁美洲是第一中间地带；欧洲、北美、加拿大、大洋洲、日本是第二中间地带——作者注。

② 胡锦涛：《高举中国特色社会主义伟大旗帜 为夺取全面建设小康社会新胜利而奋斗：在中国共产党第十七次全国代表大会上的报告》，2007年10月15日，人民出版社，2007，第48—49页。

元，中国佛教协会还号召全国主要寺院为日本灾区举行超荐祈福法会，并募集100万元善款捐助日本灾区。[①] 此外，一些民营企业和社会知名人士以及大学生也踊跃捐款捐物。

2012年，中国提出要"维护国家主权、安全、发展利益，为和平发展营造更加有利的国际环境，维护和延长我国发展的重要战略机遇期，为实现'两个一百年'奋斗目标、实现中华民族伟大复兴的中国梦提供有力保障"[②] 的大国外交目标。

服务于国家的总体外交目标和总任务，中国对周边外交的战略目标调整为："服从和服务于实现'两个一百年'奋斗目标、实现中华民族伟大复兴，全面发展同周边国家的关系，巩固睦邻友好，深化互利合作，维护和用好我国发展的重要战略机遇期，维护国家主权、安全、发展利益，努力使周边同我国政治关系更加友好、经济纽带更加牢固、安全合作更加深化、人文联系更加紧密"，[③] 打造中国与周边国家的命运共同体。[④]

为实现周边外交的战略目标，中国提出要"找到中国与周边国家利益的共同点和交汇点，坚持正确义利观，有原则、讲情谊、讲道义，多向发展中国家提供力所能及的帮助"，"多做得人心、暖人心的事，使周边国家对我们更友善、更亲近、更认同、更支持，增强亲和力、感召力、影响力"。[⑤] 为此，中国先后帮助有关国家应对印度洋海

---

① 朱凤岚：《是继承还是超越——双重地震后日本对外关系走向》，载张洁主编《中国周边安全研究》（第一卷），社会科学文献出版社，2015，第74页。

② 《中国必须有自己特色的大国外交》，载《习近平谈治国理政》（第二卷），外文出版社，2017，第441页。

③ 《坚持亲、诚、惠、容的周边外交理念》，载《习近平谈治国理政》（第一卷），外文出版社，2018，第297页。

④ 《中国必须有自己特色的大国外交》，载《习近平谈治国理政》（第二卷），外文出版社，2017，第441—444页。

⑤ 《坚持亲、诚、惠、容的周边外交理念》，载《习近平谈治国理政》（第一卷），外文出版社，2018，第297页。

啸、巴基斯坦地震、尼泊尔地震等重大灾害，展现了我国坚持睦邻友好、与周边国家同舟共济的深情厚谊，促进了我国同有关国家的友好关系。[①]

2020年新冠疫情全球暴发，截至2021年10月，中国已向周边28个国家和地区提供多批次抗疫物资，包括核酸检测试剂、防护服、口罩、红外测温仪、制氧机、呼吸机、氧气瓶、ICU病床等；提供新冠疫苗10批次共计8000多万剂；派出医疗专家组10余批次；举办视频交流会上千场。[②]

第二节 以周边国家为重心，对接"一带一路"倡议

"一带一路"倡议提出之后，中国对周边国家为重心的"一带一路"沿线国家的人道主义援助有了重要的国家战略支撑。中国政府、中国红十字会、中国民间组织等行为主体纷纷响应国家战略部署，围绕资金、项目、技术、人力资源培训、合作机制等，在国际人道主义援助领域作出了重要改革和创新，推动了中国国际人道主义援助事业的综合大发展。

一、国际人道主义援助是"一带一路"倡议民心构建的重要路径

（一）"一带一路"倡议的提出与发展

2013年9月和10月，中国国家主席习近平出访中亚和东南亚国家，其间，先后提出共建"丝绸之路经济带"和"21世纪海上丝绸之路"的重大倡议。两者合称"一带一路"倡议。其后，2016年，中国又启

---

① 杨洁篪：《积极承担国际责任和义务》，《人民日报》2015年11月23日，第6版。
② 澎湃新闻：《国家国际发展合作署举行我国抗疫援助及国际发展合作新闻发布会》，2021年10月26日，https://m.thepaper.cn/baijiahao_15090478，访问日期：2022年9月1日。

动了中国−东盟信息港与中国−阿拉伯国家网上丝绸之路项目；2017年6月14日，习近平主席在会见卢森堡首相贝泰尔时提议建设郑州−卢森堡"空中丝绸之路"；2017年11月2日，俄罗斯总理梅德韦杰夫访华时，习近平主席在会面中提议打造穿越北极圈，连接北美、东亚和西欧三大经济中心的"冰上丝绸之路"。① "一带一路"倡议已经形成了涵盖陆上、海上、空中、网上、冰上的全方位发展合作倡议。

2015年3月28日，国家发展改革委、外交部、商务部联合发布了《推动共建丝绸之路经济带和21世纪海上丝绸之路的愿景与行动》，这意味着国家层面上支持和推动"一带一路"倡议的目标确立。2017年10月，在中国共产党第十九次全国代表大会上，作为解决当前中国社会最主要矛盾和构建人类命运共同体的重要手段，"一带一路"倡议被5次提及，并被写入了新党章。"一带一路"倡议也得到了世界上大多数国家的拥护和支持。截至2023年3月，中国已经同149个国家、32个国际组织签署了200余份共建"一带一路"合作文件。②

作为解决国内主要矛盾，联系中国和世界的最重要平台，"一带一路"倡议的总体目标是致力于亚欧非大陆及附近海洋的互联互通，实现沿线各国多元、自主、平衡、可持续的发展；以政策沟通、设施联通、贸易畅通、资金融通、民心相通为主要内容；秉持和平合作、开放包容、互学互鉴、互利共赢的理念，打造政治互信、经济融合、文化包容的利益共同体、命运共同体和责任共同体。③ "一带一路"倡议要实现的主要目标包括：第一，推动中国企业向外发展，助力国内完成经济转型；第二，塑造大周边安全环境，为中国经济建设提供安全

---

① 中国政府网：《习近平会见俄罗斯总理梅德韦杰夫》，2017年11月1日，https://www.gov.cn/xinwen/2017-11/01/content_5236152.htm，访问日期：2024年3月3日。

② 杨逸夫、王诗雨：《"一带一路"建设结硕果：惠及世界的中国方案》，《光明日报》2022年3月29日，第5版。

③《推动共建丝绸之路经济带和21世纪海上丝绸之路的愿景与行动》，《人民日报》2015年3月29日，第4版。

环境；第三，承担大国的国际责任，共建人类命运共同体。

（二）中国国际人道主义援助与"一带一路"倡议的关系

首先，中国国际人道主义援助和"一带一路"倡议都根植于"兼济天下"①的中国文化，二者在实践中共同践行着中华民族"义利兼顾""弘义融利"②的"义利观"。新时代，中国坚持"先义后利""义利兼顾"的国际人道主义原则和"义利兼顾""弘义融利"的"一带一路"经济合作原则。对"一带一路"沿线国家开展国际人道主义援助是中国文化核心价值"义""利"结合的典型体现。

其次，中国国际人道主义援助和"一带一路"倡议最终目标相同，都致力世界发展，它们共同推动中国建设人类共同体，包括利益、健康、命运和责任等共同体目标的实现。国际人道主义援助通过消除国家和地区面临的短期和长期危机，拯救和增进人的尊严、幸福和发展；"一带一路"倡议则通过区域和跨区域国际合作，带动中国与沿线国家进一步开放、融合，推动区域、全球共同发展。

再次，中国国际人道主义援助是实现国家"一带一路""民心相通"目标的重要手段之一。在实现"一带一路"的"五通"——政策沟通、设施联通、贸易畅通、资金融通、民心相通方式中，民心相通是"一带一路"建设的社会根基。2015年，中国政府在发表的《推动共建丝绸之路经济带和21世纪海上丝绸之路的愿景和行动》中，特别指出要"强化与周边国家在传染病疫情信息沟通、防治技术交流、专业人才培养等方面的合作，提高合作处理突发公共卫生事件的能力"，"为有关国家提供应急医疗救助"，"广泛开展各类公益慈善活动"。③

2019年4月22日，推进"一带一路"建设工作领导小组办公室在

---

① "穷则独善其身，达则兼济天下"。参见杨伯峻：《孟子译注》，中华书局，2010，第281页。

② 《中央外事工作会议在京举行》，《人民日报》2014年11月30日，第1版。

③ 国家发展改革委、外交部、商务部：《推动共建丝绸之路经济带和21世纪海上丝绸之路的愿景与行动》，人民出版社，2015，第13—14页。

发表的《共建"一带一路"倡议：进展、贡献与展望》报告中，将对外人道主义援助列为民心相通的重要方式。报告在"民心相通"成就部分强调，"首届'一带一路'国际合作高峰论坛以来，中国向沿线发展中国家提供20亿元人民币紧急粮食援助，向南南合作援助基金增资10亿美元，在沿线国家实施了100个'幸福家园'、100个'爱心助困'、100个'康复助医'等项目。开展援外文物合作保护和涉外联合考古，与6国开展了8个援外文物合作项目，与12国开展了15个联合考古项目。中国向老挝等国提供地震监测仪器设备，提高防震减灾能力。中国在柬埔寨、尼泊尔开展社会组织合作项目24个，助力改善当地民众生活"。①

最后，在国家宏观政策的指导下，政府、红十字会、民间组织等中国国际人道主义援助的主要行为主体纷纷对接"一带一路"倡议，开展了多种多样、日益丰富的国际人道主义援助项目。这些项目对于促进"一带一路"沿线国家的民心相通，推动中国和世界共建"人类命运共同体"发挥了特殊而重要的作用。中国国际人道主义援助已经成为"一带一路"倡议民心相通的重要方式。

二、中国政府对"一带一路"沿线国家的国际人道主义援助新举措

（一）增加援助资金与项目

2017年5月14日，习近平主席在"一带一路"国际合作高峰论坛开幕式的主旨演讲中宣布，中国将在未来三年向参与"一带一路"建设的发展中国家和国际组织提供600亿元人民币援助，建设更多民生项目；将向"一带一路"沿线发展中国家提供20亿元人民币紧急粮食援

---

① 推进"一带一路"建设工作领导小组办公室：《共建"一带一路"倡议：进展、贡献与展望》，2019年4月22日，http://www.xinhuanet.com/2019—04/22/c_1124400071.htm，访问日期：2021年2月7日。

助，向南南合作援助基金增资10亿美元，在沿线国家实施100个"幸福家园"、100个"爱心助困"、100个"康复助医"等项目；将向有关国际组织提供10亿美元落实一批惠及沿线国家的合作项目。[①]

在紧急医疗援助领域，中国提出建设中俄灾害医学合作项目和广西海难紧急医学救援中心建设项目。中俄灾害医学合作项目以2015年9月中俄联合在边境地区举行的灾害卫生应急联合演练为基础，以俄罗斯为支点国家，计划吸纳和带动更多中亚国家参与灾害医学领域的交流与合作，开展多种形式的培训、交流和合作项目，推动中国与中亚国家在灾害医学与应急救援领域的经验分享，提高沿线国家对各种灾难和突发事件的应急反应能力和医疗救援水平。[②]

广西海难紧急医学救援中心建设项目致力缓解"一带一路"背景下广西北部湾海上交通运输量和船舶交通量不断增长带来的海上紧急救援日益增大的压力，拟依托北海市人民医院建设广西海难救援中心，在广西设立海难紧急医学救援国家卫生应急队伍，并配备装备，完善广西突发公共事件紧急医学救援体系和国家（海上）紧急医学救援体系建设，服务中国–东盟"一带一路"建设。[③]

（二）援建基础设施

中国帮助沿线国家建设紧急人道主义救援基础设施，加强沿线国家备灾能力建设。例如，2016年11月18日，习近平主席访问厄瓜多

---

① 《携手推进"一带一路"建设》，载习近平：《论坚持推动构建人类命运共同体》，中央文献出版社，2018，第440页。

② 牵头单位：国家卫生计生委，参与单位：国家卫生计生委国际司、应急办、上海市卫生计生委、黑龙江省卫生计生委、上海市东方医院。参见中国"一带一路"网：《国家卫生计生委关于推进"一带一路"卫生交流合作三年实施方案（2015—2017）》，2015年10月15日，http://www.yidaiyilu.gov.cn/p/23564.html，访问日期：2024年3月3日。

③ 牵头单位：广西壮族自治区北海市政府、北海市人民医院；参与单位：国家卫生计生委应急办、广西壮族自治区卫生计生委。参见中国"一带一路"网：《国家卫生计生委关于推进"一带一路"卫生交流合作三年实施方案（2015—2017）》，2015年10月15日，http://www..yidaiyilu.gov.cn/p/23564.html，访问日期：2024年3月3日。

尔，在首都基多同厄总统科雷亚共同出席中方援建的厄瓜多尔公共安全应急指挥中心联合实验室揭牌仪式。对厄瓜多尔这种多地震的国家来说，中方承建的国家公共安全控制指挥系统（CU911）将发挥非常大的作用。厄瓜多尔公共安全应急指挥中心目前有16个指挥分中心，覆盖全国，采用的是中方的技术和设备。[①]

（三）提供技术援助

在海洋领域，国家发展和改革委员会、国家海洋局2017年6月发布的《"一带一路"建设海上合作设想》提出，将推动与沿线国共建海洋防灾减灾合作机制，设立培训基地，开展海洋灾害风险防范、巨灾应对合作研究和应用示范，为沿线国提供技术援助。[②] 2018年1月26日，中国国家海洋局承建的联合国教科文组织政府间国际海洋学委员会（IOC）南中国海区域海啸预警中心正式投运。周边国家中的文莱、柬埔寨、印尼、马来西亚、菲律宾、新加坡、泰国、越南都在全天候的地震海啸监测预警服务范围内。

在空间信息领域，国家国防科工局将根据《国家民用空间基础设施中长期发展规划（2015—2025年）》，加快推进"一带一路"空间信息走廊，建立跨国合作的空间信息应急响应机制和服务网络，与沿线国家共同建设空间信息的快速获取、分析判读、紧急救援、指挥调度等星地一体化设施，为区域自然灾害监测以及各种紧急事件处置提供遥感影像采集、应急通信及导航定位服务等空间信息保障，推动空间信息服务于国际人道主义救援、灾难预警、安全合作、反恐处突等公共事务。[③]

---

① 新华通讯社、国务院国资委、孔子学院总部：《一带一路：100个全球故事》，新华出版社，2017，第5页。

② 国家发展和改革委员会、国家海洋局：《"一带一路"建设海上合作设想》，2017年6月19日，发改西部〔2017〕1026号。

③ 国防科工局、发展改革委：《关于加快推进"一带一路"空间信息走廊建设与应用的指导意见》，2016年11月23日，科工一司〔2016〕1199号。

（四）培训/培养人才

为配合"一带一路"倡议，国家卫生健康委员会推进与沿线国家的卫生合作交流，2015—2017年实施"中国–东盟公共卫生人才培养百人计划"，三年内为东盟国家培养100名公共卫生行政管理人才和专业技术人才；开展"中国–东盟护理人才培训合作项目""中国–东盟保健人员培训项目"；实施中国–印度尼西亚公共卫生人才合作培训计划，三年为印尼方合作培训100名公共卫生专家和专业技术人员。[①]

（五）建立"一带一路"自然灾害防治和应急管理国际合作机制

通过主办"一带一路"自然灾害防治和应急管理国际合作部长论坛，中国倡议建设"一带一路"自然灾害防治和应急管理国际合作机制。2021年11月3日，"一带一路"自然灾害防治和应急管理国际合作部长论坛以视频形式在北京召开，中国应急管理部、发展改革委、商务部、国际发展合作署、中国红十字会，以及白俄罗斯、文莱、柬埔寨、智利、克罗地亚、印度尼西亚、哈萨克斯坦、韩国、吉尔吉斯斯坦、老挝、蒙古、莫桑比克、巴基斯坦、俄罗斯、沙特阿拉伯、塞尔维亚、新加坡、瑞士、土耳其等19个国家的应急管理部门和联合国人道主义事务协调办公室、联合国减轻灾害风险办公室、国际劳工组织、红十字国际委员会、红十字会与红新月会国际联合会、国际民防组织、东盟秘书处、上海合作组织秘书处等8个国际、地区组织的代表参会。[②] 会上，各方围绕"加强灾害风险防范、提升应急管理能力"展开了深入交流；会后，通过了《"一带一路"自然灾害防治和应急管理国际合作北京宣言》。宣言中，各方明确支持中国提出的建设"一带一

[①] 《国家卫生计生委关于推进"一带一路"卫生交流合作三年实施方案（2015—2017）》，2015年10月23日，国卫办国际函〔2015〕866号。

[②] 中华人民共和国应急管理部国际合作和救援司：《"一带一路"自然灾害防治和应急管理国际合作部长论坛召开，论坛通过〈"一带一路"自然灾害防治和应急管理国际合作北京宣言〉》，2021年11月4日，https://www.mem.gov.cn/xw/yjyw/202111/t20211104_401847.shtml，访问日期：2022年9月1日。

路"自然灾害防治和应急管理国际合作机制倡议，决定在战略和政策方面，备灾阶段，应急响应阶段，灾后重建和资金方面加强信息沟通、机制建设，互助行动，减少灾害损失，共同应对可能的挑战。[①]

三、中国红十字会对接"一带一路"倡议的国际人道主义援助措施

（一）中国红十字会对接"一带一路"倡议的国际人道主义援助项目规划与实践

中国政府认为，唯有发展，才能消除贫困和冲突的根源；只有加强合作才能满足全球不断增长的人道主义援助需求。为此，中国政府提出了"一带一路"倡议。"一带一路"倡议不仅需要加强政府机制间的合作，也需要加强非官方组织之间的交往与合作。作为中国政府在人道领域的重要助手，中国红十字会积极参与"一带一路"倡议，"争取政府、企业和其他社会资源，探索与其他沿线国家红会开展务实合作、共同发展的双赢模式"，[②] 将紧急人道主义援助和非紧急人道主义援助项目相结合，形成了中国特色大国红十字会对"一带一路"沿线国家的国际人道主义援助模式。

配合国家"一带一路"倡议，中国红十字会专门于2017年2月成立了"丝路博爱基金"，用于在沿线国家开展中巴急救走廊、"博爱单车"全球志愿服务行动、天使之旅——"一带一路"人道救助计划、"一带一路"医疗设施援助、武装冲突地区人道援助、海外博爱家园等人

---

① 《"一带一路"自然灾害防治和应急管理国际合作北京宣言》，2021年11月3日，中华人民共和国应急管理部网站，https://www.mem.gov.cn/xw/yjjw/202111/t20211104_401847.shtml，访问日期：2022年9月1日。

② 外交部网站：《中国红十字会会长陈竺在第32届红十字与红新月国际大会一般性辩论上的发言》，环球网，http://www.fmprc.gov.cn/web/wjb_673085/zzjg_673183/gjs_673893/gjzz_673897/hszhyhxyhgjlhh_674235/zyjh_674245/t1345987.shtml，访问日期：2017年9月1日。

道主义援助项目。^① 这些专项资金和项目的目的是发挥红十字组织在人道救援、人道救助、人道服务方面的独特作用和法定职责。此基金会资金由中国海外港口控股有限公司、中远海运慈善基金会等捐赠企业赞助。^②

中巴急救走廊是由中国红十字会联合巴基斯坦红新月会开展的应急救护和卫生服务示范项目，于2019年4月27日被第二届"一带一路"国际合作高峰论坛列入成果清单。2017年5月7日，共投入1000万元人民币资助的首个国际公益项目"中巴博爱医疗急救中心"在巴基斯坦瓜达尔港启用。^③ 通过援建红十字急救设施、组建应急救援队伍、培训医疗急救人员、开发应急指挥体系等，该项目在中巴经济走廊沿线的村镇和交通站点布设急救单元（急救单元由"急救站＋救护车＋急救人员＋信息系统"四方面组成），诸多急救单元组合形成沿经济走廊的应急救护、公共卫生服务供给带。^④ 急救中心对当地民众提供医疗服务，迄今，中国红十字会与国家卫健委已经至少派出4批医疗队。^⑤ 同时，中心还将对巴基斯坦医务人员进行相关培训，最终"实现巴方自主运营"。^⑥

2017年5月15日，中国红十字会联合红十字国际组织在北京启动

---

① 《2019 环球"金趋势奖"年度责任践行——中国红十字基金会　丝路博爱基金》，2019年11月18日，http://www.myzaker.com/article/5dd1ff208e9f0922304f704b/，访问日期：2021年2月14日。

② 中国新闻网:《"一带一路"为人道事业带来新机遇》，2017年5月15日，http://www.rmzxb.com.cn/c/2017-05-15/1538066.shtml，访问日期：2021年9月1日。

③ 中新社:《"中巴博爱医疗急救中心"落成共投入1000万元人民币》，2017年5月8日，http://dz.china.com.cn/gy/2017-05-08/33821.html，访问日期：2019年2月14日。

④ 中国红十字基金会网:《中巴急救走廊》，2017年10月30日，https://new.crcf.org.cn/article/2357，访问日期：2021年2月14日。

⑤ 《2019环球"金趋势奖"年度责任践行——中国红十字基金会　丝路博爱基金》，2019年11月18日，环球网，http://www.myzaker.com/article/5dd1ff208e9f0922304f704b，访问日期：2021年2月14日。

⑥ 《"一带一路"上的公益:"中巴博爱医疗急救中心"落地巴基斯坦》，发布日期：2017年5月11日，界面新闻，https://www.jiemian.com/article/1313464.html，访问日期：2021年2月14日。

了"博爱单车"全球志愿服务行动，计划为全球百万名红十字志愿者提供100万辆自行车，支持"一带一路"沿线国家志愿者在人道救助、应急救护、灾害救援及社区防灾减灾等方面发挥更大作用。天使投资人徐小平个人捐赠50万元人民币，中国生物技术股份有限公司和中国医药物资协会分别通过中国红十字基金会"丝路博爱基金"支持300万元和200万元人民币，用于采购博爱单车及资助开展应急救护培训。①目前，项目已经至少向马来西亚、蒙古、巴基斯坦、印度尼西亚、缅甸、越南、吉尔吉斯斯坦、塔吉克斯坦、朝鲜、意大利、阿富汗等11个国家配送博爱单车3775辆。②

"思路博爱基金"还启动了"一带一路"沿线国家和国内儿童大病人道救助行动，实行国内国际一体化救助。该项目首先于2017年8月在阿富汗开展。目前，中国红十字援外医疗队已经先后8次前往阿富汗、蒙古国开展救助工作，为至少450名先天性心脏病患儿、204名白内障患者提供了免费手术治疗。③中国民营制药企业步长制药集团捐资资助了首次阿富汗先天性心脏病患儿筛查救助行动。该企业向中国红十字基金会成立的"丝路博爱基金"捐资1100万元人民币，其中800万元用于支持"一带一路"大病患儿人道救助计划，300万元用于支持中巴急救走廊建设。④2019年，"天使之旅——'一带一路'人道救助计划阿富汗行动"受邀在第二届"一带一路"高峰合作论坛上分享项目成果。

除上述大型项目和活动外，在"丝路博爱基金"的支持下，中国

① 中国新闻网：《"一带一路"为人道事业带来新机遇》，2017年5月15日，http://www.rmzxb.com.cn/c/2017-05-15/1538066.shtml，访问日期：2021年2月14日。
② 《2019环球"金趋势奖"年度责任践行——中国红十字基金会　丝路博爱基金》，2019年11月18日，环球网，http://www.myzaker.com/article/5dd1ff208e9f0922304f704b/.访问日期：2021年2月14日。
③ 同上。
④ 中国新闻网：《中国"一带一路"大病患儿人道救助计划取得阶段性成果》，2017年9月14日，https://www.chinanews.com.cn/gn/2017/09—14/8331183.shtml，访问日期：2021年2月14日。

红十字会还与"一带一路"沿线的巴基斯坦、阿富汗、蒙古、叙利亚等国家红会密切合作，开展了许多深受当地民众欢迎的其他人道主义援助项目。在"一带一路"医疗设施援助项目中，中国红十字会先后为孟加拉国红新月会援建中孟博爱血液透析中心，为印度尼西亚援建红十字血站、中印尼博爱医疗急救中心，为缅甸援建中缅博爱医疗急救中心，为柬埔寨、老挝援助救护车；引入国际红十字组织社区治理和防灾减灾项目理念开展"博爱家园"社区扶贫发展项目，在肯尼亚、乌干达、马拉维等6个国家开展"儿童免费午餐"项目，在埃塞俄比亚、乌干达、尼泊尔等援建博爱家园6个，在柬埔寨援建卫生厕所350个、雨水收集器50台、清洁水井18口，培训社区居民12 375人；向遭受武装冲突的叙利亚、伊拉克分别援助配备X光机、B超机等大型多功能移动医疗单元，为叙利亚援建儿童假肢中心2家，在黎巴嫩、叙利亚难民社区开展人道援助等。①

（二）中国红十字会助力"一带一路"倡议的国际人道主义援助发展趋势

服务国家"一带一路"倡议，中国红十字会不仅对自身进行了新的定位，设立了专项"丝路博爱基金"，开展了沿线国家欢迎的系列紧急和非紧急人道主义援助项目，而且将中国红十字会对"一带一路"沿线国家的国际人道主义援助与联合国可持续发展目标（SDG）结合起来，致力于构建符合世界发展需求、趋势的国际人道主义援助新发展模式。2017年7月14日至15日，由中国社会科学院亚太与全球战略研究院、中国社会科学院蓝迪国际智库项目、红十字会与红新月会国际联合会主办的世界人道主义峰会后行动·中国大连国际论坛形成的"六点共识"是其集中体现。

---

① 《2019环球"金趋势奖"年度责任践行——中国红十字基金会 丝路博爱基金》，2019年11月18日，环球网，http://www.myzaker.com/article/5dd1ff208e9f0922304f704b/，访问日期：2021年2月14日。

"六点共识"的具体内容：（1）响应联合国可持续发展目标和"一带一路"倡议，推动民心相通建设，应对冲突、灾难、难民潮等全球性需求和挑战；（2）建立绿色、健康、智慧、和平、以人为本的丝绸之路，与国际人道主义事业特别是与10亿人恢复力联盟项目结合，争取将其纳入"一带一路"规划和相关节点国家的合作规划中；（3）积极应对新技术带来的机遇和挑战，充分利用新技术，建立基于信息化的志愿者网络平台和社区平台，形成新型组织形式；（4）加强国家备灾能力建设，提升灾害应对恢复力，为"一带一路"沿线国家和地区提供从国家、城镇救援到社区的第一应急响应能力建设的技术、装备、培训、演练和规范指南标准及能力测试的示范与能力建设支撑，建立重、特大灾害关键基础设施保护和城市恢复力提升的技术与管理支撑体系；（5）充分整合包括资金、人力、技术、产品等一系列资源，形成以政府为主导，企业参与的现代化筹资体系；（6）能力建设和人力资源培训，特别是治理能力和专业化能力建设应成为新时期应对世界需求和挑战的重中之重。①

从上述"六点共识"的具体内容中我们可以看出，为帮助国家落实"一带一路"倡议，中国红十字会将国内救助和国际救助事业贯通起来，以资源整合为基础，将技术、能力、人力资源培养与提升对接国际标准，正在向符合世界发展共同需求和趋势的国际化、现代化、可持续性的国际人道主义援助模式迈进。此外，随着中国民间力量参与"一带一路"建设和国际人道主义援助的日益扩展，未来，中国红十字会将不仅在联系红十字国际委员会、红十字会与红新月会国际联合会及"一带一路"沿线国家红会中发挥核心作用，而且将作为中国非政府组织的"排头兵""领头羊"，在联结政府和民间力量，共同开展中国国际人道主义援助事业中发挥特殊而重要的作用。

---

① 中国日报网：《"一带一路"倡议助推国际人道主义事业发展》，2017年7月18日，http://cn.chinadaily.com.cn/2017-07/18/content_30152473.htm，访问日期：2021年2月14日。

四、中国民间组织对接"一带一路"倡议的国际人道主义援助措施

21世纪以来，中国民间组织凭借其人员、政策、组织灵活性等优势，与受援国的当地组织直接对话，减少了很多政府层面的烦琐程序，日益成为中国政府实施国际人道主义援助的补充力量。"一带一路"倡议提出之后，中国民间组织积极响应国家倡议，探索"走出去"的路径，尝试建立中国民间组织集体"走出去"的机制，开展了系列国际人道主义援助项目，在拉近中国和受援国之间的关系，提高中国对外援助的效率，提升中国"软实力"方面发挥着越来越重要的作用。

（一）探索"一带一路"背景下中国民间组织开展国际人道主义援助的优化路径

"一带一路"倡议提出之后，中国民间组织响应国家倡议，积极尝试服务国家倡议的合适路径。在国际人道主义援助领域，2014—2015年，中国扶贫基金会与安平公共传播公益基金管理委员会共同发起，中国扶贫基金会资助12家媒体的16位记者赴非洲和东南亚"一带一路"沿线重要地区和国家开展了两期国际援助状况的调研。[①] 记者们的采访形成了41篇报道，涉及中国国际人道主义援助的现状、当地反应，以及对国家未来政策的思考等。这些报道通过媒体多渠道传播，真实展现了中国国际人道主义援助的现实情境，为中国政府制定更加合理、有效的民间多元参与对外援助政策提供了有力支撑，也有利于民间组织找到参与和提升国际人道主义援助绩效的切入口。

为给中国民间组织海外开展人道主义援助提供行为指导、规范境外活动，2018年，中国慈善联合会密切联系会员，在大量行业调研，并借鉴《社会责任指南》《联合之路慈善组织全球标准》等相关标准和

---

① 何道峰主编《中国扶贫基金会改革发展简史》，社会科学文献出版社，2018，第754页。

规范的基础上，制定了《中国社会组织境外活动行为规范》（简称《规范》）。①《规范》倡议书于2018年7月24日在第五届中非民间论坛上由中国民间组织国际交流促进会与中国慈善联合会联合发布。《规范》的发布有助于推动尚处于起步阶段、国际化程度不高、经验不足的中国民间组织和项目实施地、利益相关方发展关系，保障社会组织人员、物资和资金的安全，树立中国社会组织专业化、高效率的国际形象。②

（二）建立了中国民间组织与"一带一路"沿线国家合作的人道主义援助机制

"一带一路"倡议提出之后，为更好地服务沿线国家，中国民间组织建立了对外人道主义援助的国内机制和国际机制。两大机制于2017年5月在首届"一带一路"国际合作高峰论坛上正式启动。其中，由中国民间组织国际交流促进会与90多家国内社会组织共同发布的《中国社会组织推动"一带一路"民心相通行动计划（2017—2020）》明确提出要"在减灾救灾、人道主义援助方面，深入开展减灾救灾机制建设和交流，积极开展灾害救援及人道主义物资捐赠项目，帮助受灾地区重建家园"的行动目标。③该项行动成为整合中国民间组织共同参与国际人道主义援助的国内重要平台。

同样由中国民间组织国际交流促进会发起，致力于推动中国民间组织与"一带一路"沿线国家民间组织国际联系的"丝路沿线民间组织合作网络"项目也在首届"一带一路"国际合作高峰论坛上正式启动。同年11月21日，首届丝绸之路沿线民间组织合作网络论坛在北京开幕。习近平主席亲自向论坛发去贺信。该网络致力于打造成"一带

---

①　中国慈善联合会网站：《中国慈善联合会2018年工作报告》，2021年1月27日，http://www.charityalliance.org.cn/annualworkreport/14117.jhtml，访问日期：2022年9月10日。

②　《未来三年中非民间交流合作路线图出炉：将开展30个合作项目》，2018年7月25日，https://www.sohu.com/a/243243124_161795，访问日期：2020年9月10日。

③　中促会网站：《中国社会组织推动"一带一路"民心相通行动计划（2017—2020）》，2017年11月27日，https://www.yidaiyilu.gov.cn/zchj/jggg/36736.htm，访问日期：2019年9月26日。

一路"沿线各国民间组织交流信息、协调行动的务实、高效的合作平台。目前已有来自72个国家的352家组织加入合作网络。[①] 该网络为中国民间组织与海外民间组织对接搭建了平台。

（三）中国民间组织及其合作网络对"一带一路"沿线国家的人道主义援助实践

在"一带一路"国际合作大背景下，中国民间组织与沿线国家合作开展民生项目，并在沿线国家发生灾难时开展紧急救助。中国扶贫基金会"已经累计在国际救灾和发展援助方面投入款物1亿多元"。[②] 2019年2月2日至6日，为提高"一带一路"沿线发展中国家有需求的小学生的基本学习条件，中国扶贫基金会和阿里巴巴公益共同启动国际爱心包裹项目，"截至2019年底，项目累计投入4040万元人民币，已经在尼泊尔、缅甸、埃塞俄比亚、柬埔寨、老挝、巴基斯坦、蒙古国、纳米比亚、乌干达、津巴布韦等10个国家落地，共惠及374 637名小学生，受到了当地政府、学校和民众的一致欢迎"。[③]

受商务部委托，中国扶贫基金会还与中国志愿服务联合会、中国志愿服务基金会、北京市志愿服务联合会联合发起国际志愿者项目，通过传授专业技能、培养当地人才、提供能力建设、进行协同工作等方式，为受援国家和地区的社会、经济、文化建设提供支持，提升目的国自我发展的能力，促进中国与目的国民间相互了解，建立"民间帮助民间"的援外新模式。[④]

中华慈善总会于2017年3月启动实施了"一带一路·胞波情，先

---

① 《中国民间组织国际交流促进会简介》，http://www.cnie.org.cn/www/Column.asp?ColumnId=1&IsHide=0，访问日期：2022年5月19日。

② 舒迪：《公益组织积极行动助力"一带一路"民心相通》，《人民政协报》2017年6月13日，第9版。

③ 中国乡村发展基金会：《国际爱心包裹项目》，http://www.cfpa.org.cn/project/GJProjectDetail.aspx?id=102，访问日期：2021年4月17日。

④ 中国乡村发展基金会：《关于招募赴缅甸、尼泊尔国际志愿者的通知》，2016年10月19日，http://www.cfpa.org.cn/notice/notice_detail.aspx?articleid=153，访问日期：2021年5月11日。

心病儿童救助行动走进缅甸活动"，迄今已经开展三期，完成了对42名患者的救治。① 同年5月，中华慈善总会发动民间慈善力量，在"一带一路"沿线国家的缅甸、老挝、泰国、柬埔寨、越南、蒙古国6国开启了"一带一路·民心相通"学生手拉手活动，通过一对一交朋友的方式建立沿线国家和中国内地小朋友之间的联系，并向沿线国家赠送内含学习用品和生活用品的"奇幻箱"。② 2018年5月和2019年4月，中华慈善总会还举办了首届和第二届"'一带一路·民心相通'7国学生中国行手拉手活动"，来自上述6国的72名学生先后受邀访问中国，并和各地学生交流。③

2019年，中国民间组织国际交流促进会在第二届"一带一路"国际合作高峰论坛上发起了"丝路一家亲"行动。在新冠疫情席卷全球之际，该行动于2020年3月发起了"丝路一家亲"民间抗疫共同行动，推动国内民间力量通过物资捐赠、经验分享、志愿人员派遣等方式向有需要的国家提供力所能及的帮助。"截至6月，共推动60多家社会组织、企业和民间机构在60多个国家实施100余个国际抗疫合作项目，捐赠物资总额达1.92亿元人民币，同时举行线上经验交流活动160余场。"④

目前，中国政府、红十字会、民间组织等主要行为主体积极响应国家"一带一路"倡议，利用各自领域的比较优势，构建出了"政府

① 《中国建设报》云南记者站：《"一带一路·胞波情"先心病儿童救助行动启动——8名缅甸患儿到昆明免费治疗》，2019年12月5日，https://www.sohu.com/a/358424463_120047127?scm=1002.44003c.fe0183.PC_ARTICLE_REC，访问日期：2021年5月11日。

② 中华慈善总会：《2017年报》，第24页，http://file.chinacharityfederation.org/T18/O64/file/20190314/20190314143500_4364.pdf，访问日期：2021年5月11日。

③ 凤凰网公益：《第二届"'一带一路·民心相通'七国学生中国行手拉手活动"正式启动》，2018年12月10日，http://www.xinhuanet.com/gongyi/2018/12/10/c_137663989.htm，访问日期：2021年5月11日。

④ 中国民间组织国际交流促进会：《爱眼公益基金会抗疫报道——"丝路一家亲"民间抗疫共同行动系列综述（十四）》，http://www.cnie.org.cn/www/NewsInfo.asp?NewsId=1374，访问日期：2021年1月22日。

领导、行业协作、社会参与"的中国对外人道主义援助模式。中国政府从增加资金与项目、援建基础设施、提供技术援助、培养人才入手，提升"一带一路"沿线国家应对灾难的预防和紧急救援能力；中国红十字会利用自己的筹资平台优势，引入企业注资，建设"中巴急救走廊"、"'一带一路'人道救助计划"、红十字/红新月与"一带一路"同行暨"博爱单车"全球志愿服务行动等具体民生项目；中国民间组织正在建设有助于信息共享和共同一致行动的"丝路沿线民间组织合作网络"机制。一个多行为主体、多部门机制共同构成的中国对"一带一路"沿线国家的人道主义援助与协调网络正在形成。

在"一带一路"沿线国家中，不少是周边国家，甚至有些还是重要国家。以周边国家为重点的中国国际人道主义援助战略对"一带一路"倡议的推进，特别是在民心建设上发挥了重要功能。首先，中国的多部门行为主体参与中国对周边国家和"一带一路"沿线国家的人道主义援助，势必将促进各国之间的政府部门、民间组织间沟通，为"一带一路"倡议的顺利实施奠定良好的基础。其次，中国对周边国家的人道主义援助有助于灾害管理和灾害救助经验互鉴、灾害救援技术交流和交易、灾害救援理念文化交流，有望成为中国和"一带一路"国家最终实现"周边命运共同体"和"人类卫生健康共同体"的先行试验领域。最后，中国对周边国家的人道主义援助将有助于提升中国的大国形象，增加国家软实力，增添中国对"一带一路"沿线国家的吸引力，从而有助于中国"一带一路"倡议的其他经济、文化等目标的最终实现。

第十章 参与和推动以亚太为中心的区域、次区域人道主义援助机制建设

21世纪以来，中国积极参与和推动亚太地区的人道主义援助机制建设。中国与东盟等国家合作，推动在东盟地区论坛、东盟防长扩大会机制、东亚峰会、"10+1"机制、"10+3"机制、澜湄合作机制等框架下的人道主义援助合作。中国与俄罗斯、中亚国家合作，在上海合作组织次区域机制内加强了人道主义援助合作与演练。中国与日本、韩国合作，成立了中、日、韩灾难管理三国机制。中国还在亚太经合组织、亚洲减灾部长级会议等其他地区人道主义援助机制中发挥了重要作用。

第一节 与东盟合作，推动人道主义援助机制建设

在亚太地区人道主义援助合作领域，东南亚国家联盟（东盟，ASEAN）发挥着重要作用。东盟成立于1967年，现有10个成员国，包括柬埔寨、泰国、印度尼西亚、文莱、新加坡、老挝、马来西亚、缅甸、越南和菲律宾。中国与东盟国家合作，在亚太地区参与和推动了东盟地区论坛、东盟防长扩大会、东亚峰会、中国–东盟（"10+1"）机制、中国–东盟（"10+3"）、澜湄合作框架等人道主义援助合作机制的发展。

一、东盟地区论坛机制

1994年成立的东盟地区论坛（ARF）是东盟主导的亚太国家政府间多边安全对话合作机制。目前，成员包括东盟10国、中国、美国、俄罗斯、日本、韩国、印度、澳大利亚、欧盟等27个成员。[①] 中国是东盟地区论坛的创始国之一。人道主义救灾与救援合作是东盟地区论坛的重点务实合作领域。在1995年通过的《东盟地区论坛概念文件》中，建立海洋信息库、开展海上救援、建立应对自然灾害的减灾援助动员机制被列为具体合作目标。[②]

自1997年以来，每年召开一次的救灾会间会[③]是东盟地区论坛讨论、规划和推进成员之间灾害合作管理的最重要平台，"为积极促进各成员共同提升灾害管理和应急响应能力，为携手应对本地区重大自然灾害发挥了重要作用"。[④] 会间会制定了《东盟地区论坛人道主义援助和减灾战略指导文件》、《东盟地区论坛减灾工作计划》、《东盟地区论坛灾害管理与应急反应声明》（2006）、《东盟地区论坛救灾合作指导原则》（2006）等一系列框架性文件。[⑤]

作为东盟地区论坛成员，中国不仅积极参加会间会，还于2006年9月在山东省青岛市主办了第6届东盟地区论坛救灾会间会，会上通过的《东盟地区论坛救灾合作指导原则》成为首份规范亚太地区救灾合

---

① "ASEAN Regional Forum," https://aseanregionalforum.asean.org/about-arf/#participants, accessed on January 11, 2022.

② 韦红等：《中国参与亚太地区救灾合作机制研究》，华中师范大学出版社，2018，第63—64页。

③ 两次东盟地区论坛外长会议之间为一个会议年度。两次外长会议之间举行的会议称会间会。

④ 中华人民共和国应急管理部国际合作和救援司：《应急管理部主办第十九届东盟地区论坛救灾会间会》，2021年5月20日，https://www.mem.gov.cn/xw/bndt/202105/t20210520_385576.shtml，访问日期：2022年5月1日。

⑤ 何章银：《中国救灾外交1949—2016》，中国社会科学出版社，2016，第119页。

作的文件，影响深远。^①2014年2月27日至28日，作为与缅甸、日本共同担任论坛2014—2016年救灾会间会共同主席的中国在成都再次承办了第13届会间会。中国国家减灾委员会秘书长、民政部副部长姜力在会议开幕致辞上，主张东盟各国建立重大自然灾害监测预警合作机制，推进建立空间信息技术数据及产品共享平台，完善人员互访交流机制，分享重特大自然灾害应对处置的经验和教训，提高救灾合作能力建设水平。^②2021年5月19日，在新冠疫情的背景下，中华人民共和国应急管理部以视频形式主办了第19届东盟地区论坛救灾会间会，与会各方代表重点围绕灾害管理部门应对新冠疫情举措、风险监测预警和评估、人道主义救援、救灾重建等议题分享了经验。^③

　　作为创始成员，中国还积极参与和推动论坛框架下的务实合作，已经承办了30多个合作项目，是东盟地区论坛中承办项目最多的发展中国家。^④这些合作项目包括人道主义援助法律，灾后心理建设，以及各国城市救援经验交流会、研讨会等。例如，2009年、2010年、2012年，北京连续承办了三届"东盟地区论坛武装部队国际救灾法律规程建设研讨会"。2011年11月28日至30日，北京举办了"东亚峰会灾害社会心理干预研讨会"。2017年7月，中国与缅甸在北京举办地震灾害响应和城市搜救能力建设研讨会；10月，中国与老挝在武汉共同举办灾害损失综合评估和恢复重建培训班；12月，中国与泰国、韩国在广州共同举办台风灾害防御和减灾对策研讨会，与菲律宾在广州共同举

---

① 中国政府网：《东盟地区论坛第13届救灾会间会在成都开幕》，2014年2月27日，http:// www.gov.cn/jrzg/2014-02/27/content_2624670.htm，访问日期：2020年4月30日。

② 中国新闻网：《东盟地区论坛救灾会间会开幕，中国主张完善合作机制》，2014年2月27日，http://news.sina.com.cn/c/2014/02/27/115729578802.shtml，访问日期：2021年9月7日。

③ 中华人民共和国应急管理部国际合作和救援司：《应急管理部主办第十九届东盟地区论坛救灾会间会》，2021年5月20日，https://www.mem.gov.cn/xw/bndt/202105/t20210520_385576. shtml，访问日期：2022年9月1日。

④ 新华社：《东盟地区论坛第13届救灾会间会在成都开幕》，2014年2月27日，http://www. gov.cn/jrzg/2014-02/27/content_2624670.htm，访问日期：2020年4月30日。

办渡运安全研讨会。[①] 2018年5月，中国与新加坡在北京共同举办城市搜救能力建设培训班；7月，和马来西亚在广西南宁共同主持第二届东盟地区论坛城市应急救援研讨班等。

联合救灾演习是东盟地区论坛成员国的重要合作项目。从2011年开始，中国多次参加并共同举办。2011年3月15日至19日，中方首次派出医疗队参加东盟地区论坛第二次救灾演练并开展人道主义救援行动，"在15日至16日两天，15人组成的医疗队共接诊患者273人次，进行健康宣教300多人次，发放疾病防治手册1500余份，处理疑难病症5例"。[②] 2013年5月7日至11日，中国首次派出军队防化专业力量参加东盟地区论坛第三次救灾演练，派出的12人参加了桌面推演和侦检、控源、援救、化验、洗消等化学事故救援科目实兵演练。[③] 2015年5月，中国首次赴马来西亚和后者共同主办了东盟地区论坛第四次救灾演习[④]，中国外交部、国防部、民政部等9个部门派出了包括所有中国救灾部门的近600人的队伍，参加了桌面推演、实兵演习、行动评估所有三大演习项目。[⑤][⑥] 中国多次派出紧急救援力量参加东盟地区论坛救灾演练不仅服务了当地民众，提高了自身与东盟国家合作救援的能力，而且还在交流、互动、比较中发现了自己的不足，为中国应急力量的

---

① 外交部网站：《东盟地区论坛（ARF）》，2018年9月28日，http://home.xasyu.cn/web/sarc/?path=newsshow&newsid=123，访问日期：2020年9月1日。

② 外交部网站：《中方首次参与2011东盟地区论坛救灾演练》，2011年3月22日，https://www.fmprc.gov.cn/web/gjhdq_676201/gjhdqzz_681964/lhg_682614/zwbd_682634/t808408.shtml，访问日期：2021年8月29日。

③ 新华网：《东盟地区论坛第三次救灾演练在泰国开幕》，2013年5月8日，https://www.chinanews.com/gj/2013/05-08/4795750.shtml，访问日期：2021年8月29日。

④ 黄永顺、陈嘉斌、劳炜东：《东盟地区论坛救灾演习实践与启发》，《中国职业医学》2016年2月，第82页。

⑤ 中国政府网：《东盟地区论坛第四次救灾演练开幕 王勇出席开幕式》，2015年5月26日，http://www.gov.cn/guowuyuan/2015-05/26/content_2868616.htm，访问日期：2021年8月29日。

⑥ 中国政府网：《王勇将出席东盟地区论坛第四次救灾演习相关活动并访问马来西亚》，2015年5月20日，http://www.gov.cn/guowuyuan/2015—05/20/content_2865458.htm，访问日期：2021年8月29日。

科学化、现代化、专业化、国际化发展积累了宝贵的经验。

中国不仅积极参与和主持东盟地区论坛内的人道主义救援相关会议、项目、演练，还积极发出中国倡议，推动地区机制进一步发展。2018年8月4日，在新加坡举行的第25届东盟地区论坛外长会通过了中方提出的《关于加强灾害管理合作声明》倡议，中国提出的四个项目"第2届渡运安全研讨会""地区气候变化和减轻海岸灾害研讨会""预防性外交——新理念和新举措研讨会""第7届维和专家会"被批准为2019年度合作项目。[①]2021年8月6日，在第28届东盟地区论坛外长会上，中方倡议的"城市搜救地震应急演练"和"第4届渡运安全研讨会"新项目被确定为本年度的重点合作领域项目。[②]

二、东盟防长扩大会机制

在非传统安全挑战日益增多的背景下，为解决现实问题，2006年，东盟邀请澳大利亚、中国、印度、日本、新西兰、俄罗斯、韩国和美国等8国共同成立了东盟防长扩大会。由于其成员来自东盟以及上述被邀请的8国，故又被称为"东盟10+8防长会"。

2010年10月12日，在越南河内举行的东盟防长扩大会成立大会上，提出要优先开展人道主义援助和救灾、海上安全、军事医学、反恐及维和行动等5个非传统安全领域的交流合作。[③]至2021年6月，东盟防长扩大会已经举办8届。东盟防长扩大会机制框架包括东盟防长会、防长扩大会、防务高官扩大会及专家工作组。专家工作组包括人

---

① 外交部网站：《中国参与东盟地区论坛情况》，2019年1月，https://baike.baidu.com/reference/1773325/39eai3oUMGu6Fg669qpsqF0JO0p4fOtEePCbEGYy5Fy0fEq91iNVxNfum_dYOZynhzcgwpwv8yK-vcZJnJmtZKGNFMrrhA1HVbzbObuwcwmqFQW4zKSN86GNEgx_9nJ7ngHc1nmtoV8lsPXoS68H，访问日期：2021年8月29日。

② 外交部网站：《中国参与东盟地区论坛情况》，2021年8月，https://www.fmprc.gov.cn/web/gjhdq_676201/gjhdqzz_681964/lhg_682614/zghgzz_682618/，访问日期：2021年8月29日。

③ 孙浩、李勍：《梁光烈在东盟防长扩大会期间表示：中方愿与各成员国推动地区人道主义援助与救灾务实合作》，《解放军报》2010年10月13日，第1版。

道主义援助救灾、海上安全、军事医学、反恐、维和、扫雷行动、网络安全7个组。[①] 在东盟防长扩大会人道主义援助事务中，中国在三个方面发挥了重要作用。

第一，中国两次和越南共同主持召开东盟防长扩大会人道主义援助与救灾专家工作组会议。

第二，中国主持和参加东盟防长扩大会人道主义援助救灾与军事医学联合演练。

第三，中国参加和主办关于人道主义地雷行动的专家小组会议、研讨会，以及演习活动。

中国参加和主办东盟防长扩大会人道主义援助与救灾专家工作组会议，参加人道主义援助救灾与军事医学联合演练，参加、主持和支持关于人道主义地雷行动的专家小组会议、研讨会、演习活动，有力支持和推动了东盟防长扩大会在人道主义援助与救灾领域的务实合作，展示了我军的良好形象。

三、东亚峰会机制

东亚峰会（East Asia Summit）是与东盟峰会同期举行的年会，由东盟轮值主席国主办。至2022年11月，已经举办17届。东亚峰会的参加者包括13个成员国，即本区域13个国家（东盟及中日韩）；5个观察员（5个域外国家，美国、澳大利亚、新西兰、俄罗斯、印度）；潜在的成员国有蒙古国、东帝汶；以及潜在的观察员有巴基斯坦、欧盟。

东亚峰会是"领导人引领的战略论坛"，是东亚地区以及太平洋和印度洋区域合作的重要平台。2004年底，"东盟+中日韩"峰会正式确立东亚峰会机制。中国从2005年第一届东亚峰会开始就是其重要成

---

① 外交部网站：《中国−东盟合作事实与数据：1991—2021》，2021年12月31日，https://www.fmprc.gov.cn/web/wjbxw_673019/202201/t20220105_10479078.shtml，访问日期：2021年8月29日。

员国。目前，东亚峰会重点合作领域集中在能源与环保、金融、教育、公共卫生、灾害管理、东盟互联互通六个方面。①2005年12月14日，首届东亚峰会发表的《吉隆坡宣言》明确加强人道主义援助、促进东亚发展是会议重要议题内容之一。②

2009年10月25日，泰国第四届东亚峰会上通过的《东亚峰会灾害管理帕塔亚声明》特别强调：要加强多灾种的区域防灾合作并增强海啸早期预警能力；支持东盟努力加强人道主义协调并增强应对重大灾害的领导作用；合作开展灾后管理与恢复；开展东盟地区灾害应急模拟演练及其他相关模拟演练等方式；支持实施并加强有关标准操作规程，如《东盟联合减灾与应急反应行动区域备灾安排及协调标准操作规程》及不断完善的"东盟地区论坛人道主义援助和减灾战略指导文件"；支持东盟灾害管理人道主义救援协调中心的运作，加强其在东盟地区重大灾害中的协调行动能力及对开展区域活动的技术引领作用等。③

除了《东亚峰会灾害管理帕塔亚声明》，东亚峰会还发表过《关于疟疾防控和应对疟疾抗药性区域合作宣言》（2012年）、《东亚峰会关于粮食安全的宣言》（2013年）、《东亚峰会关于地区应对埃博拉疫情的声明》（2014年）、《东亚峰会灾害快速反应声明》（2014年）、《东亚峰会

---

① 人民网：《东亚峰会》，2015年11月20日，http://korea.people.com.cn/n/2015/1120/c206527-8979603.html，访问日期：2017年9月1日。

② 《吉隆坡宣言》明确了四项内容：一是就区内政治和安全问题加强战略对话与合作；二是通过加强技术转移、基础设施建设、良政、人道主义援助等，促进东亚的发展、金融稳定和能源安全；三是实现经济一体化和增长，消除贫困，缩小发展差距，并促进金融联系，推动贸易和投资的扩大和自由化进程；四是促进更深的文化认同，加强民间交往，推动在保护环境、预防传染病及减灾等领域的合作。后三项议题均属非传统安全领域。参见张学刚：《从东亚峰会看东亚合作：希望与挑战并存》，2005年12月16日，http://www.china.com.cn/chinese/sy/1063019.htm，访问日期：2018年9月1日。

③ 外交部网站：《东亚峰会灾害管理帕塔亚声明》，2009年10月25日，https://www.fmprc.gov.cn/web/gjhdq_676201/gjhdqzz_681964/dyfheas_682566/zywj_682578/t814509.shtml，访问日期：2018年9月1日。

加强应对危机移民及人口贩卖宣言》(2016年)、《东亚峰会领导人关于减贫合作的声明》(2017年)、《东亚峰会领导人关于增强共同预防和应对流行病能力的声明》(2020年)等与人道主义事务相关的声明。

除参加东亚峰会、发表共同声明外,中国还积极承办、主办东亚峰会关于加强人道主义援助合作的研讨会,有力推动了成员国之间、成员国与地区/国际组织间的技术交流与务实合作。2011年11月28日至30日,中国民政部主办、民政部国家减灾中心承办的"东亚峰会灾害社会心理干预研讨会"在北京召开。来自东亚峰会成员国和部分国际组织的代表,以及参加中国卫生系统培训班的学员共计50多位代表出席了会议。[①]

2013年6月25日,中国民政部和外交部共同主办,民政部国家减灾中心承办的"东亚峰会重特大自然灾害风险管理研讨会"在北京召开。来自中国和文莱、柬埔寨、马来西亚、缅甸、菲律宾、泰国、越南、日本、印度、美国等11个国家及东盟灾害管理人道主义援助协调中心、亚洲备灾中心、联合国亚洲及太平洋经济社会委员会/台风委员会、联合国灾害管理与应急反应天基信息平台北京办公室等4个国际组织的40多位专家参加了会议。[②] 会议围绕重特大自然灾害风险管理的应对机制、应用技术、业务平台三个专题展开了讨论。

2020年10月14日,由东盟轮值主席国越南和东盟卫生高官会主席印度尼西亚联合主办,中国与俄罗斯参与共办的新冠疫情东亚峰会专家会举行。与会各国代表介绍了本国疫情防控主要政策、举措和进展,并就如何减缓疫情对经济社会影响、实现疫情后可持续发展提出了政

---

① 陈厦:《东亚峰会灾害社会心理干预研讨会在京召开》,《中国减灾》2021年第1期,第59页。

② 《东亚峰会重特大自然灾害风险管理研讨会召开等12则》,《中国减灾》2013年第7期,第58页。

策建议。①

中国还积极派出代表团参加实战演习。例如，2013年4月22日至25日，假设印尼西苏门答腊省巴东市发生8.9级地震并引发海啸情景的东亚峰会国际救灾桌面演练举行。东盟和东亚峰会成员国应邀参加。中国派出由驻东盟使团、外交部和中国地震局等单位人员组成的代表团参加。此次演练，在国内层面是为了检验各紧急救援部门对灾难的反应速度与协作水平；在区域和国际层面，是为了增加东盟框架内各成员国共同应对灾害，进行国际人道主义援助的沟通、合作能力。中国代表团通过此次桌面演练和现场交流，深刻感受到了积极参与东盟内部的应急管理经验交流的重要性；了解和学习了印尼等各国政府以及联合国先进的国际救援接受和协调机制，在演练和救援行动中使用的事后评估（After Action Review，AAR）制度，以及数字化、网络化的桌面演练组织方式等。②

四、中国－东盟（"10+1"）机制

作为地理邻近的国家，中国和东盟国家很早就意识到共同应对灾难，相互提供人道主义援助的重要性。早在1976年，中国和东盟国家就发表过《关于应对自然灾害的互相救助宣言》。1998年12月6日，胡锦涛出席在河内举行的第二次中国－东盟领导人非正式会晤时，与东盟各国领导人达成了支持抢险救灾合作的共同意愿。

进入21世纪，伴随中国经济实力的增强，中国对周边国家提供的人道主义紧急援助、技术援助日益增加。2003年10月，温家宝出席东盟与中国（"10+1"）领导人会议期间提出开展科技交流、遥感技术应

---

① 中国驻东盟使团：《我团出席东亚峰会新冠肺炎疫情专家会》，2020年10月14日，https://www.mfa.gov.cn/ce/ceasean/chn/stxw/t1825089.htm，访问日期：2022年9月1日。

② 杜晓霞：《参加东亚峰会国际救灾桌面演练的体会与思考》，《中国应急救援》2013年第3期，第41页。

用等在内的中国-东盟具体合作建议。之后，2004年7月，东盟秘书处委托设在北京的亚太空间多边合作秘书处承办了"中国-东盟遥感卫星应用培训班"，来自东盟10个成员国的23名学员来华参加了为期两周的培训。[①] 同年，中国还为东盟国家举办了分别针对东盟各国空间管理机构的高层管理班、空间技术通信在农村及偏远地区应用的两期有关航天方面的培训班。前者由中国国家航天局与亚太空间多边合作秘书处举办，后者由中国国家航天局与联合国亚太经社会共同举办，每期培训班的学员均在30人左右。[②]

2004年12月，印度洋海啸发生之后，中国和东盟国家在人道主义事务上的合作进一步增强。2010年10月29日，在第13次中国-东盟领导人会议上，温家宝建议启动"中国-东盟减灾救灾协议"磋商，使减灾救灾合作机制化。[③] 同日发表的《中国和东盟领导人关于可持续发展的联合声明》"考虑到《东盟灾害管理与紧急应对协议》于2009年12月生效，通过对减少灾害风险、救灾和重建等信息分享、经验知识交流，增强灾害管理合作，支持建立东盟人道主义援助中心"。[④]

2011年11月，第14次中国-东盟领导人会议再次强调"将在利用现有的东盟协定和机制的同时，进一步加强在灾害管理方面的务实合作，包括应急准备、减少风险、人道主义救援、重建和恢复"。[⑤] 2020年11月，第23次中国-东盟领导人会议达成了关于建立中国-东盟灾

---

① 华夏经纬网:《中国首次为东盟国家培训遥感卫星技术专家》，2004年8月1日，http://www.huaxia.com/xw/zhxw/2004/08/346711.html，访问日期：2021年9月9日。

② 中新社:《中国今年还将为东盟国家举办两期航天培训班》，2004年7月31日，http://jczs.news.sina.com.cn，访问日期：2021年9月9日。

③ 新华网:《温家宝总理在第十三次中国与东盟领导人会议上的讲话》，2010年10月30日，https://news.qq.com/a/20101105/001633.htm，访问日期：2021年9月7日。

④ 新华网:《中国和东盟领导人关于可持续发展的联合声明》，2016年6月29日，http://www.xinhuanet.com/world/2016—06/29/c_129099940.htm，访问日期：2019年9月27日。

⑤ 新华社:《第14次中国-东盟领导人会议发表联合声明》，2011年11月20日，http://www.gov.cn/govweb/jrzg/2011/11/20/content_1998390.htm，访问日期：2021年9月7日。

害管理部长级会议机制的共识。2021年10月14日，首届中国–东盟灾害管理部长级会议通过视频方式举行，会议批准了《中国–东盟灾害管理工作计划（2021—2025）》，发表了联合声明，对中国–东盟未来灾害管理合作进行了共同规划。[①]

除在会议发言、宣言、联合声明中强调、倡导在灾害面前相互提供人道主义援助，增加抗灾知识、经验共享，建立人道主义援助协调中心、中国–东盟灾害管理部长级会议机制，增强应急准备、重建和恢复能力外，印度洋海啸之后，中国更是在资金、项目、物资援助，经验交流平台建设，以及应急演练等务实合作领域积极贡献了中国智慧和中国力量。

（一）提供资金、项目、物资援助

为建设紧密的"中国–东盟命运共同体"，同时倡导共建"21世纪海上丝绸之路"，中国多次为东盟人道主义事务注入紧缺的资金。2013年10月10日，李克强在第16次中国–东盟（"10+1"）领导人会议上的讲话中提到，"中方已设立30亿元人民币的中国–东盟海上合作基金，用于支持包括海上搜救合作在内的17个项目"，同时，"中国倡议制定'中国–东盟救灾合作行动计划'，加强与东盟灾害管理人道主义救援协调中心的联系，愿提供5000万元人民币用于防灾救灾合作"。[②]

根据2014年10月6日签署的灾害管理合作谅解备忘录，中国提供的5000万元人民币将用于支持《东盟灾害管理与应急反应协议》工作项目、东盟人道主义援助协调中心和东盟秘书处加强灾害管理的项

---

① 中华人民共和国应急管理部国际合作和救援司：《首届中国–东盟灾害管理部长级会议举行》，2021年10月14日，https://www.mem.gov.cn/xw/yjyw/202110/t20211014_400081.shtml，访问日期：2021年9月7日。

② 新华网：《李克强在第16次中国–东盟（"10+1"）领导人会议上的讲话》，2013年10月10日，http://www.xinhuanet.com/politics/2013/10/10/c_125503937.htm，访问日期：2019年8月1日。

目。① 这是中国"首次基于多边机制向东盟捐款"② 专门用于人道主义援助，是中国和东盟人道主义援助合作的标志性事件。

除资金、项目支持外，2020年新冠疫情发生后，中方将东盟作为抗疫合作首要伙伴，截至2021年12月，已向东盟十国提供了近6亿剂新冠疫苗③，并援助了大批急需的抗疫物资。中方不断完善"中国－东盟疫苗之友"平台，促进疫苗政策沟通和信息分享"。④ 中方划拨500万美元实施中国－东盟公共卫生合作倡议。⑤ 中国还通过中国－东盟合作基金率先向"东盟抗疫基金"捐资100万美元，支持东盟提升公共卫生能力。⑥ 2021年11月，习近平主席在中国－东盟建立对话关系30周年纪念峰会上宣布，中国将再向东盟抗疫基金追加500万美元。⑦

（二）主办、承办研讨会与培训班

中国政府也通过主持和承办灾害合作研讨会、培训班提升中国与东盟地区在地震海啸预警、灾后防疫等领域的合作。印度洋海啸后不久，2005年1月25—26日，"中国－东盟地震海啸预警研讨会"在北京举办，会议签署的《建立地震海啸预警系统技术平台的行动计划》决定建立印度洋和东南亚地区的海啸预警系统；建立亚洲地区地震台网；

---

① 《日媒认为救灾合作有助中国赢得东盟信任》，《参考消息》2014年10月8日，第14版。
② 同上。
③ 外交部网站：《中国－东盟合作事实与数据：1991—2021》，2021年12月31日，https://www.fmprc.gov.cn/web/wjbxw_673019/202201/t20220105_10479078.shtml，访问日期：2022年10月1日。
④ 《中国已向东盟10国提供近2亿剂疫苗》，《高棉日报》2021年8月24日，https://www.163.com/dy/article/GI6A2FOA0550PTYY.html，访问日期：2022年10月1日。
⑤ 澎湃政务：中国驻东盟使团：《驻东盟大使邓锡军：中国－东盟树立国际抗疫合作典范》，2021年10月30日，https://m.thepaper.cn/baijiahao_15152537，访问日期：2022年9月1日。
⑥ 中国新闻网：《中国驻东盟大使：中方将东盟作为抗疫合作首要伙伴》，2021年8月9日，https://baijiahao.baidu.com/s?id=1707625002360217797&wfr=spider&for=pc，访问日期：2022年9月1日。
⑦ 外交部网站：《中国－东盟合作事实与数据：1991—2021》，2021年12月31日，https://www.fmprc.gov.cn/web/wjbxw_673019/202201/t20220105_10479078.shtml，访问日期：2022年9月1日。

加速技术交流与信息共享；召集亚洲减灾会议；中国地震局将向感兴趣的国家和组织提供中国国家地震台网测定的参数。[①] 同年3月17—18日，中国–东盟灾后防疫研讨会也在北京开幕。来自中国、东盟部分成员国及马尔代夫、斯里兰卡两国的政府代表与有关国际组织代表共60多人讨论通过了北京行动计划，提出建立地区救灾防病应急合作机制的具体行动建议。[②] 5月，中国还为印度洋地震海啸受灾国举办了防灾减灾人力资源培训班。

除专门针对印度洋海啸的系列活动外，中国也积极通过主办、承办研讨会加强与东盟国家的日常联系，交流防灾、减灾技术与应急管理经验。2009年11月，中国外交部、民政部共同主办，民政部国家减灾中心承办了"中国–东盟灾害预警与空间技术应用研讨会"。2010年9月，中国卫生部、东盟秘书处联合主办，四川省卫生厅在成都承办了"中国–东盟自然灾害卫生应急研讨会"。2016年、2017年9月，民政部主办，国家减灾中心和广西壮族自治区民政厅共同承办了两届"中国–东盟科技创新与台风灾害应对研讨会"。2018年9月，应急管理部国家减灾中心、广西壮族自治区民政厅共同举办"2018中国–东盟减轻灾害风险研讨会"。2019年10月，应急管理部国家减灾中心、自治区应急管理厅共同主办了2019中国–东盟减灾与应急管理高官论坛等。

五、中国–东盟（"10+3"）机制

东盟与中日韩（"10+3"）合作源于1990年马来西亚总理马哈蒂尔提出的"东亚经济集团（EAEC）"设想。1995年，在曼谷举行的东盟峰会提议举行东盟与中日韩领导人会晤。1997年，首次东盟与中日

[①]　徐娜：《携手共防海啸灾害——中国–东盟地震海啸预警研讨会在京召开》，《中国减灾》2005年第2期，第27页。

[②]　《为期两天的中国–东盟灾后防疫研讨会在北京开幕》，2005年3月17日，新浪新闻，http://news.sina.com.cn/s/2005/03/17/12275385799s.shtml，访问日期：2022年9月1日。

韩领导人非正式会议在吉隆坡举行，正式启动东盟与中日韩合作进程。2004年，各方一致同意，将"10+3"作为建立东亚共同体这一长期目标的主渠道。"10+3"目前已在财金、粮食、减贫、灾害管理等24个领域开展了务实合作，建立了65个对话与合作机制，形成了以领导人会议为核心，以部长会议、高官会、东盟常驻代表委员会与中日韩驻东盟大使会议（CPR+3）和工作组会议为支撑的合作体系。中国在"10+3"合作中的突出作用体现在以下三个方面：

（一）中国是"10+3"紧急粮食储备机制的积极建设者

"10+3"紧急粮食储备（APTERR）机制是"10+3"合作应对地区人道主义灾难的重要成就之一。中国是该机制的重要支持者和出资国。2001年10月，在第一次东盟和中日韩农林部长会议上，中日韩和东盟开始酝酿设立"东亚粮食安全保障与大米储备机制"，设想通过成员国出资和储备大米在稳定东亚地区大米价格、促进农业发展、救助贫困人口，在发生自然灾难时提供紧急粮食援助。[1] 2011年10月7日，《东盟与中日韩大米紧急储备协定》签署。2012年7月12日，东盟"10+3"紧急粮食储备机制正式启动。2013年3月28日至29日，APTERR理事会第一次会议在泰国曼谷举行，这标志着APTERR正式成为常设机制。[2]

APTERR机制设置了3个不同层级的投放模式：第一层级（远期合约）、第二层级（长期贷款等）、第三层级（大米紧急援助与削减贫困饥饿（PAME）人道主义投放）。其中，第三层级专门用于应对自然灾害、减贫等人道主义状况，由各国政府和国际组织通过捐赠保障运行。截至2021年8月20日，APTERR机制已经实施了37次第三层级大米援

---

[1] APTERR, "Asean Plus Three Emergency Rice Reserve," https://www.apterr.org/history?view=page&id=1, accessed on September 16, 2021.

[2] APTERR, "Asean Plus Three Emergency Rice Reserve," https://www.apterr.org/what-is-apterr/history2, accessed on January 27, 2023.

助。[①] 目前，日中韩是第3层级的主要捐赠方。[②] 第三层级发送大米已经成为APTERR机制最主要的大米投放渠道，为成员国合作应对地区灾难，开展紧急人道主义援助发挥了积极作用。

在该机制中，中国发挥了积极作用。APTERR协议确定"10+3"各国共为该机制专储78.7万吨大米，中国专储30万吨大米，占38%，是成员国中承诺大米专储额最高的国家。[③] 同时，中国还认捐了总计400万美元中的100万美元留本基金，并每年为APTERR提供7.5万美元的运营成本。[④] 2014年，中国通过第3层级向菲律宾遭受台风"海燕"袭击的地区捐赠了800吨大米，价值约500万元人民币。[⑤]

（二）中国支持成员国防务领域的人道主义援助经验交流与合作

中国也通过举办"东盟与中日韩武装部队国际救灾研讨会""东盟与中日韩武装部队非传统安全论坛"等提升成员国军队共同应对人道主义灾难的能力。2007年、2008年，中国在石家庄连续两次举办"东盟与中日韩武装部队国际救灾研讨会"。2009年、2010年、2012年，又连续举办了3届"东盟与中日韩武装部队非传统安全论坛"。该论坛是"10+3"框架下防务领域的唯一合作项目。[⑥]

---

① "Statistic Data of Apterr Tier 3 Activities," https://www.apterr.org/apterroperationinformatiom/operational-information, accessed on September 20, 2021.

② 农业部对外经济合作中心：《东盟与中日韩大米紧急储备机制运行第一个五年期即将结束》，2017年3月22日，http://www.fecc.agri.cn/fzyz/201703/t20170322_263970.html，访问日期：2022年9月1日。

③ 农业部：《东盟与中日韩大米紧急储备（APTERR）协议正式签署》，2011年10月9日，http://www.gov.cn/gzdt/2011/10/09/content_1964844.htm，访问日期：2021年9月16日。

④ 于爱芝、龚子兵、宫丽颖：《东盟与中日韩大米紧急储备机制建设研究》，《世界农业》2021年9月，第8页。

⑤ 农业部对外经济合作中心：《东盟与中日韩大米紧急储备机制运行第一个五年期即将结束》，2017年3月22日，http://www.fecc.agri.cn/fzyz/201703/t20170322_263970.html，访问日期：2021年9月1日。

⑥ 张新、杨欢欢：《东盟与中日韩武装部队非传统安全论坛开幕》，《解放军报》2012年6月26日，第4版。

（三）中国支持建设"10+3"区域内应对新冠疫情机制

2020年，新冠疫情发生后，"10+3"相关对话与合作机制纷纷启动，商讨共同应对危机。"10+3"卫生发展高官特别视频会议、中日韩新冠疫情问题特别外长视频会议、"10+3"新冠疫情问题卫生部长视频会议、东盟与中日韩（"10+3"）抗击新冠疫情领导人特别会议分别于2020年2月3日、3月20日、4月7日、4月14日先后举行。在2020年4月14日通过的东盟与中日韩（"10+3"）抗击新冠疫情领导人特别会议《联合声明》中，各方同意探讨从中国–东盟"10+3"合作基金中划拨一部分资金作为特别基金，支持东盟国家应对疫情；鼓励利用包括东盟人道主义救援协调中心（AHA）管理的仓库在内的现有区域应急储备设施；考虑动用"10+3"大米紧急储备机制。[①]

2021年10月27日，在第24次东盟与中日韩领导人会议上，李克强呼吁加快"10+3"应急医疗物资储备中心建设，并承诺中方愿为此提供2000万元人民币的资金支持。[②]同时，李克强在讲话中还提出，中方正在积极开发"10+3"公共卫生应急桌面演练系统，帮助东盟"10+3"国家提升卫生应急能力。为落实领导人讲话精神，2021年11月18日，中国疾病预防控制中心首次邀请泰国、新加坡、马来西亚、印度尼西亚、文莱、菲律宾、柬埔寨、缅甸、韩国和中国的国家卫生部门以及东盟秘书处共77位公共卫生专业人员开展了"东盟'10+3'国家公共卫生应急桌面演练"，并承诺未来将与成员国共同完善系统，将其作为一个公共产品服务于更多国家和地区。[③]

---

① 新华社：《东盟与中日韩抗击新冠肺炎疫情领导人特别会议联合声明》，2020年4月15日，http://www.gov.cn/xinwen/2020/04/15/content_5502433.htm，访问日期：2021年9月20日。

② 《李克强在第24次东盟与中日韩领导人会议上的讲话》，2021年10月27日，https://www.fmprc.gov.cn/web/gjhdq_676201/gjhdqzz_681964/lhg_682542/zyjh_682552/202110/t20211027_10406893.shtml，访问日期：2022年9月1日。

③ 全球公共卫生中心/中国疾病预防控制中心：《中国疾控中心首次利用在线模拟演练系统开展"东盟'10+3'国家公共卫生应急桌面演练"》，2021年11月24日，https://www.cn/healthcare.com/article/20211124/content/563011.html，访问日期：2022年9月1日。

六、澜湄合作机制

由中国、泰国、柬埔寨、老挝、缅甸、越南6国组成的澜沧江—湄公河合作（简称"澜湄合作"）机制于2016年3月正式诞生，最早由李克强在2014年11月第17次中国–东盟领导人会议上被提议。该机制是中国第一个发起并倡导的新型次区域合作组织，[1] 是中国与东盟合作的一部分。其以政治安全、经济和可持续发展、社会人文为三大合作支柱，以互联互通、产能、跨境经济、水资源、农业和减贫为五大优先合作领域，同时积极拓展新的合作领域，形成了"3+5+X"的合作新架构。[2] 虽然成立的时间很短，但澜湄合作机制发展迅速、颇具成效。目前，"六国共同建立了包括领导人会议、外长会、高官会、联合工作组会在内的多层次、宽领域合作架构。截至2022年7月，已举行3次领导人会议、7次外长会、9次高官会和12次外交工作组会。"[3] 在已经举行的3次领导人会议中，成员国多次强调过要加强人道主义援助方面的合作。

早在2016年3月，首次领导人会议上形成的《澜沧江湄公河合作首次领导人会议三亚宣言——打造面向和平与繁荣的澜湄国家命运共同体》就强调要"加强应对恐怖主义、跨国犯罪、自然灾害等非传统安全威胁的合作，共同应对气候变化，开展人道主义援助，确保粮食、水和能源安全"。在优先合作的五大领域中，澜湄六国成立了澜湄减贫联合工作组，中国国际扶贫中心为中方牵头联络单位。[4] 工作组通过了

---

① 刘稚：《以利益纽带扩展澜湄合作深度》，《参考消息》2017年3月27日，第11版。

② 张洁：《澜湄机制打造区域合作新模式》，《人民日报》（海外版）2018年1月13日，第1版。

③ 外交部：《澜沧江—湄公河合作（Lancang—Mekong Cooperation）》，2022年6月，https://www.fmprc.gov.cn/web/gjhdq_676201/gjhdqzz_681964/lcjmghhz_682662_1/jbqk_682664/，访问日期：2022年9月1日。

④ 《首个"澜湄周"活动澜湄减贫合作研讨会在昆明召开》，2018年3月22日，http://wxyd.yunnan.cn/html/2018/fuping_0322/74394.html，访问日期：2022年9月1日。

《澜湄国家减贫合作非文件》，宣布将继续推动落实"东亚减贫合作倡议"，在湄公河国家开展减贫合作示范项目。[①]

在2018年1月举行的第二次领导人会议上，《澜沧江—湄公河合作五年行动计划（2018—2022）》进一步提出要"加强防灾减灾、人道主义援助合作，确保粮食、水和能源安全。探索向灾民和受气候变化影响的人们提供支持的多种方案"；"加强澜沧江—湄公河洪旱灾害应急管理，实施湄公河流域防洪抗旱联合评估，就早日建立应对澜沧江—湄公河紧急洪旱灾害信息共享沟通渠道开展联合研究"；制定"澜湄可持续减贫合作五年计划"，推动澜湄国家减贫经验交流和知识分享，开展澜湄国家村官交流、技术能力培训、减贫合作示范项目；加强对登革热、疟疾等新生和再发传染病防治合作，建立并完善跨境新生和再发传染病预警和联防联控机制，并向有需要的湄公河国家派遣医疗队；鼓励非政府组织适当参与澜湄项目合作，加强澜湄国家红十字会交流，开展社区综合发展项目，提升澜湄国家红十字会能力建设。[②]

2020年8月24日，在新冠疫情的背景下，"澜湄合作"第三次领导人会议通过视频方式举行。李克强代表中国政府提出，"中方将在澜湄合作专项基金框架下设立公共卫生专项资金，在力所能及的范围内提供物资和技术支持；中方新冠疫苗研制完成并投入使用后，将优先向湄公河国家提供"，建议"开展重大突发公共卫生事件信息通报和联合处置"[③]。在会后发表的《澜沧江—湄公河合作第三次领导人会议万象宣言》中，六方一致认为应该"加强在应对气候变化、防灾减灾、大流行病等传染性疾病、非法贩毒、洗钱、网络犯罪、贩卖人口、走私

---

① 中国日报网:《澜湄合作：从培育期步入成长期》，2017年12月17日，http://cn.chinadaily.com.cn/2017/12/17/content_35319490.htm，访问日期：2019年10月10日。

② 《澜沧江—湄公河合作五年行动计划（2018—2022）》，《人民日报》2018年1月11日，第9版。

③ 《中方将在澜湄合作专项基金框架下设立公共卫生专项资金 疫苗投用后将优先向湄公河国家提供》，《北京青年报》2020年8月25日，第3版。

贩运枪支弹药，洪旱、山体滑坡等人道主义紧急状况，跨境雾霾，确保粮食、水和能源安全等非传统安全问题方面的合作与信息交流以及能力建设。"①

实践中，长期以来，中国和澜湄机制内国家开展了多种渠道、多种形式的人道主义合作。2000年，《中泰关于二十一世纪合作计划的联合声明》明确要加强两军在人道主义救援减灾方面的交流经验，进行军事科技交流以及交换各种信息等。2015年7月底，缅甸水灾，中国国家减灾中心和中国气象局提供了缅灾区卫星遥感监测援助，为帮助缅方提升灾情监测评估、雨情水情走势预测能力和水平发挥了重要作用，有效提升了缅方的救灾效率。②2016年12月11日至26日，中柬两国军队在金边举行了"金龙－2016"人道主义救援减灾联合训练。"中方以南部战区陆军为主派出97人、柬方派出280人参训。联训分为研讨交流、实兵课目合训、指挥所训练、综合演练4个阶段，旨在加强两军共同遂行人道主义救援减灾行动的协调配合，深化两军务实合作"③。2017年4月，中国与柬埔寨签署"国家地理信息产业签署框架协议"，中国将帮助柬埔寨建成国家地理信息数据库，为柬埔寨的经济发展、国计民生、生态保护、防灾减灾等各方面提供基础地理信息服务。④

作为澜湄合作机制内的援助大国，当成员国发生突发灾难，需要人道主义援助时，中国政府和民间合作，积极为受灾国提供最大限度

---

① 新华社：《澜沧江—湄公河合作第三次领导人会议万象宣言》，2020年8月24日，http:// www.gov.cn/xinwen/2020/08/24/content_5537090.htm，访问日期：2021年9月20日。

② 中华网：《中方调动卫星"天眼"为缅救灾提供气象援助》，2015年8月10日，http:// finance.china.com.cn/roll/20150810/3280793.shtml，访问日期：2020年9月1日。

③ 国防部新闻局局长、国防部新闻发言人杨宇军大校2016年11月30日在国防部例行记者会上的发言。见国防部：《中柬两军将举行人道主义救援减灾联合训练》，2016年11月30日，https://world.huanqiu.com/article/9CaKrnJYV7d，访问日期：2018年9月1日。

④ 央广网：《融入"一带一路"发展　中国与柬埔寨国家地理信息产业签署框架协议》，2017年4月26日，http://news.cnr.cn/native/city/20170426/t20170426_523727300.shtml，访问日期：2019年9月1日。

的支持。2018年7月，老挝南部阿速坡省在建的桑片—桑南内水电站副坝发生溃坝事故，汹涌而下的洪水导致至少71人死亡，数千人无家可归。[①] 溃坝事故发生时，正在老挝万象执行"和平列车–2018"人道主义医学救援联合演训任务的中国人民解放军在老挝国防部的请求和中央军委的批准下，迅即派出一支32人的医疗防疫分队前往灾区，成为最早抵达灾区的第一支成建制的国际救援队。[②] 医疗队在老方安排的阿速坡省萨南赛县医院帮助老方医务人员开展诊疗工作，同时派出医疗和防疫小组分赴6个灾民安置点为2000多名灾民进行了巡诊、防疫工作。

当地多家中国企业、在老中国商会、中国民间救援队、华人也积极参与——作为老挝最大的中资企业，中国电建老挝代表处立即组织距离事故现场最近的项目部人员携救援物资、设备赶往灾区；正在承担中老铁路建设任务的中铁二局在当地的项目部组织救灾运输指挥车7辆、挖掘机3台、装载机3台、发电机8台参与救灾；在老挝创业的华人联合一些中国商户置办了帐篷、食品等物资，驾车送往灾区；在老挝南部经营的中国商人通过互联网发布消息，呼吁大家积极援助灾区；中国民间组织云豹救援队、蓝天救援队等也抵达灾区，积极救援。[③][④]

新冠疫情发生后，中国向柬埔寨、缅甸、老挝等湄公河国家相继派遣了抗疫医疗专家组，并向五国援助了大量医疗物资和疫苗。截至2021年4月，中方向湄公河国家已经交付和即将协议交付的疫苗超过

---

① 联合国：《老挝溃坝事故：联合国人权专家表示受害者等待近两年仍未获得合理赔偿》，2020年4月29日，https://news.un.org/zh/story/2020/04/1056192，访问日期：2021年9月20日。

② 新浪网：《解放军医疗队紧急驰援老挝灾区，系最早抵达的国际救援队》，2018年7月26日，http://mil.news.sina.com.cn/2018/07/26/doc/ihfvkitw7353655.shtml，访问日期：2021年9月20日。

③ 湖北卫视《长江新闻号》：《第一个到达！老挝溃坝事故见证中国救援速度》，2018年7月27日，https://www.sohu.com/a/243589701_621003，访问日期：2021年9月20日。

④ 孙广勇、赵益普：《在老挝溃坝灾区见证中国真情》，《环球时报》2018年7月31日，第7版。

1700万剂。① 中方还在澜湄合作专项基金框架下设立了公共卫生专项资金，通过视频会议、远程教学等方式支持湄公河国家公共卫生能力建设。② 例如，2020年5月，应泰国军队请求，经中央军委批准，中国人民解放军于5月12日派空军运20运输机向泰国军队紧急援助了呼吸机、心电监护仪、测温仪、测温头盔、核酸检测试剂盒、医用口罩、防护面罩、护目镜、医务防护服、医用手套、医用鞋套等疫情防控物资。③ 2021年8月，中国政府再次宣布将向泰国政府援助一批价值1000万元人民币的紧急抗疫物资，主要包括血氧仪、制氧机等。④ 在柬埔寨，中国银行（香港）金边分行先为柬埔寨中国商会发起设立的抗疫基金捐赠3000美元，后又组织采购防护服200套、护目镜500副、KN95口罩1000支、医用口罩10000支等帮助柬埔寨政府抗疫。⑤ 截至2021年8月1日，中国已经向柬埔寨援助5批，共计320万剂新冠疫苗。⑥

---

① 外交部：《澜湄合作越五载，砥砺前行绘新篇——王毅国务委员兼外长在澜湄合作启动五周年暨2021年"澜湄周"招待会上的讲话》，2021年4月13日，https://www.mfa.gov.cn/web/wjbzhd/t1868716.shtml，访问日期：2022年9月1日。

② 荣鹰、马婕：《共创大湄公河次区域合作新局面》，2021年9月13日，https://www.sohu.com/a/489479843_162522，访问日期：2022年9月1日。

③ 张可任、汪瑾：《中国人民解放军向泰国军队提供紧急抗疫物资援助》，2020年5月12日，新华网，http://www.xinhuanet.com/mil/2020—05/14/c_1210617953.htm，访问日期：2021年9月25日。

④ 中华人民共和国驻泰王国大使馆：《中国政府将向泰国提供新一批抗疫物资援助》，2021年8月27日，https://www.fmprc.gov.cn/ce/ceth/chn/sgxw/t1902344.htm，访问日期：2021年9月25日。

⑤ 《中国银行（香港）金边分行向柬政府捐赠一批抗疫物资》，2020年4月1日，新浪网，http://k.sina.com.cn/article_1784473157_6a5ce64502001t65n.html?cre=tianyi&mod=pcpager_inter&loc=32&r=9&rfunc=18&tj=none&tr=9，访问日期：2022年9月1日。

⑥ 《中国无偿援助第五批100万剂新冠疫苗运抵柬埔寨》，2021年8月1日，搜狐网，https://www.sohu.com/a/480802763_120696624，访问日期：2022年9月1日。

第二节　中国与其他亚太地区人道主义援助合作机制

人道主义援助是亚太地区争议较少、合作相对顺畅的空间。作为地区大国，中国除积极参加和推动上述以东盟为核心的人道主义援助机制发展外，也支持亚太经合组织等其他地区内既有多边人道主义援助机制的议题讨论、合作演练等活动。同时，中国还与相关成员国一起创设了亚洲备灾中心、中日韩三国人道主义援助机制、上海合作组织人道主义合作机制、中俄印三国人道主义合作机制等。另外，在中国的提议下，亚洲减灾部长级大会、亚太空间合作组织等一些新机制也应运而生。中国已经成为亚太地区推动人道主义援助合作的引领大国和全球国际人道主义援助机制的重要建设者。

一、亚太经合组织机制

亚太经合组织[①]（Asia–Pacific Economic Cooperation，APEC）是亚太地区层级最高、领域最广、最具影响力的经济合作机制，于1989年正式成立。现有澳大利亚、文莱、加拿大、智利、中国、中国香港、印度尼西亚、日本、韩国、墨西哥、马来西亚、新西兰、巴布亚新几内亚、秘鲁、菲律宾、俄罗斯、新加坡、中国台北、泰国、美国和越南21个成员。此外，APEC还有3个观察员，分别是东盟秘书处、太平洋经济合作理事会、太平洋岛国论坛秘书处。该组织成员涵盖世界人口的38%，世界GDP的61%，世界贸易额的47%。[②] 目前有5个层次的运作机制：领导人非正式会议，部长级会议，高官会，委员会和工作

---

　　① 外交部网站：《亚太经合组织（Asia—Pacific Economic Cooperation, APEC）》，2022年9月，https://www.fmprc.gov.cn/web/gjhdq_676201/gjhdqzz_681964/lhg_682278/jbqk_682280/，访问日期：2023年9月1日。

　　② "APEC at a Glance", https://www.apec.org/docs/default/source/publications/2021/2/apec_at_a_glance_2021/apec_at_a_glance_2021.pdf?sfvrsn=56669ee8_1, accessed on September 1, 2022.

组，秘书处。

在多次遭受地震、台风、干旱、海啸、洪涝等自然灾害侵袭之后，APEC成员围绕人道主义援助以及防灾救灾在机制内开展了卓有成效的合作。2003年泰国曼谷会议批准了《APEC抗击非典行动计划》，首次将公共卫生合作议题列入日程。2004年印度洋海啸发生之后，APEC成员对人道主义合作的意愿进一步加强。

2008年举行的APEC第16次领导人非正式会议通过了《2009—2015亚太地区减少灾害风险，应急准备与应急响应战略》（Strategy for Disaster Risk Reduction and Emergency Preparedness and Response in the Asia Pacific Region: 2009 to 2015）。[①] 该文件是指导成员加强在预防地区主要灾害、减少灾害和加强应急合作的纲领性文件。

中国自1991年加入APEC以来，作为亚太地区的大国和强国之一，承担起了地区合作机制建设的领导任务。中国政府多次公开表示，愿意积极参与亚太防灾减灾、人道主义援助合作，同各成员分享有益经验和做法，为推动合作作出力所能及的贡献。

中国多次对APEC内的地区防灾减灾合作献计献策，为地区机制的建设发展指明方向。2012年9月，在APEC第24届部长级会议上，中国代表马朝旭建议各成员加强信息共享，构筑灾害风险防范体系；加强能力建设，切实提升防灾减灾能力；完善交流机制，加强人员培训和互访。[②] 2014年8月11日，中国民政部和亚太经合组织于北京饭店共同主办了APEC第8届灾害管理高官论坛。中国民政部代表提议：要进一步加大防灾减灾的科技投入，以实际需求为导向，强调科技投入的应用转化和实际服务能力；推进防灾减灾专业化建设，全面提升科学

---

　① *Strategy for Disaster Risk Reduction and Emergency Preparedness and Response in the Asia Pacific Region: 2009 to 2015 (TFEP 04/2008A)*, APEC Document, 2008/SOM3/TFEP/012.

　② 中华人民共和国外交部：《亚太经合组织（APEC）第24届部长级会议举行》，2012年9月5日，http://www.gov.cn/gzdt/2012—09/05/content_2217610.htm，访问日期：2022年9月1日。

技术对重大灾害备灾、应急和恢复重建的支撑能力；在APEC经济体间强化多边科技合作，鼓励各利益相关者参与综合防灾减灾，建立重大自然灾害监测、预警、评估和救援的国际合作机制。[①]

中国还积极承办会议，凝聚成员之间的共识，推动共同、协调、一致行动。2014年11月11日，在北京召开的APEC第22次领导人非正式会议宣言《北京纲领：构建融合、创新、互联的亚太》中，各成员决心共同应对大规模流行性疾病、恐怖主义、自然灾害、气候变化等全球性挑战，鼓励各成员在减灾备灾、灾害应对、灾后恢复和搜寻救助等领域深化合作，包括促进灾害管理部门的网络化、加强科学技术应用，遵守《亚太经合组织适当捐款指南》，提高供应链复原能力，实施《贸易恢复计划》，减少应急救灾响应人员和人道主义救援跨境流动障碍，加强科技应用及数据分享。[②]

2020年新冠肺炎疫情发生后，中国积极向APEC成员捐赠物资、疫苗，并派遣医疗队。例如，中国曾多次向日本政府援助包括N95口罩、医用外科口罩、医用隔离眼罩、防护服、防护面罩和手术衣等在内的抗疫物资。中国还向APEC专门捐资100万美元成立"应对疫情和经济复苏"子基金（Combating COVID-19 and Economic Recovery，CCER）[③]，"用于支持成员战胜当前和未来潜在的新冠疫情，确保人民生命、财产安全，加速经济恢复，推动数字经济发展，同时也将推动APEC普特拉贾亚（Putrajay）愿景"。[④]

---

① 《民政部副部长窦玉沛出席APEC第八届灾害管理高官论坛开幕式并致辞》，《中国减灾》2014年10月（上），第5页。

② 《北京纲领：构建融合、创新、互联的亚太——亚太经合组织第二十二次领导人非正式会议宣言》，《人民日报》2014年11月12日，第3版。

③ APEC Secretariat, "China Contributes to APEC Sub-fund on Combating COVID-19 and Economic Recovery," post on 24 August, 2021, https://www.apec.org/Press/News-Releases/2021/0824_MOU.

④ Xinhua, "China Contributes to APEC Sub-fund on Combating COVID-19, Economic Recovery," post on 24 August 2021, http://www.xinhuanet.com/english/2021/08/24/c_1310145772.htm.

二、亚洲部长级减灾大会机制

2005年1月，为交流亚太区域各国减灾领域的优秀实践、推动地区交流与合作，并监督全球和区域合作框架与行动计划的执行，温家宝在印度洋海啸特别峰会上代表中国政府提议并承诺召开亚洲部长级减灾大会。[①] 2005年9月，首届亚洲部长级减灾大会召开，会议讨论的主题涉及区域减灾合作、减灾与发展、适应气候变化与减灾、地方减灾能力建设等，先后形成了多个宣言和行动计划。[②] 至2018年底，亚洲部长级减灾大会已经举办8届，是亚太区域在减灾领域交流合作的重要平台。

作为亚洲减灾部长级大会的发起者，中国在历次会议中推动了会议宣言的形成和宣言精神的落实。2005年9月27日至29日，中国在北京主办第一届亚洲部长级减灾大会，来自亚洲和南太平洋地区的42个国家、13个联合国机构和国际组织的385名专家、学者、官员出席，会议通过了《亚洲减少灾害风险北京行动计划》，为亚洲各国进一步加强减灾合作奠定了基础。中国在亚洲区域减灾领域的重要地位初步得到确立。之后，中国政府积极参与2007年举行的第2届、2008年举行的第3届亚洲减灾部长级会议，与成员国共同推动了《2007亚洲减少灾害风险德里宣言》《2008亚洲减少灾害风险吉隆坡宣言》的形成；2008年，中国还举办了加强亚洲国家应对巨灾能力建设的研讨会。[③]

2018年7月3日至6日，由蒙古国政府、联合国减灾办共同主办的第八届亚洲部长级减灾大会在蒙古国首都乌兰巴托召开。会议通过了

---

① 《新闻办就中国减灾及亚洲减灾大会筹备举行发布会》，2005年9月22日，http://www.gov.cn/xwfb/2005/09/22/content_68823.htm，访问日期：2018年9月1日。

② 国家减灾网：《亚洲减灾部长级大会》，http://www.jianzai.gov.cn/yzjzbcjdh/index.jhtml，访问日期：2022年9月1日。

③ 中华人民共和国国务院新闻办公室：《中国的减灾行动》，2009年5月，http://www.gov.cn/zwgk/2009/05/11/content_1310227.htm，访问日期：2022年9月1日。

《实施仙台减灾框架亚洲地区2018—2020年计划》《乌兰巴托宣言》等文件。中国应急管理部副部长、中国地震局局长郑国光就更加深入推动亚洲和全球减灾事业发展提出三点倡议：第一，"亚洲区域各国和地区应加强合作，统筹区域资源，共同应对自然灾害挑战，提高亚洲区域抗灾能力，造福亚洲各国人民"；第二，"把握经济全球化的大势，推动减灾工作和各国经济社会转型相结合，着眼减轻系统性风险，促进公平、开放、全面、创新的可持续发展"；第三，"在交流共享减灾信息、完善应急联动机制、加大减灾科技研发、提高基础设施韧性、加强'一带一路'沿线减灾能力建设等方面进一步加强合作，落实具体合作项目"。①

2022年9月19日，受疫情影响，亚太减灾部长级会议在澳大利亚布里斯班以线上线下相结合方式举行。中国应急管理部副部长周学文在论坛上作主旨发言。周学文在论坛上介绍了中国政府在落实《2015—2030年仙台减轻灾害风险框架》方面在政策法规、体制机制、基础设施、救援救助、国际合作等方面取得的重要成就，以及中国政府《2021—2025年国家综合防灾减灾规划》将要实施的更多工作重点。同时，应急管理部还派团赴澳线下参会，承办了主题为"创新主流化：助力青年提升减灾领导力"的伙伴活动和"机构内风险静默的脆弱性——数字通信工具在防灾和韧性建设中的应用"的星火论坛等配套活动。② 中国在减灾领域取得的成就和经验，以及对亚洲地区减灾的合作建议受到了其他成员国的高度评价。

---

① 中华人民共和国应急管理部救灾司：《2018年亚洲部长级减灾大会在蒙古召开》，2018年7月6日，http://www.chinasafety.gov.cn/xw/bbgz/201807/t20180706_217576.shtml，访问日期：2022年9月1日。

② 中华人民共和国应急管理部：《中方参加2022年亚太减灾部长级会议》，2022年9月19日，http://mem.gov.cn/xw/bndt/202209/t20220919_422802.shtml，访问日期：2023年9月1日。

三、亚太空间合作组织机制

亚太空间合作组织（Asia-Pacific Space Cooperation Organization，APSCO）于2008年12月正式成立，是亚太地区联合国成员国组成的政府间国际组织，总部设于中国北京，是继欧洲空间局之后全球第2个政府间区域空间合作组织。[①] 该组织的宗旨是"通过推动成员国之间空间科学、技术及其应用多边合作，并通过技术研发、应用、人才培训等事务在成员国之间开展互助，提高成员国空间能力，促进人类和平利用外层空间"。[②]

1992年，中国、巴基斯坦和泰国提出在亚太区域开展空间合作的想法。同年11月，"亚太空间多边合作研讨会"在北京举办。会上，中国、巴基斯坦和泰国提出机制组织化建议，得到了16个亚太与会代表国家的一致同意。2008年12月16日，亚太空间合作组织正式成立，其组织总部及其执行机构亚太空间合作组织秘书处设在北京。目前，该组织有8个成员国——中国、孟加拉国、伊朗、蒙古、巴基斯坦、秘鲁、泰国、土耳其，1个签约国印度尼西亚、1个观察员国墨西哥和1个准成员国埃及。[③] 自成立以来，亚太空间合作组织先后为墨西哥和秘鲁等国发生的地震、洪灾等及时提供了受灾地区的灾情和灾后卫星数据。

作为亚太空间合作组织的发起国、东道国、核心国家，中国对组织的成立、发展发挥了关键作用。中国政府的相关部门为组织的成立

---

① 陈海波：《共享一个太空，共赢一个未来——亚太空间合作组织的这十年》，《光明日报》2018年11月15日，第13版。

② 工业和信息化部网：《〈亚太空间合作组织〉历史沿革》，http://www.miit.gov.cn/n1146285/n1146352/n3054355/n3057613/n4736969/n4736995/c4737594/content.html，访问日期：2022年9月1日。

③ 环球网：《共享一个太空，共赢一个未来》，2018年11月15日，https://baijiahao.baidu.com/s?id=1617160314495800589&wfr=spider&for=pc，访问日期：2020年9月10日。

和初期运行提供了资金、办公场所和设施、人员以及行政资源等。① 为了推动组织的进一步发展，2018年11月14日，正是亚太空间合作组织成立10周年之际，中国在北京举办了以"空间合作构建人类命运共同体"为主旨的高层论坛。围绕推动发展中国家平等获得空间数据、技术、应用，增加发展中国家的自我能力建设，论坛展开了讨论，并发布了《亚太空间合作组织2030年发展愿景》。习近平主席向论坛发了贺信。②

2008—2018的10年间，亚太空间合作组织通过开展各类合作活动使成员国受益，建立数据共享网络、空间段网络和地面系统互联、地基空间物体观测网络、灾害监测网络、空间应用网络、教育培训网络等6个合作网络平台，还为航天领域科技及管理人员搭建了相应的技术、政策、法律交流与知识共享平台，得到世界30多个国家和地区的积极参与。③

其中，在中国政府的大力支持下，"中方免费向亚太组织提供了9颗中国遥感卫星的数据，组织专家团队巡回为各成员国提供数据共享与应用培训，为亚太地区卫星数据共享发挥了积极作用"。④ "中国提出并牵头实施联合多任务小卫星星座、大学生小卫星等重大合作项目，为亚太地区空间技术合作提供重要载体；中国已向亚太空间合作组织提供22万幅卫星图像，广泛应用于成员国灾害管理、环境监测与评估、

---

① 刘洁、刘姝、田胜：《亚太空间合作组织：机遇和挑战并存——访亚太空间合作组织秘书长张伟》，《中国航天》2011年第10期，第8页。

② 《习近平致信祝贺亚太空间合作组织成立10周年》，《人民日报》2018年11月15日，第1版。

③ 亚太空间合作组织：《亚太空间合作组织成立十周年高层论坛在京举行》，2018年11月14日，http://www.cnsa.gov.cn/n6758823/n6758844/n6759927/n6759928/c6803948/content.html，访问日期：2020年9月1日。

④ 军民结合推进司：《亚太空间合作组织秘书长李新军接受联合国新闻部的专访》，2017年11月13日，http://www.miit.gov.cn/n1146285/n1146352/n3054355/n3057613/n4736969/n4737005/c5902753/content.html，访问日期：2020年9月10日。

自然资源和农业产量评估等各个方面，并为各成员国的研究工作提供了便利。"①

四、亚洲备灾中心机制

（一）亚洲备灾中心简介

亚洲备灾中心（Asian Disaster Preparedness Central，ADPC）（以下简称"备灾中心"）成立于1986年，致力于减少亚太地区自然灾难、维护社会与可持续发展，是亚洲及太平洋地区在增进灾害认知及地方政府制度化灾害管理能力的一个重要信息、资源中心。备灾中心成立初期是亚洲科技学院（Asian Institute of Technology）的一个外展中心（1986—1999），以培训为主，因而注册为以泰国为基地的独立国际性基金会。2005年2月，包括孟加拉国、柬埔寨、中国、印度、尼泊尔、巴基斯坦、菲律宾、斯里兰卡和泰国在内的9个成员国率先签署了宪章。2018年9月，泰国完成东道国协定的法律程序,《亚太备灾中心宪章》正式生效，备灾中心成为政府间国际组织。② 其资金来源于国际捐款人和资助机构，包括联合国发展计划署、美国国际发展署、澳大利亚国际发展署、欧盟、世界卫生组织、亚洲开发银行和世界银行等。③

备灾中心由主要负责政策制定和监督的信托委员会（Board of Trustees，BOT）、26个成员国国家灾害管理部门的官员担任的灾害管理区域咨询委员会（Regional Consultative Committee on Disaster Management，RCCDM）和国际顾问理事会（International Advisory

---

① 《亚太空间合作组织举行成立十周年高层论坛》,《人民日报》2018年11月15日，第12版。

② 中华人民共和国常驻联合国亚洲及太平洋经济社会委员会代表处:《黎弘代表出席亚洲备灾中心第一次理事会会议》，2019年11月22日，http://escap.chinamission.org.cn/chn/xedt/t1718018.htm，访问日期：2020年10月1日。

③ 亚洲备灾中心:《中国发展简报》，http://www.chinadevelopmentbrief.org.cn/org241/，访问日期：2022年9月1日。

Council，IAC）3个管理机构组成。[1] 其工作涵盖预防与减灾、准备与响应、重建与修复自然灾害全过程。训练与教育，技术性服务，信息、研究与网络支持，以及区域方案管理等是其工作的主要内容。[2]

（二）中国与亚洲备灾中心

作为创始成员国之一，中国积极与亚洲备灾中心合作，参与其各项活动，提升自我灾害管理能力。自1986年成立以来，中国外交部、农业农村部、水利部等多个部门的官员曾多次参加备灾中心主办的灾害管理培训活动。1991年，安徽发生水灾，备灾中心和其他机构合作援助受灾同胞。1995年，备灾中心派遣顾问与中国国务院合作制定国家防灾减灾计划。1999年，中心与中国政府合作，创办国际自然灾害管理工作组。2005年4月5日，中国驻泰国大使张九桓在曼谷签署备灾中心新章程，宣告我国成为该组织的成员。

作为亚洲区域大国，中国积极推动备灾中心组织内的成员交流和学习。2010年10月13日至14日，中国民政部、国家减灾中心和亚洲备灾中心主办了"亚洲自然灾害风险评估国际研讨会"。来自联合国国际减灾战略、亚洲备灾中心等13个国家和国际组织的100余名专家学者聚集北京，就如何预防、评估和减轻自然灾害风险展开了全面、深入的讨论。

作为自然灾害易发国，中国是亚洲备灾中心早期比较大的受援者。迄今为止，来自中国31个省（自治区、市）和新疆生产建设兵团的1000多名政府官员与相关人员参加了亚洲备灾中心在泰国和中国举办的各种灾害管理培训课程。[3] 此外，在美国国际开发署海外灾害援助办公室的资助下，备灾中心在中国的3个省（浙江、四川和江西）的试点

---

[1] 韦红等：《中国参与亚太地区救灾合作机制研究》，华中师范大学出版社，2018，第139—140页。

[2] 广东省人民政府应急管理办公室：《亚洲备灾中心简介》，2012年6月24日，http://www.gdemo.gov.cn/yjyj/tszs/201206/t20120624_163093.htm，访问日期：2022年9月1日。

[3] 谢恩·怀特：《ADPC亚洲备灾中心》，《中国减灾》2015年9月（上），第32页。

社区开展了为期1年多的以社区为基础的灾害风险管理项目；在救助儿童会中国项目的支持下备灾中心在中国西部开展了以儿童为中心的灾害风险管理项目。①

当前，作为自然灾害的援助大国，中国是亚洲备灾中心的重要贡献者。近年来，在应对低温雨雪冰冻、汶川地震等重、特大自然灾害过程中，中国积累了宝贵的经验。凭借灾害响应与恢复能力，灾害风险管理能力，中国逐渐成为全球减少灾害风险的重要经验来源国和减灾示范国家之一。同时，随着中国综合实力的不断增强，以及"一带一路"与"南南合作"具体项目的开展，中国和亚洲备灾中心共同致力于减少"一带一路"沿线国家和中国周边国家的灾害风险，提高灾害管理能力。中国希望与亚洲备灾中心在以往合作基础上，继续加强在社区灾害管理能力建设、人员培训等方面的务实合作，共同推动建立"一带一路"自然灾害防治和应急管理国际合作机制，并积极探讨在南南合作框架下开展第三方合作。②

五、中日韩三国人道主义援助合作机制

"中日韩总人口16亿、占东亚70%；经济总量近21万亿美元、占东亚近90%。"③2018年，3国间贸易总额达到7200亿美元，相互间投资额接近120亿美元，人员往来超过3000万人次。④三国除在国际、区域、其他次区域机制框架下进行人道主义援助合作外，也建立起了比较成熟的三方合作机制。

---

① 谢恩·怀特：《ADPC亚洲备灾中心》，《中国减灾》2015年9月（上），第32页。

② 中华人民共和国应急管理部国际合作和救援司：《郑国光会见亚洲备灾中心执行主任汉斯·格特曼》，2019年9月19日，https://www.mem.gov.cn/xw/bndt/201909/t20190919_336804.shtml，访问日期：2020年9月1日。

③ 李克强：《在第八次中日韩领导人会议上的讲话》，2019年12月24日，https://www.fmprc.gov.cn/web/ziliao_674904/zt_674979/dnzt_674981/lzlzt/dbczrhldrhy_698959/zxxx_698961/t1727643.shtml，访问日期：2020年3月17日。

④ 同上。

（一）中日韩领导人会议

1999年11月，时任中国国务院总理朱镕基、日本首相小渊惠三、韩国总统金大中在菲律宾出席东盟与中日韩（"10+3"）领导人会议期间举行早餐会，启动了三方在"10+3"框架内的合作。[①] 之后，三方开始定期非正式会晤。

人道主义援助领域是中日韩三方最早开始合作的重要内容之一。早在2003年10月7日，中、日、韩三国元首在印度尼西亚巴厘岛东盟与中日韩领导人会议期间举行了会晤，共同发表了《中日韩推进三方合作联合宣言》，强调将加强防灾治灾领域的合作与对话，以防止风暴、台风、水灾和地震等灾害，或减轻灾害造成的损害；将通过有效合作，加强在预防"严重急性呼吸道综合征"（SARS）等传染病方面的合作。[②]

为落实上述宣言精神，此后三国又分别于2003年11月27日、2004年11月27日举行了三方委员会会议；2004年10月召开了首次三国地震局局长会议。三方委员会会议决定三国在联合国亚太经社理事会、世界气象组织建立的台风委员会内进一步加强合作；地震局局长会议启动了在此框架下开展"地震海啸数据准实时交换、信息处理技术、重大地震研究、人员交流"[③] 等多方面的具体合作。

2008年12月13日，3国首次在"10+3"框架外举行领导人会议。2011年9月，三国在韩国首尔建立中日韩合作秘书处。这个政府间国际组织，是三国合作的正式机制。"三国建立了以领导人会议为中心、21个部长级会议为主体、中日韩合作秘书处等为支撑的全方位合作体系。务实合作涵盖经贸、交通、信息、海关、环境、科技、农林等近

---

① 姜琰:《中日韩合作》，载《世界知识年鉴2015/2016》，世界知识出版社，2016，第1233页。

② 《中日韩推进三方合作联合宣言》，2003年10月7日，国务院公报2003年第33号。

③ 《中日韩合作（1999—2012）白皮书》，《人民日报》2012年5月10日，第22版。

30个领域。"①

中日韩领导人会议将三国之间的减灾管理合作列为重点内容。在2008年举行的首次中日韩领导人会议中，时任中国国务院总理温家宝、日本首相麻生太郎、韩国总统李明博在日本福冈正式签署《三国伙伴关系联合声明》。会议结束后三方发表了《三国灾害管理联合声明》。声明指出：由于经常面临风险不断上升的地震、台风、洪灾、泥沙灾害、海啸等各种自然灾害威胁，三国领导人决定轮流举办救灾部门负责人会议和专家级会议，以合作制定全面灾害管理框架；制定措施并建立系统，最大限度地减少灾害破坏；在国家、地方和社区层次加强有效的灾害管理合作。②

2011年5月21日至22日在日本东京举行的第四次中日韩领导人会议，由于发生在日本大地震之后，会议发表的《第四次中日韩领导人会议宣言》附件一——《灾害管理合作》③强调三国将尽最大努力进行合作，加强防灾救灾能力建设，并强化灾难发生时的援助体系。附件还详细提出了三国合作的7项基本原则，以及推动演练和能力建设、信息快速沟通、加强协调、信息和技术共享与发展四个方面的具体举措。

2018年5月9日，在日本东京举行的第七次中日韩领导人会议后，三国发表了《联合宣言》。该宣言重申，根据2011年第四次中日韩领导人会议通过的灾害管理合作原则和措施，三国致力于加强减灾合作；认识到有效执行《仙台减灾框架2015—2030》对于大幅降低灾害风险和生命损失、保障民生和健康的重要性；将进一步努力，提升公众意

---

① 李克强：《在第八次中日韩领导人会议上的讲话》，2019年12月24日，https://www.fmprc.gov.cn/web/ziliao_674904/zt_674979/dnzt_674981/lzlzt/dbczrhldrhy_698959/zxxx_698961/t1727643.shtml，访问日期：2020年3月17日。

② 中新网：《中日韩三国灾害管理联合声明》，2008年12月13日，http://news.163.com/08/1213/17/4T2F34OA0001121M.html，访问日期：2020年3月17日。

③ 中华人民共和国驻尼泊尔大使馆：《第四次中日韩领导人会议宣言》，2011年5月22日，http://np.china.embassy.gov.cn/chn/zgwj/201105/t20110522_1526137.htm，访问日期：2020年3月1日。

识，欢迎在世界海啸日召开的高中生峰会并发表《黑潮宣言》；愿共同探讨"中日韩+1"合作模式，包括加强三国对话磋商，分享发展经验，深化各领域（包括国际减贫、灾害管理）务实合作，促进（包括南亚、东南亚在内的亚洲）地区内外可持续发展。①

至2019年底，中日韩领导人会议举行了八次。据2019年12月24日李克强总理在第八次中日韩领导人会议上的讲话，"中日韩+X"合作模式，目前已在环保、卫生、减灾等可持续发展领域形成一批早期收获项目——"中日韩+蒙古国"沙尘暴防治；"中日韩+缅甸、柬埔寨"热带病防控；"中日韩+东盟相关国家"肿瘤登记工作能力提升；"中日韩+东盟相关国家"应对海洋塑料垃圾；"中日韩+相关国家"低碳城市合作；"中日韩+蒙古国、东盟相关国家"减灾技术能力建设等。②

（二）中日韩灾害管理部长级会议

为落实首次中日韩领导人会议后发布的《三国灾害管理联合声明》，三国自2009年开始举办"中日韩三国灾害管理部门部长级会议"。该会议分别由三方每2年轮流主持和召开，至2022年底，已经举办7届。首次会议讨论并通过了《灾害管理合作三方联合声明》。声明决定：今后将共享信息、共享技术对策，深入讨论未来技术发展及在三国的应用；讨论未来三国在加强建筑物抗震性方面的合作；三国今后将轮流举办人力资源培训专家级研讨会，共享这一领域内的专业经验；加强与设在中日韩三国的灾害管理国际组织之间的合作，加强与在中日韩三国举行的国际灾害管理会议之间的合作等。③

---

① 新华社：《第七次中日韩领导人会议联合宣言》，2018年5月10日，http://www.gov.cn/xinwen/2018/05/10/content_5289706.htm?_zbs_baidu_bk，访问日期：2020年5月1日。

② 外交部网站：《"中日韩+X"合作早期收获项目》，2019年12月25日，http://search.fmprc.gov.cn/web/ziliao_674904/zt_674979/dnzt_674981/lzlzt/dbczrhldrhy_698959/zxxx_698961/t1727770.shtml，访问日期：2020年9月1日。

③ 《首次"中日韩三国灾害管理部门部长级会议"在日本举行》，《中国减灾》2000年第12期，第56页。

2011年10月28日举行的第二届中日韩灾害管理部门负责人会议决定在以下3个灾害管理领域开展密切合作：一是建立互访交流和会议机制，逐步建立共同访问灾区机制；二是加强信息共享，共享灾害管理领域的法律法规、体系及政策信息，共享灾害信息和巨灾风险研究成果，共同构筑灾害风险防范体系；三是加强减灾救灾能力建设，开展三国间的灾害管理人员培训，建立三国在灾区现场开展救援、保护居民的有效合作机制，加强卫星灾害监测，共享减灾地球空间数据。①

2017年和2019年依次在中国河北唐山、韩国举行的第五届、第六届中日韩灾害管理部长级会议均发布了《联合宣言》，重申了三方将在全面加强防灾减灾救灾能力建设方面开展务实合作。② 第五届会议还明确了未来三国将继续推动实施《2015—2030仙台减轻灾害风险框架》。③

受疫情影响，第七届中日韩灾害管理部长级会议于2022年7月14日以视频方式举行。中国应急管理部副部长周学文、日本内阁府防灾担当大臣二之汤智、韩国行政安全部灾害安全管理副部长金星镐，以及中日韩合作秘书处副秘书长坂田奈津子出席和参会。④ 会上，三国介绍了各自在应急管理法制体制机制方面的最新进展，应对重特大自然灾害的方面的最新理念、经验和政策措施，表达了愿意加强三国灾害管理合作，积极参与全球灾害治理的共同心愿。会议通过了《灾害管

---

① 人民网：《第二届中日韩灾害管理部门负责人会议在北京召开》，2011年10月28日，http://news.163.com/11/1028/16/7HFFPD2U00014JB6.html，访问日期：2022年9月1日。

② 中华人民共和国应急管理部新闻宣传司：《尚勇出席第六届中日韩灾害管理部长级会议并访问韩国》，2019年12月10日，https://www.mem.gov.cn/xw/bndt/201912/t20191210_342141.shtml，访问日期：2020年9月1日。

③ 中华人民共和国民政部：《第五届中日韩灾害管理部长级会议在河北省唐山市召开》，2017年9月10日，http://www.gdemo.gov.cn/gzyw/gj/201709/t20170910_258170.htm，访问日期：2020年9月1日。

④ 中华人民共和国应急管理部：《第七届中日韩灾害管理部长级会议举行》，2022年7月14日，https://www.mem.gov.cn/xw/bndt/202207/t20220714_418300.shtml，访问日期：2022年9月1日。

理合作三国联合声明》。

（三）具体合作项目

在中日韩领导人会议、中日韩灾害管理部长级会议机制的精神指导和具体规划下，三国在实践层面的合作日益增强。在2008年中国汶川地震、2011年日本地震中，三国积极对受害国进行人道主义援助；在非紧急状态下，三方通过召开研讨会，开展救援技术交流活动，定期举办"三国灾害管理桌面演练"等项目共同提升应对灾害的能力。

在研讨会方面，2010年10月17日至22日，中国宜宾兴文县举办了"中日韩国际救援技术交流研讨会暨国际山地救援演习"。2011年10月27日至28日，中国北京举办了中日韩救灾减灾合作研讨会。2019年12月16日至17日，中日韩合作秘书处联合三国灾害管理部门举办了"东北亚减灾技术能力建设论坛"，会议邀请中日韩、蒙古国、菲律宾和印度尼西亚代表参与，共享三国减灾技术能力建设的经验。

在救援技术交流方面，2012年1月13日至19日，为提高中日韩三国的山地救援技术，中日韩三国登山救援交流活动在日本富山县举行。由韩国救援队10人、中国登山协会4人、日本山岳协会15人共29人参加的交流项目分为两部分组成，即室内的三国救援现状介绍、救援系统的运行模式与运行机制介绍、雪崩理论知识交流，和实地的雪层状况分析、雪崩搜救演练、岩壁救援演练以及山地救援演习等内容。[①]

在联合演练方面，中日韩三国曾经举行过三次"三国灾害管理桌面演练"。2013年3月14日，首次演练在韩国首尔举行。与会人员根据"受灾国国内应对及灾情通报""请求与协调国际援助""派遣与接收国际援助"三个环节可能出现的问题进行推演，模拟大规模地震场景下

---

① 中国登山协会高山探险部：《2012年中日韩三国登山救援交流活动圆满结束》，2012年2月9日，http://www.sport.gov.cn/n16/n33193/n33223/n35184/n2323283/2681782.html，访问日期：2022年9月1日。

的应急反应。[①] 该项目于同年10月第三届中日韩灾害管理部门负责人会议上被决定作为今后定期合作项目。之后，2014年3月6日至7日，以及2015年4月28日，由中日韩三国合作秘书处组织，三国防灾管理相关部门人员参与的第二次和第三次中日韩三国灾害管理桌面演练又相继在日本东京、中国北京举行。灾害管理桌面演练增进了中日韩三国对彼此在应对大规模自然灾害过程中有关人道主义援助、救灾机制及程序的相互了解。[②]

此外，为促进海上救援合作，2005年7月7日，中国还邀请日、韩共同参加了我国交通部、上海市政府共同举办的建国以来规模最大的一次"2005年东海联合搜救演习"。该次演习共有30多艘国内外舰船参加，其中包括韩国海洋警察厅和日本海上保安厅派出的两艘救援船，另外还有来自东盟10国和美、俄等国的官员观摩演习，共约1000人。[③] 演习为中国与日韩以及其他国家在未来海上开展联合搜救积累了经验。

六、上海合作组织人道主义援助机制

（一）上海合作组织人道主义援助机制概况

上海合作组织于2001年正式成立。目前包括8个成员国、4个观

---

① 新华网：《中日韩首次举办"三国灾害管理桌面演练"》，2013年3月15日，http://www.gdemo.gov.cn/yjyl/gjyl/201303/t20130315_176155.htm，访问日期：2020年9月1日。

② 新华网：《第二次中日韩三国灾害管理桌面演练在东京举行》，2014年3月6日，http://m.cnwest.com/data/html/content/10828707.html，访问日期：2020年4月22日。

③ 《中日韩三国东海演习，为我国最大规模搜救演习》，《环球时报》2005年7月8日，第12版。

察员国、6个对话伙伴。① 上海合作组织内设成员国元首理事会，政府首脑理事会，以及议会、安全、外交、紧急救灾、交通、文化、卫生、执法等部门领导人或部长等会议机制。其中，开始于2002年的紧急救灾部门领导人会议是推动成员国之间人道主义事务合作的专门机制。

2002年6月，《上海合作组织成员国元首宣言》提出，要"支持国防、外交、边防、执法安全'比什凯克小组'、文化、紧急救灾部门和其他政府机构间开展交流"。2005年10月26日，上海合作组织成员国在莫斯科正式签署了《上海合作组织成员国政府间救灾互助协定》，在法律上明确了成员国之间在紧急救灾领域中预警、合作与互助的义务。该协定也规定成员国之间对于过境本国领土帮助成员国或其他国家消除紧急情况的救援队简化过境手续，以及要在紧急状态下保持信息交流，并共同商讨应对措施的义务。②

上海合作组织及其成员国也寻求与其他地区和全球性国际组织在人道主义事务上进行合作。2017年6月9日，上海合作组织成员国元首理事会第17次会议在哈萨克斯坦阿斯塔纳举行。峰会期间，各方授权代表签署了《上海合作组织秘书处与红十字国际委员会谅解备忘录》。③

（二）紧急救灾部门领导人会议

2002年4月29日，上海合作组织紧急救灾部门领导人于俄罗斯圣

---

① 成员国为中国、俄罗斯联邦、哈萨克斯坦共和国、吉尔吉斯共和国、塔吉克斯坦共和国、乌兹别克斯坦共和国、印度共和国、巴基斯坦伊斯兰共和国8个。现有蒙古国、伊朗伊斯兰共和国、阿富汗伊斯兰共和国和白俄罗斯共和国4个观察员国；对话伙伴国有斯里兰卡民主社会主义共和国、土耳其共和国、阿塞拜疆共和国、亚美尼亚共和国、柬埔寨王国和尼泊尔联邦民主共和国6个国家。参见中华人民共和国外交部：《上海合作组织》，2019年12月，https://www.fmprc.gov.cn/web/gjhdq_676201/gjhdqzz_681964/lhg_683094/jbqk_683096/t528036.shtml，访问日期：2020年4月22日。

② 中国广播网：《俄罗斯国家杜马批准上合组织成员国救灾互助协定》，2010年2月27日，http://finance.sina.com.cn/roll/20100227/03407468588.shtml?from=wap，访问日期：2020年4月22日。

③ 中华人民共和国外交部：《上海合作组织》，2019年12月，https://www.fmprc.gov.cn/web/gjhdq_676201/gjhdqzz_681964/lhg_683094/jbqk_683096/t528036.shtml，访问日期：2020年4月22日。

彼得堡召开首次会议。至2019年底，该会议已经成功举办10届。中国一直积极参与并努力推动上海合作组织紧急救灾部门领导人会议机制建设。2019年11月6日至15日，中国应急管理部副部长郑国光率团赴印度出席第十次上海合作组织成员国紧急救灾部门领导人会议。郑国光在会议上介绍了中国政府在应急管理领域取得的主要成就，尤其是2018年3月应急管理部组建以来，以习近平主席关于应急管理和防灾减灾救灾重要论述为指导，中国在应急管理体系和能力建设以及防灾减灾救灾工作方面取得的显著成效；他还表示，中方将继续推进与各成员国的交流与合作，完善上海合作组织紧急救灾沟通联系机制，不断拓展上海合作组织紧急救灾合作领域，共同推动建立"一带一路"自然灾害防治和应急管理国际合作机制等。①会议还讨论通过了《上合组织成员国政府间救灾互助协定》行动计划（2020—2021年）、共同签署了会议纪要。

（三）救灾合作演练与研讨、交流

2009年5月19日至22日，上合组织成员国紧急救灾部门负责人第三次会议确定上合组织"博戈罗茨克"救灾演练在俄罗斯莫斯科州诺金斯克市举行。经民政部、外交部、公安部、国防部、解放军总参谋部、地震局协商，我国派出中国消防应急救援队、中国国际救援队两支队伍参加演练，这是上合组织框架下首次开展的联合救灾演练，对于增进了解各成员国的救援指挥体系、救援方法、救援装备和技术进展，提高各方协同救灾能力，增进传统友谊，促进上合框架下的救灾合作具有积极意义。②在"博戈罗茨克"救灾演练期间，俄方同时在莫斯科市举办主题为"综合安全2009"的国际研讨会，与会代表就"消

---

① 中华人民共和国应急管理部国际合作和救援司：《郑国光率团参加第十次上合组织成员国紧急救灾部门领导人会议并访问印度、尼泊尔和孟加拉国》，2019年11月15日，http://www.mem.gov.cn/xw/bndt/201911/t20191115_340732.shtml，访问日期：2020年4月22日。

② 汪光宝、陈小菁：《我国首次派员赴俄参加上合组织联合救灾演练》，《解放军报》2009年5月19日，第4版。

防安全面临的紧迫问题""紧急情况和军事冲突中人道救援的现代方向"等议题进行了研讨和交流，并参观了俄方举办的安全设备展览。①

2013年6月11日至16日，民政部、外交部、公安部和浙江省人民政府共同再次在浙江省绍兴市国家陆地搜寻与救护基地举办了代号为"救援协作−2013"的上海合作组织成员国联合救灾演练。演练主题设定为"8级强烈地震紧急救援"，来自哈萨克斯坦、吉尔吉斯斯坦、俄罗斯和塔吉克斯坦的4支救援队，中国公安消防部队3支重型地震搜救队和2支医疗队共1000余人参加了演练。②

（四）非紧急人道主义援助领域合作

作为上海合作组织的创始国，近年来，中国推动了上海合作组织在农业、环保、公共卫生等非传统安全领域的人道主义合作。2014年12月15日，国务院总理李克强在阿斯塔纳出席上海合作组织成员国政府首脑理事会第十三次会议时提出，中国愿与各成员国深化农业合作，探讨建立统一的粮食和农产品信息平台，推动建立上合组织粮食安全合作机制；中方计划出资5000万美元用于上合组织农技推广和人员培训；中国正在制定"绿色丝路使者计划"，愿为沿线各国提供环保培训；中国应加强公共卫生合作，建立高效的传染病联防联控机制，中方愿为中亚国家提供力所能及的卫生援助。③

尤其在农业领域，中国倡议和建设了上海合作组织农业技术交流培训示范基地，帮助成员国共同推动农业现代化，确保区域内粮食安全。2019年6月14日，习近平主席在上合峰会上提出建设上海合作组织农业技术交流培训示范基地的倡议。此后，陕西杨凌落实了习近平

---

① 新华社：《我国首次派队伍出境参加上合组织框架下救灾演练》，2009年5月18日，http://www.gov.cn/jrzg/2009/05/18/content_1318080.htm，访问日期：2020年4月21日。

② 《救援协作−2013——上海合作组织成员国联合救灾演练掠影》，《中国减灾》2013年7月，总第208期，第12页。

③ 新华网：《李克强：上合组织成员国需注重民生和人文交流合作》，2014年12月17日，http://www.gov.cn/guowuyuan/2014/12/16/content_2792280.htm，访问日期：2022年7月1日。

主席倡议。迄今，杨凌已为上合组织成员国培训农业官员和技术人员400余名。[①]未来，农业合作服务云平台、上合组织区域农业合作网、农业技术实训基地等一批重点项目的建成将进一步有力推动成员国之间的农业技术交流与合作，将进一步发挥基地的示范和培训功能。

新冠疫情发生后，2021年9月17日，为确保区域内的粮食安全，《上海合作组织成员国元首理事会关于粮食安全的声明》在塔吉克斯坦的首都杜尚别发布。声明决定在自愿的基础上加强粮食安全数据信息沟通，分享粮食研发、生产的知识、经验、信息、技术，开展上合组织绿色交通运输走廊和路线合作，确保区域内的粮食生产和供应。[②]上合组织成员国农业部长会和农业常设专家工作组合作将负责执行声明，上合组织秘书处发挥协调作用。

总之，冷战结束之后，随着亚太地区自然和人为灾害的增加，中国和东盟国家、日韩，俄罗斯等国在人道主义援助领域内的合作日益增加。中国经历了从参加人道主义援助会议到主办会议，从参加人道主义救援组织到主动发起、建设组织，从接受人道主义援助的大国到成为地区人道主义援助提供大国的转变。中国已经成为亚太地区最重要的人道主义援助国之一，是亚太地区人道主义援助机制建设的最重要的领导者之一。

中国引领亚太区域人道主义援助机制建设具有多重动因。第一，通过提供公共产品，中国彰显了负责任的大国形象，承担了大国的地区和国际义务。中国对亚太地区人道主义援助机制提供物资、技术、人力、智慧等公共产品，是其争取对人类有"新的更大贡献"在区域、

---

① 《农业科技报》：《上合会客厅｜邓浩：引领上合组织农业合作的伟大创举》，2020年6月19日，https://baijiahao.baidu.com/s?id=1669906537368844407&wfr=spider&for=pc，访问日期：2022年9月1日。

② 中华人民共和国外交部：《上海合作组织成员国元首理事会关于粮食安全的声明》，2021年9月17日，https://www.fmprc.gov.cn/web/ziliao_674904/1179_674909/t1908356.shtml，访问日期：2022年9月1日。

次区域层次上的具体表现。第二，通过技术合作与交流、联合演练、经验研讨会等活动，可以增加本国和本区域应对灾难的能力。第三，通过合作，有利于推动亚太地区建立完善的地区灾害预警系统，采取及时的预防措施，减少在灾害中的经济损失。第四，中国推动亚太人道主义援助的合作还可能带来安全、政治、文化等领域的"溢出"效应，缓和因历史、领土、核扩散等地区问题带来的紧张关系。

第十一章　支持以联合国为核心的国际人道主义援助体系建设与改革

中国是联合国创始会员国之一，也是第一个在《联合国宪章》上签字的国家。作为东方大国，在联合国初始阶段，由于国内长期处于战争的状态，中国成为联合国人道主义援助体系的援助对象国。新中国成立之后，尤其是恢复联合国的合法席位后，中国在联合国人道主义援助体系中的角色逐渐从受援国转变为援助国，甚至援助大国。联合国国际人道主义援助领域，见证了中国从参与者到构建者的身份转变。

第一节　中国对联合国国际人道主义援助机制的贡献

自恢复在联合国的合法席位后，中国陆续加入了联合国各人道主义援助机构，通过缴纳会费、响应应急呼吁积极认捐，派遣维和部队，提供防灾减灾救灾思路方案等多种方式支持联合国人道主义援助事业。

一、中国积极捐助联合国及其人道主义援助组织

（一）中国缴纳的会费有力支持了联合国人道主义行动

1971年10月25日，联合国第26届大会第2758号决议承认中华人民共和国是中国在联合国的唯一合法代表。中华人民共和国在联合国的合法席位得到恢复。在此之前，中国对联合国人道主义援助体系的支持处于不系统、不连续的起步阶段。席位恢复之后，中国和联合国

人道主义援助机构的关系不断取得进展。

1972年，中国加入联合国近东巴勒斯坦难民救济和工程处（UNRWA），"并于1981年开始认捐"。[①]1972年3月，中国加入联合国环境规划署，1976年开始捐款，1982年起改为每年定期捐款。[②]1972年5月，中国加入世界卫生组织并开始缴纳会费。1972年10月，中国加入联合国科教文组织。1972年，中国加入联合国工业发展组织。1972年10月，中国加入联合国开发计划署，[③]从1973年开始缴纳会费。1973年9月，中国加入联合国粮食及农业组织，1974年开始缴纳会费。1978年5月，中国加入联合国人口基金会，1979年开始缴纳会费。1979年，中国加入联合国儿童基金会，并开始缴纳会费。1979年，中国加入世界粮食计划署，1981年开始缴纳会费。1979年，中国恢复了在联合国难民署执委会的工作，[④]并开始对联合国难民署缴纳会费。1988年，中国加入联合国人居署，同年开始缴纳会费。[⑤]

2000年以后，中国成为联合国会费分摊增速最快的国家。2000年，中国负担的联合国会费的比例仅为1%，2010—2012年达到3.19%，2013—2015年再次增为5.15%。[⑥]以2015年为例，中国应缴纳的会费分摊比例为5.148%，会费毛额为153 218 271美元，抵扣员工薪金税13 523 966美元后，会费净额为139 694 305美元。[⑦]

① 孙志强：《联合国近东巴勒斯坦难民救济和工程处》，载《世界知识年鉴》编辑部：《世界知识年鉴2006/2007》，世界知识出版社，2007，第1079页。

② 房玫：《联合国环境规划署》，载《世界知识年鉴》编辑部：《世界知识年鉴2006/2007》，世界知识出版社，2007，第1075页。

③ 姜宁：《世界粮食计划署》，载《世界知识年鉴》编辑部：《世界知识年鉴2006/2007》，世界知识出版社，2007，第1077页。

④ 中国国务院新闻办公室：《改革开放40年中国人权事业的发展进步》，人民出版社，2018，第54页。

⑤ 周弘主编《中国援外60年》，社会科学文献出版社，2013，第48、50、58页。

⑥ 张焕平：《2000年以来中国分摊联合国会费比例翻五倍》，2012年12月28日，http://china.caixin.com/2012-12-28/100478323.html，访问日期：2019年2月12日。

⑦ 联合国官网数据，转引自《世界知识年鉴》编辑部：《世界知识年鉴2015/2016》，世界知识出版社，2016，第1086页。

2016—2018年，中国分摊的联合国会费比例上升至7.92%；2019—2021年，进一步上升至12.01%。[①]2022—2024年，中国承担的联合国会费量约为4.381亿美元，占比再次升至15.25%，仅次于美国的6.93亿美元（占比22%）。[②]由于会费是联合国主要的经费和正常预算的来源，是不少联合国机构的重要资金来源，也是联合国机构正常运转的最重要保障，中国缴纳的会费有力支持了联合国及其人道主义援助组织在全世界的人道主义协调和救助行动。

（二）中国积极响应联合国及其人道主义援助机构的专项捐款呼吁

联合国有些机构的资金来源依靠成员国认捐。1973—1978年，中国开始向联合国开发计划署等组织捐款。从1979年开始，中国参加了联合国儿童基金会的多边援助活动，向其捐款35万美元和15万元人民币；20世纪80年代，中国向该基金会提供了三期援助方案（1980—1981年、1982—1984年、1985—1989年），援助总额达7756万美元。中国向联合国人口活动基金提供了1980—1984年、1985—1989年的援助，各为5000万美元。自1981年起，中国正式向联合国近东巴勒斯坦难民救济和工程处认捐，每年5万美元；自1991年起，捐款增至6万美元。[③]2003年开始，中国不断增加对世界粮食计划署的捐助，仅2004年认捐额多达150万美元。2006年3月，中国首次向联合国"中央紧急应对基金"认捐100万美元，至2019年累计捐款750万美元，居第24位。[④]

2009年、2015年、2020年，为帮助发展中国家开展扶贫、应急、

---

①　联合国：《中国联合国会费激增——承诺履行发展中大国义务　以实际行动支持联合国事业》，2019年1月23日，https://news.un.org/zh/story/2019/01/1027242，访问日期：2020年2月1日。

②　《2022年世界各国承担的联合国会费量，近10年中国涨了5.5倍》，2022年3月4日，https://www.163.com/dy/article/H1IT2V3905452DAL.html，访问日期：2023年1月2日。

③　仪名海：《中国与国际组织》，新华出版社，2004，第63、80、289页。

④　贾泽驰：《联合国全球人道主义应急基金认捐大会成功举行，38个国家和地区政府认捐3.56亿美元》，《文汇报》2019年12月11日，第6版。

抵御能力建设，以及构建可持续粮食体系等工作，力争到2030年实现人人享有粮食安全和营养的目标，中国向联合国粮农组织－中国南南合作信托基金三期共捐资1.3亿美元；截至2021年4月，该计划支持了16个南南合作国家项目、1个区域项目、7个区域间／全球项目和1个三方合作项目。[①]

根据《中国的对外援助（2014）》白皮书统计，2010—2012年，中国向联合国开发计划署、工业发展组织、人口基金会、儿童基金会、粮食计划署、粮食及农业组织、教育科学及文化组织、世界银行、国际货币基金组织、世界卫生组织，以及全球抗击艾滋病、结核病和疟疾基金等国际机构累计捐款约17.6亿元人民币，支持其他发展中国家在减贫、粮食安全、贸易发展、危机预防与重建、人口发展、妇幼保健、疾病防控、教育、环境保护等领域的发展。[②]

党的十八大之后，中国加大了对联合国专门人道主义援助机构的资助。根据联合国人道主义事务协调办公室的统计，2013—2020年，中国官方的人道主义援助花费共计3.297亿美元。[③] 其中，仅2017年度即占39%[④]。而2017年度的支出中，40.5%都是通过世界粮食计划署开展的。[⑤] 世界粮食计划署在2016年之后接收到的中国政府捐赠与过去相比，有很大的增长。[⑥]

[①] 联合国：《百天"新政"——联合国粮农组织驻华代表文康农畅谈"立足中国、与中国合作、并为中国人民谋福利"》，2021年5月12日，https://news.un.org/zh/story/2021/05/1083882，访问日期：2022年1月2日。

[②] 中华人民共和国国务院新闻办公室：《中国的对外援助（2014）》，人民出版社，2014，第31—32页。

[③] 联合国人道主义事务协调办公室金融跟踪服务(FTS)数据库，https://fts.unocha.org/donors/2976/summary/2021，访问日期：2021年8月14日。

[④] 根据联合国OCHA金融跟踪服务(FTS)数据库计算得出。

[⑤] 联合国FTS数据库，https://fts.unocha.org/donor-grouped/2976/summary/2017，访问日期：2023年2月14日。

[⑥] 联合国：《联合国在华40周年：专访世界粮食计划署驻华代表屈四喜》，2019年4月11日，http://www.mohrss.gov.cn/SYrlzyhshbzb/rdzt/gjzzrcfw/zhgjzzzp/201904/t20190409_314195.html，访问日期：2020年7月18日。

中国的捐款除由联合国机构统筹安排使用外，还用来为发展中国家在中国举办各类参观、考察、专业培训、讨论会、讲习班等活动，同时也承助其他发展中国家的小型项目、提供单项设备、派遣专家提供技术服务。[①] 中国通过多边组织的人道主义援助捐款程序较为特殊，主要由外交部主导。外交部提出人道主义捐款的数量，相关的主导部委执行。人道主义物资项目实施则一般由商务部援外司负责。[②] 所有的国际机构在中国都有一个归口的窗口业务单位，例如，粮食计划署在中国的对口窗口单位是中国农业农村部。[③] 除政府部门的捐资外，近年来中国的企业捐赠，腾讯、美团和阿里巴巴和相关机构共同建立的众筹捐资平台也成为国际机构在华筹资的重要渠道。[④]

二、中国积极参与联合国维和行动，实施人道主义援助

（一）联合国维和行动与人道主义援助

维护世界和平与安全是《联合国宪章》规定的联合国最重要的使命之一。冷战结束之后，"和平"的内涵更加丰富，国际社会对联合国维和行动的期待随之增加，联合国维和的范围不仅包括监督停火、解除各派武装等传统职责，也开始包括组织大选、监督和促进人权、安置难民、人道主义救援或为人道主义救援创造环境、清除地雷、建设安置区、恢复重建等任务。例如，1992年，联合国在两次索马里活动（UNSOM1、UNSOM2）中，除了维和，也进行了大规模的人道主义援助。[⑤]

---

① 刘国兴、贺耀敏、刘晓、武力主编《中华人民共和国史长编》（第四卷：1978—1991），天津人民出版社2010，第308页。

② 周弘主编《中国援外60年》，社会科学文献出版社，2013，第75页。

③ 联合国：《联合国在华40周年：专访世界粮食计划署驻华代表屈四喜》，2019年4月11日，http://www.mohrss.gov.cn/SYrlzyhshbzb/rdzt/gjzzrcfw/zhgjzzzp/201904/t20190409_314195.html，访问日期：2020年7月18日。

④ 同上。

⑤ 江启臣：《国际组织与全球治理概论》，台湾五南图书出版公司，2017，第152页。

实施人道主义援助和保护人道主义援助工作人员逐渐成为联合维和行动的四大功能之一。联合国维和行动的作用包括：主持国际争议，维护世界和平；促进冲突解决，维护地区安定；帮助经济建设，改革政府机构；实施人道主义，维护平民安全。[①]

自冷战结束之后，随着战争和自然灾害的增加，人道主义援助和人道主义介入逐渐成为联合国维和行动的最重要内容之一。维和行动中的人道主义援助行为分为两种类型。一种类型为在特殊情况下，例如，在局势紧张的情况下，国际救援机构和人员无法实施人道主义救援，则由维和人员代为行使。但这种只是暂时的、特殊情况下的使命，一旦情况好转或者专门国际救援机构和人员能够实施，维和部队就会移交该项工作。另一种类型为人道主义协助，即协助相关机构进行人道主义援助。

联合国是维和行动中操作层面规模最大的行为主体。据统计，截至2020年5月，"联合国共开展了72项维和行动"。[②]其中，"从1992年到2014年的22年间开展了47项"。[③]迄今，"曾经担任联合国维持和平人员的总数已经超过100万人，既有男性，也有女性，其中有3900多人因公殉职。目前部署在世界各地有95 000名文职人员、警务人员、军事人员"。[④]

在联合国维和人员的军事人员、警务人员、文职人员三种类型中，军事人员承担巡逻、警戒、后卫、执勤、军事保障等职责，警务人员负责承担维护社会治安、法制建设、安全功能改革等任务，文职人员

---

① 蒋振西：《联合国维和行动与中国的参与》，载贾英烈主编《新时代的全球格局与人类命运——大使看世界》，时事出版社，2018，第52页。

② 联合国：《维持和平人员国际日：联合国彰显妇女参与维持和平发挥的关键作用》，2020年5月29日，https://news.un.org/zh/story/2020/05/1058532，访问日期：2020年6月1日。

③ 陆建新、王涛、周辉：《国际维和学》，国防大学出版社，2015，第134页。

④ 联合国：《维持和平人员国际日：联合国彰显妇女参与维持和平发挥的关键作用》，2020年5月29日，https://news.un.org/zh/story/2020/05/1058532，访问日期：2020年6月1日。

负责行政和后勤。[①] "执勤人员通常也有3类人员：装备轻武器进行自卫的维和部队和武装的军事分遣队；不带任何武器的军事观察员（组成军事观察团）；工兵、医疗、运输等后勤分队。"[②]

联合国维和特派团可以通过协调、安全保护和后勤服务等方式参与国际人道主义援助。具体方式包括：第一，利用自己的国际地位，维和特派团可以为各种人道主义救援相关协调机制提供支持，从而和联合国人道主义事务协调办公室和其他协调机构一起，为各阶段救援活动的开展进行协调；第二，如果受灾国形势不稳定，维和特派团可以为人道主义行动提供安全保护；第三，通过提供后勤服务支持国际非政府组织为受灾国提供视频、帐篷、医药、饮水等服务；第四，在紧急救援结束之后，维和特派团，尤其是特派团高级领导在联合国、区域组织和有关国家之间协调，筹集捐助资金，动员世界银行、国际货币基金组织、欧洲联盟，以及其他区域性金融机构等重要国际力量为当事国提供资金；维和特派团还可以负责管理、分配、监督资金的使用。[③]

（二）中国参加联合国维和行动的历史

《中华人民共和国宪法》规定，中国要"为维护世界和平和促进人类进步事业而努力"。[④] 这也是中国参与国际维和行动的根本目的。同时，中国积极参加和支持联合国维和行动，除要维护地区与世界和平、履行大国义务、执行和平外交政策外，也要提高中国军队应对多样化任务或军事行动的执行能力，包括反恐、人道主义救援与护航等。

自1981年第36届联大起，中国明确肯定和支持联合国维持和平行动。1982年起，中国开始承担对联合国脱离接触观察员部队和联合国

① 孟文婷：《我与联合国的六年》，时事出版社，2018，第111页。
② 张丽君编著：《全球政治中的国际组织（IGOs）》，华东师范大学出版社，2017，第53页。
③ 陆建新、王涛、周辉：《国际维和学》，国防大学出版社，2015，第210—212页。
④ 《中华人民共和国宪法》，《人民日报》2004年3月16日，第2版。

驻黎巴嫩临时部队费用的摊款。① 1984年，中国首次在联合国审议有关议题时，较为全面地阐述了中国对维持和平行动的原则立场。1988年9月22日，中国代表向联合国秘书长申请加入联合国维护和平行动特别委员会；12月6日，第43届联合国大会通过。② 1989年4月，中国向联合国纳米比亚过渡援助团派遣了20名选举监督人员，标志着中国开始实质性参与联合国维和行动。③ 1990年4月，中国派5名军事观察员前往联合国停战监督组织（中东），开启了中国（军队/军人）联合国维和行动的帷幕。④

此后，中国参加的维持和平行动日益增多。中国先后向"联合国伊拉克-科威特观察团""联合国柬埔寨临时权力机构""联合国西撒哈拉公民投票特派团""联合国莫桑比克行动""联合国利比亚观察团"等，派出了军事观察员。1992年4月，中国向联合国柬埔寨临时权力机构派出了一支450人的工兵大队，前后两批共派出800人，这是中国第一次派遣如此大规模的维持和平部队参加联合国的行动。⑤

2001年12月，负责统一协调、管理中国人民解放军参加联合国维持和平行动工作的中国国防部维和事务办公室正式成立。2002年2月，中国政府宣布正式加入联合国一级维和待命安排机制，按照联合国标准指定了1个工程建筑营、1个二级医院和1个运输连为联合国维和待命部队。中国承诺在接到联合国请求90天内具备部署到维和任务区的能力。2012年3月22日，时任中央军委主席胡锦涛签署命令，发布施行《中国人民解放军参加联合国维持和平行动条例（试行）》，同年5

---

① 李铁城：《联合国的历程》，北京语言学院出版社，1993，第516页。
② 同上。
③ 陆建新、王涛、周辉：《国际维和学》，国防大学出版社，2015，第150页。
④ 尚昌仪：《中国军队与联合国维和行动》，五洲传播出版社，2015，第1页。
⑤ 李冬燕编《列国志：联合国》，社会科学文献出版社，2005，第363页。

月1日开始正式施行。[①] 该条例对我军参与联合国维和行动的总则、职责、派遣与回撤、教育与训练、管理和保障、奖励与处分等均作出了具体规定。

（三）中国对联合国维和行动的贡献

目前，中国是联合国第二大维和经费贡献国。2018年是联合国开展维和行动70周年，也是中国自1990年首次参与维和行动的第28年。作为联合国五大常任理事国之一，中国从1982年开始缴纳联合国维和行动经费摊款。[②] 2013年和2014年，中国对联合国维和预算的经费捐款从2012年的3.9%增加到2013—2014年度的6.64%，是第六大捐赠国。[③] 2016—2018年，根据联合国大会第70/245号决议，中国要分摊维持和平行动实际摊款比率为10.2%，排名上升到第二，仅次于美国（28.4%）。[④] 2018年12月22日，联合国大会决议中国2019—2021年的联合国维和预算经费分摊比例由10.24%继续上升至15.22%，成为第二大出资国。[⑤]

中国首次特别设立中国–联合国和平与发展基金，支持联合国在维护国际和平与安全、预防性外交、反恐、减贫、难民和移民、落实联合国2030年可持续发展议程等方面的中心作用。该计划在2015年国家主席习近平出席联合国成立70周年系列峰会期间宣布设立。首批13个项目自2016年5月成立以来陆续启动，涉及加强维和人员安保、落

---

① 新华网：《胡锦涛签署命令发布施行〈中国人民解放军参加联合国维持和平行动条例（试行）〉》，2012年3月22日，http://cpc.people.com.cn/GB/64093/64094/17464813.html，访问日期：2019年2月19日。

② 何银：《大国崛起与国际和平：联合国维和建和研究文集》，时事出版社，2018，第5页。

③ 联合国大会，秘书长的报告：《联合国维持和平行动经费分摊比额表》，2012年12月27日，联合国文件A/67/224/Add.1。

④ 联合国大会，秘书长的报告：《联合国维持和平行动经费分摊比额表》，2015年12月28日，联合国文件A/70/331/Add.1。

⑤ 联合国：《中国联合国会费激增——承诺履行发展中大国义务 以实际行动支持联合国事业》，2019年1月23日，https://news.un.org/zh/story/2019/01/1027242，访问日期：2020年1月2日。

实2030年可持续发展议程、加强"一带一路"沿线国家能力建设、促进发展中国家科技创新、帮助难移民等众多领域。[①] 迄今，"中国共向中国–联合国和平与发展基金供资1.2亿美元，启动开展了112个合作项目"[②]，"惠及亚洲、非洲、拉丁美洲和大洋洲100多个国家和地区。"[③]

中国作为联合国安理会常任理事国，迄今累计派出5万多人次参加联合国维和行动。[④]"截至2018年12月，中国军队累计参加24项联合国维和行动，派出维和军事人员3.9万余人次，有13名中国军人牺牲在维和一线。"[⑤]截至2018年6月30日，有2519名中国维和人员在7个任务区执行联合国维和行动任务，其中警察18名、军事专家32名、军人2418名、参谋51名。[⑥][⑦]其中，女性有65名。[⑧]

中国的维和部队已经成为国际人道主义援助的关键力量。"30年来，中国维和部队与国际人道主义援助机构合作，积极参与难民安置、救济粮发放、难民营修建和抢险救灾等行动"，"2020年4月，刚果（金）东部乌维拉地区暴发洪灾，中国工兵紧急加固堤坝、修复被

① 新华网：《中国–联合国和平与发展基金指导委员会举行首次会议》，2017年2月4日，http://news.cqnews.net/html/2017-02/04/content_40509286.htm，访问日期：2018年5月1日。

② 央视新闻：《50年！中国全面参与和支持联合国事业》，2021年10月25日，https://china.chinadaily.com.cn/a/202110/25/WS61793e5ba3107be4979f51e6.html，访问日期：2022年1月20日。

③ 新华社：《中国–联合国和平与发展基金设立五周年"成就与展望"研讨会举行》，2020年12月9日，http://www.gov.cn/xinwen/2020-12/09/content_5568475.htm，访问日期：2021年1月2日。

④ 《指导中国特色大国外交实践阔步前行——新时代我国对外工作的根本遵循》，《人民日报》2022年10月15日，第10版。

⑤ 国务院新闻办公室：《新时代的中国与世界》（白皮书），2019年9月27日，http://www.scio.gov.cn/zfbps/32832/Document/1665426/1665426.htm，访问日期：2019年9月27日。

⑥ 殷淼：《"中国是联合国维和行动的重要伙伴"——记"联合国维持和平人员国际日"活动》，《人民日报》2018年6月3日，第3版。

⑦ "Contributors to UN Peacekeeping Operations by Country and Post—Police, UN Military Experts on Mission, Staff Officers and Troop", June 30, 2018, https://peacekeeping.un.org/sites/default/files/1_summary_of_contributions_4.pdf.

⑧ "Summary of Troop Contributing Countries By Ranking—Police, UN Military Experts on Mission, Staff Officers and Troop", post on June 30, 2018, https://peacekeeping.un.org/sites/default/files/2_country_ranking_2.pdf.

毁桥梁，打通生命通道，有力保护了当地人民安全"。① 中国的维和部队还承担着扫雷、修路、护卫、义诊等维和任务，被国际社会誉为"维和行动的关键因素和关键力量"。中国维和部队"累计新建、修复道路 10 026 公里、桥梁 300 多座，发现、排除地雷、各类未爆炸物 9218枚；运送物资 100 多万吨，运输总里程 1110 多万公里；接诊病人 12 万多人次"。②

中国维和部队是国际人道主义扫雷的重要力量。作为《特定常规武器公约》经修订的《地雷议定书》缔约国，中国严格遵守议定书对地雷的生产和使用等方面的限制，并每年向议定书缔约国大会递交国家履约报告；中国积极参与联合国《国际地雷行动标准》的审查修订工作，并以共同主席身份同各国专家一道研究制定简易爆炸装置处置标。③ 近年来，中国还与《渥太华禁雷公约》缔约国及国际禁雷运动、日内瓦人道主义扫雷国际中心、红十字国际委员会等组织保持着广泛接触与交流，积极参与国际扫雷合作。④ 自 1998 年以来，中国政府已通过捐款、援助器材、举办培训项目、实地指导等方式，向 40 余个亚、非、拉国家提供了总额超过 1 亿元人民币的人道主义扫雷援助，培训1000 余名专业扫雷技术人员，迄今累计发现、排除各种地雷及爆炸物 1万余枚。⑤⑥

---

① 《中国军队参加联合国维和行动 30 年》，载国务院新闻办公室编《中国政府白皮书汇编》（2020 年），人民出版社、外文出版社，2021，第 115 页。

② 罗铮：《我将首派安全部队执行维和任务》，《解放军报》2013 年 6 月 28 日，第 4 版。

③ 中国常驻联合国代表张军 2021 年 4 月 8 日在安理会地雷行动部长级视频公开辩论会上发言，参见《中国常驻联合国代表：中方积极致力于国际人道主义扫雷援助与合作》，《拉萨日报》2021 年 4 月 10 日，第 4 版。

④ 楚山：《国际人道主义援助的力量》，《光明日报》2016 年 2 月 28 日，第 8 版。

⑤ 外交部网站：《常驻联合国副代表吴海涛大使 2017 年 6 月在安理会地雷行动和降低爆炸物威胁问题公开会上的发言》，2017 年 6 月 13 日，https://www.fmprc.gov.cn/ce/ceun/chn/lhghywj/fyywj/20170707/t1470012.htm，访问日期：2018 年 9 月 1 日。

⑥ 中国常驻联合国代表张军 2021 年 4 月 8 日在安理会地雷行动部长级视频公开辩论会上发言，参见《中国常驻联合国代表：中方积极致力于国际人道主义扫雷援助与合作》，《拉萨日报》2021 年 4 月 10 日，第 4 版。

（四）其他贡献

2015年9月28日，国家主席习近平出席联合国维和峰会时宣布："为支持改进和加强维和行动，中国将加入新的联合国维和能力待命机制，决定为此率先组建常备成建制维和警队，并建设8000人规模的维和待命部队。中国将积极考虑应联合国要求，派更多工程、运输、医疗人员参与维和行动。今后5年，中国将为各国培训2000名维和人员，开展10个扫雷援助项目。今后5年，中国将向非盟提供总额为1亿美元的无偿军事援助，以支持非洲常备军和危机应对快速反应部队建设。中国将向联合国在非洲的维和行动部署首支直升机分队。中国－联合国和平与发展基金的部分资金将用于支持联合国维和行动。"①

目前，上述承诺中的大部分任务已经接近完成，甚至超额完成。例如，中国迄今已开展24个扫雷援助项目。②"2017年9月，中国8000人规模维和待命部队和300人规模常备维和警队在联合国完成注册。2019—2020年，已有6支维和待命分队由二级晋升为三级待命部队。中国公安部2016年率先组建了全球首支成建制常备维和警队，该警队2019年10月晋升为快速部署等级。"③"中国已成为联合国维和待命部队中数量最多、分队种类最齐全的国家。"④中国已经完成了对1600名维和人员的培训。⑤

---

① 新华网:《习近平出席联合国维和峰会并发表讲话》，2015年9月29日，http://www.xinhuanet.com/world/2015-09/29/c_1116705308.htm，访问日期：2016年5月1日。

② 中国常驻联合国代表张军2021年4月8日在安理会地雷行动部长级视频公开辩论会上发言，见《中国常驻联合国代表：中方积极致力于国际人道主义扫雷援助与合作》，《拉萨日报》2021年4月10日，第4版。

③ 国务院新闻办公室:《中国军队参加联合国维和行动30年》，载《中国政府白皮书汇编》（2020年），人民出版社、外文出版社，2021，第117—118页。

④ 新华社:《中国关于联合国成立75周年立场文件》，2020年9月10日，http://www.mod.gov.cn/topnews/2020-09/10/content_4871039_3.htm，访问日期：2021年5月1日。

⑤ 王建刚:《专访:"我们非常感谢中国对联合国维和事业的贡献"——访联合国维和部发言人尼克·伯恩巴克》，2018年5月28日，http://www.xinhuanet.com/world/2018-05/28/c_1122898268.htm，访问日期：2020年6月1日。

三、中国积极与联合国在防灾减灾救灾领域开展合作

防灾减灾救灾是联合国国际人道主义援助的重要内容。联合国人道主义事务协调办公室和联合国国际减灾战略系统（ISDR）共同制定、协调具体的减灾救灾行动计划，并报副秘书长兼紧急救济协调员批准。不同的防灾减灾救灾计划和行动由不同的机构或相关机构共同负责并实施。其中，备灾和恢复阶段一般由国际减灾战略系统主导；紧急应灾阶段由人道主义事务协调厅主导。[①] 长期以来，中国与联合国在共建基础设施，技术、信息分享与合作，风险评估与紧急救援，以及灾后恢复与重建方面开展了务实、有效的合作。

中国已成为联合国系统内多个防灾减灾救灾组织和相关宪章的成员。例如，中国自1999年以来一直是联合国咨询团亚太组的积极成员；2004年，中国加入了联合国灾害评估与协调队；2005年，中国成为联合国亚太地区人道主义救援伙伴关系成员。[②] 2007年5月24日，中国又加入了《空间和重大灾害国际宪章》。此外，上海东方医院2010年组建的应急医疗队是2016年首批通过世卫组织认证评估的国际应急医疗队，可随时接受世界卫生组织与中国政府的调遣，参加国际医疗救援任务。[③]

中国与联合国合作，建设了部分防灾减灾救灾机构。2005年3月，中国民政部与联合国国际减灾战略秘书处签署合作备忘录，双方同意合作建立国际减轻旱灾风险中心。2007年4月，中国民政部紧急救援

---

① 吕爱峰：《澜沧江—湄公河次区域防灾减灾机制与区域合作》，黄河水利出版社，2020，第71页。

② 吴云、吴成良：《联合国官员接受本报记者采访时表示"中国是联合国人道主义救援的重要伙伴"——中国在减灾和防灾方面的经验不仅具有区域意义，而且具有世界意义》，《人民日报》2011年10月12日，第3版。

③ 中国新闻网：《中国国际应急医疗队成首批通过世卫认证评估的国际应急医疗队》，2016年5月24日，http://www.xinhuanet.com/politics/2016-05-24/c_129012122.htm，访问日期：2018年7月1日。

促进中心与联合国项目事务厅在广西南宁签署协议，拟合作建设"国际人道主义紧急救援广西园区"项目。该园区由联合国项目事务厅负责设计、运营和管理，中国民政部紧急救援促进中心广西分中心负责承办。园区建成后，将为联合国相关机构和国际救援组织向东盟各国和中国南部实施紧急救援提供服务，包括备灾、紧急响应、救灾、早期恢复、重建复兴等救援物资供应服务，辐射范围包括中国西南地区及东盟，并涵盖整个亚洲。①2010年11月，中国推动联合国灾害管理与应急反应天基信息平台（UN-SPIDER）项目，筹建了该平台项目北京办公室，并为办公室提供了人员、资金、场地和技术支持。北京办公室自成立以来连续9年承办"联合国利用天基技术减轻灾害风险国际会议"和系列技术培训，合力为多个成员国提供技术咨询支持服务和能力建设活动，对国际防灾减灾救灾发挥了重要作用。②

中国承办了系列人道主义救援共同演练和研讨大会，为发展中国家在救灾、减灾和灾害管理方面的经验、信息互享提供了平台，促进了联合国及其人道主义援助机构与受灾国家之间的合作。例如，1999年6月10日至12日，中国民政部和联合国开发计划署、联合国人道主义事务协调办公室共同在北京举办了自然灾害管理国际研讨会。"来自40多个国家政府、联合国有关组织、国际组织和社会团体的120多位专家、学者和官员出席了研讨会。"③2006年8月5日至7日，中国政府承办了大型联合国亚太地区国际地震演练活动。17支国外救援队的代表，中国国家地震灾害紧急救援队和17支省级地震救援队的代表，国

---

① 新华社：《中国与联合国合作建设国际人道主义紧急救援项目》，2007年10月30日，http://www.gov.cn/jrzg/2007-10/30/content_790325.htm，访问日期：2020年5月1日。

② 中华人民共和国应急管理部、国家减灾中心：《联合国外太空事务办公室在京隆重举办联合国灾害管理与应急反应天基信息平台（UN-SPIDER）北京办公室成立十周年纪念活动》，2019年9月12日，http://www.ndrcc.org.cn/zxdt/12254.jhtml，访问日期：2020年6月1日。

③ 《自然灾害管理国际研讨会在京召开》，《光明日报》1999年6月11日，第1版。

际救援组织和国内有关方面特邀嘉宾共计200多人参加了演练。①2011年10月12日至13日，中国政府承办、联合国人道主义事务协调发起的联合国亚太区人道主义伙伴关系会议在上海举办，来自37个国家和16个国际组织的近百名代表与会。②

中国积极参加联合国世界减灾风险大会（又称"世界减灾大会"），提供了中国方案。世界减灾风险大会是由联合国减少灾害风险办公室（United Nations Office for Disaster Risk Reduction，UNDRR）发起并主办、各国和相关利益攸关方开展减灾交流与合作的重要国际活动。会议旨在通过所有行动方可持续的长期努力，共同减少灾害风险，推进国际减灾合作框架进程。该会议大致每10年举行一次，迄今已经分别于1994年、2005年、2015年成功举办三届。中国派代表团参加了历次会议，并分享了中国在减灾防灾领域的经验和建议。中国在三届会议中提出的建议强调了区域和国际制度设计、技术合作、信息共享、对发展中国家进行援助等理念。这和中国政府一贯支持联合国机制的核心领导作用，重视区域制度建设，强调和周边国家的技术合作的立场相一致。中国方案显示了中国致力为世界人民预防和减少灾害带来的经济损失，推动国家、区域和全球之间的合作，积极参与全球减灾治理的决心和善意，显示了中国在世界减灾领域的重要地位和作用。值得一提的是，在2015年举行的第三次联合国世界减灾大会上，除中国政府代表团21名成员，中国民间组织也首次以代表团的形式参与会议，并向会议组织方申请安排了2小时的专场论坛，集中向世界各地参与防灾减灾、救灾的同行展示了中国民间力量参与灾害响应的成果和

① 新华社：《2006年亚太地区地震演练在石家庄举行》，2006年8月7日，http://www.gov.cn/jrzg/2006-08/07/content_356764.htm，访问日期：2020年1月6日。

② 联合国：《联合国副秘书长阿莫斯：减灾与发展必须相结合》，2011年10月13日，https://news.un.org/zh/story/2011/10/160342，访问日期：2015年5月1日。

反思。①

中国举办国际防灾减灾与应急救援博览会，推动了世界应急产业技术的交流与合作。2008年汶川大地震凸显了中国应急救援意识、技术和能力的不足。之后，中国开始酝酿对应急产业进行全面战略部署。2014年12月，国务院办公厅印发《关于加快应急产业发展的意见》，明确了应急产业发展的总体要求、主要任务和政策措施，提出到2020年，应急产业规模显著扩大，应急产业体系基本形成的战略目标。② 为促进国内应急产业发展，中国举办了上海国际减灾与安全博览会暨中国（上海）国际减灾与安全产业峰会。该展会从2009年开始举办，每年举行一次。这是国内减灾领域由政府举办，办展历史最久、行业影响最大、国际参与最多的权威高端平台。2019年度的展会还同时举办了"全球灾害管理机制创新大会"。来自国内外应急与消防安全行业相关领导、技术专家和学者进行了充分交流和经验分享。该展会对加快关键技术和装备研发、优化产业结构、推动产业集聚发展、支持企业发展、推广应急产品和应急服务、加强国际交流合作等作出了一定贡献。③

四、中国支持以联合国为中心的全球人道主义援助体系建设与改革

中国坚定维护以联合国为核心的国际体系，坚定维护以《联合国宪章》宗旨和原则为基石的国际关系基本准则，坚定维护联合国权威和地位，坚定维护联合国在国际事务中的核心作用。在国际人道主义

① 基金会救灾协调会：《中国民间组织首次参加联合国世界减灾大会》，2015年3月16日，http://www.naradafoundation.org/content/4406，访问日期：2016年6月1日。

② 《国务院办公厅关于加快应急产业发展的意见》，2014年12月24日，国办发〔2014〕63号。

③ 万国企业网：《2020中国（上海）国际应急与消防安全博览会——上海消防展》，2020年4月27日，https://www.trustexporter.com/anfangzhan/o6106755.htm，访问日期：2020年5月3日。

援助领域，中国从以下四个方面支持以联合国为中心的国际体系：

第一，中国支持联合国在国际人道主义援助领域的中心领导地位。2005年6月7日，在中国政府发布的《中国关于联合国改革问题的立场文件》中，中国政府公开表明，"联合国在国际事务中的作用不可或缺。作为最具普遍性、代表性和权威性的政府间国际组织，联合国是实践多边主义的最佳场所，是集体应对各种威胁和挑战的有效平台，应该继续成为维护和平的使者，推动发展的先驱。"①中国政府还进一步强调，"人道主义行动，必须以《联合国宪章》为宗旨、原则和国际法基本准则为指导，尊重主权与领土完整，不干涉内政。"②同时，中国代表还多次在联合国大会上呼吁各国代表增加捐款数额，以实际行动支持联合国领导的全球人道主义援助体系。

第二，中国积极推动联合国人道主义援助系统的体制机制改革。2014年12月11日，中国常驻联合国代表刘结一大使在第69届联大关于人道主义议题的会议中提出，"中国赞赏联合国人道主义协调办公室在呼吁募捐和组织协调等领域开展的工作，重视中央紧急应对基金在快速应对紧急人道危机和支持解决长期人道危机方面的积极作用。中国希望联合国人道主义系统进一步完善机制，加强协调和伙伴关系建设，针对受援国政府和民众的实际需求和优先重点，推动国家、地区及国际层面人道救助努力形成合力，提高国际人道救助的实效。"③在实践层面，印度洋海啸发生后，中国政府向联合国提交了《联合国人道主义援助机构及程序》等一系列调研建议，为国际救援行动提供了

---

① 《中国关于联合国改革问题的立场文件》，载《北大国际法与比较法评论》2005年第6期，第212页。

② 《中国政府代表团团长乔宗淮大使在第27届国际红十字大会上的发言》，载中国联合国协会编《中国代表团出席联合国有关会议发言汇编》，世界知识出版社，1999，第321页。

③ 人民网：《中国将继续致力于国际人道主义事业的发展》，2014年12月12日，http://world.people.com.cn/n/2014/1212/c1002-26195963.html，访问日期：2015年6月1日。

有益借鉴。①

第三，中国为联合国人道主义援助的原则和价值建设提供了中国智慧。中国认为，在人道法面前，各国一律平等，不应存在大小、强弱之分。②中国反对部分捐助国根据自身利益和意愿，有选择、有条件地提供对外援助，呼吁国际社会在提供援助时遵循人道、中立和公平的原则，避免出现政治化和地区不平衡现象。2015年，习近平主席在参加联合国大会时强调，联合国有全人类的价值：和平、发展、正义、民主、自由，国际社会要继承和弘扬《联合国宪章》的宗旨和原则，构建以合作共赢为核心的新型国际关系，打造人类命运共同体。③习近平主席的讲话为联合国人道主义援助体系的原则和价值建设指明了方向。

第四，中国对联合国人道主义事务提出的"中国主张""中国方案"受到了国际社会的关注、赞许和认同。2016年9月19日，李克强出席在联大纽约总部举行的"应对难民和移民大规模流动问题高级别会议"，向世界提供了解决难民和移民大规模流动问题的"中国主张"：应该充分发挥联合国的领导和协调作用；过境国、难民国、接受国要加强国际合作；应该从受难国受难的根源——战乱冲突、贫穷落后处着手解决。④中国的主张和方案获得了世界关注。

2018年12月13日，联合国安理会就叙利亚人道主义局势举行公开

---

① 石楚敬：《国际人道主义救援——国际政治的重要议题》，《新远见》2007年第7期，第77页。

② 《中国政府代表团团长乔宗淮大使在第27届国际红十字大会上的发言》，载中国联合国协会编《中国代表团出席联合国有关会议发言汇编》，世界知识出版社，1999，第321页。

③ 外交部网站：《习近平出席第70届联合国大会一般性辩论并发表重要讲话 强调继承和弘扬联合国宪章宗旨和原则 构建以合作共赢为核心的新型国际关系打造人类命运共同体》，2015年9月29日，https://www.fmprc.gov.cn/web/zyxw/t1301612.shtml，访问日期：2016年10月1日。

④ 李克强：《在第71届联大解决难民和移民大规模流动问题高级别会议上的讲话》，2016年9月20日，http://www.xinhuanet.com/politics/2016-09/20/c_1119591534.htm，访问日期：2017年9月1日。

会。中国常驻联合国代表马朝旭阐述了中方三点看法：第一，叙利亚总体人道形势依然严峻；第二，叙利亚安全形势总体平稳，全境范围内冲突下降，改善人道状况具备更有利环境；第三，随着叙利亚有关地区局势好转，修复和重建住房、供水、电力、医疗和教育设施是基本需求，清除地雷等战争遗留爆炸物成为当务之急。[①] 马朝旭代表的部分观点得到了联合国和世界各国的赞同，并被写入决议。

第二节　中国对国际人道法的贡献

虽然国际人道法诞生在西方，但是其很多基本原则在中国古代早有类似表达，中国也是其思想来源之一。现代国际人道法诞生后，在中外先进人士的推动下，很快在中国得到传播。清政府虽然自身羸弱，但仍然积极签订国际公约，参与制定国际人道法，并在国内法中实践。新中国成立后，也率先对国际人道法进行了承认和审定工作，并按照其精神和义务要求积极参与制定、传播和实施国际人道法。

一、国际人道法概况

（一）国际人道法的概念

国际人道法由国际条约或习惯规则（源自国家实践和法律确信的规则）组成，旨在专门解决因国际性或非国际性武装冲突而直接引发的人道问题。[②] 现代国际人道法起始于1864年第一部关于"改善战地武装部队伤者境遇"的《日内瓦公约》。在1949年以前，国际人道法分为"日内瓦法体系"和"海牙法体系"。日内瓦公约系统是关于保护平

---

① 中国新闻网：《中国代表在安理会就叙利亚人道主义局势阐述中方观点》，2018年12月14日，http://news.workercn.cn/32843/201812/14/181214144956511.shtml，访问日期：2020年5月1日。

② 红十字国际委员会主编《国际人道法问答》，2016年7月，https://www.icrc.org/zh/publication/0703-international-humanitarian-law-answers-your-questions，访问日期：2018年6月1日。

民和战争受难者的诸多公约的统称；海牙公约系统是关于作战方法和作战手段的诸多公约的统称。1949年日内瓦会议之后，两者合为一体。

现行的国际人道法体系以1949年四个《日内瓦公约》及其1977年两个《附加议定书》包含的近600个条文为核心。[①] 截至2014年4月2日巴勒斯坦加入，全球已有196个国家和地区签署加入了《日内瓦公约》，该公约是现代史上首次获得全球不同社会制度、意识形态和宗教信仰的几乎所有国家普遍接受的国际公约。

国际人道法的基本原则是给予作战一些限制，以保护人的生命与尊严。具体包括，冲突各方无论何时都必须在平民与战斗员之间加以区分，以保护平民及其财产，禁止杀伤投降或不再参加战斗的敌人，应尊重被俘战斗员以及处于敌方权力之下的平民的生命、尊严、个人权利，及政治、宗教和其他信仰。[②]

（二）国际人道法的主要条约

关于国际人道法的主要条约，归纳如下，请参见表11-1。

表11-1　主要国际人道法条约[③]

年份	条　约
1864	《改善战地武装部队伤者境遇的日内瓦公约》
1868	《圣彼得堡宣言》，即《关于在战争中放弃使用某些爆炸性弹丸的宣言》
1899	《海牙陆战法规和惯例公约》《关于1864年日内瓦公约的原则适用于海战的海牙公约》
1906	对1864年《日内瓦公约》的审查与发展
1907	审查1899年《海牙公约》并通过新的公约，即《陆战法规和惯例公约》
1925	《禁止在战争中使用窒息性、毒性或其他气体和细菌作战方法的日内瓦议定书》

---

① 红十字国际委员会主编《国际人道法问答》，2016年7月，第17页。
② 同上书，第6—7页。
③ 同上书，第14—15页。

年份	条　约
1929	两个《日内瓦公约》： ·对1906年《日内瓦公约》的审查与发展； ·《关于战俘待遇的日内瓦公约》
1949	四个《日内瓦公约》： ·《改善战地武装部队伤者病者境遇之日内瓦公约》； ·《改善海上武装部队伤者病者及遇船难者境遇之日内瓦公约》； ·《关于战俘待遇之日内瓦公约》； ·《关于战时保护平民之日内瓦公约》
1954	《关于发生武装冲突时保护文化财产的海牙公约》
1972	《禁止细菌（生物）及毒素武器的发展、生产及储积以及销毁这类武器的公约》
1976	《禁止为军事或任何其他敌对目的使用改变环境的技术的公约》
1977	1949年日内瓦四公约的两个附加议定书，加强对国际性（《第一附加议定书》）和非国际性（《第二附加议定书》）武装冲突受难者的保护
1980	《禁止或限制使用某些可被认为具有过分伤害力或滥杀滥伤作用的常规武器公约》（《某些常规武器公约》），其中包括： ·《关于无法检测的碎片的议定书》（议定书一）； ·《禁止或限制使用地雷（水雷）、饵雷和其他装置的议定书》（议定书二）； ·《禁止或限制使用燃烧武器议定书》（议定书三）
1989	《儿童权利公约》（第38条）
1993	《关于禁止发展、生产、储存和使用化学武器及销毁此种武器的公约》
1995	《关于激光致盲武器的议定书》（1980年《某些常规武器公约》之议定书四）
1996	《修正后的禁止或限制使用地雷、诱杀装置和其他装置的议定书》（1980年《某些常规武器公约》之修正的第二号议定书）
1997	《关于禁止使用、储存、生产和转让杀伤人员地雷及销毁此种地雷的公约》
1998	《国际刑事法院罗马规约》
1999	《1954年关于发生武装冲突时保护文化财产的海牙公约第二议定书》
2000	《〈儿童权利公约〉关于儿童卷入武装冲突问题的任择议定书》
2001	《某些常规武器公约》经修正后的第一条
2003	《战争遗留爆炸物议定书》（1980年《某些常规武器公约》之议定书五）
2005	《日内瓦四公约关于采纳一个新增特殊标志的附加议定书》（《第三附加议定书》）
2006	《保护所有人免遭强迫失踪国际公约》
2008	《集束弹药公约》
2013	《武器贸易条约》

（三）两次世界大战与国际人道法的发展

在国际人道法发展的过程中，战争，尤其是两次世界大战促进了国际人道法的发展。第一次世界大战（1914—1918年）期间，毒气、空中轰炸等新的作战方法出现，俘获成千上万的战俘，以及虽然使用旧作战方法，但作战规模扩大等因素共同促使了1925年《禁止在战争中使用窒息性、毒性或其他气体和细菌作战方法的日内瓦议定书》通过。紧接着，1929年，两个日内瓦公约——对1906年《日内瓦公约》的审查和发展，以及《关于战俘待遇的日内瓦公约》也得以通过。

在第二次世界大战期间，国际人道法的缺陷暴露。国际人道法包含规制战俘待遇的规则（1929年7月27日的《日内瓦公约》），但没有包括规制平民人口待遇的规则，也没有将国内战争中的受伤害者纳入其中。① 二战期间，平民和军人的死亡人数几乎相同。而在第一次世界大战中，该比例仅为1：10。② 为更好地保护战争中的平民，1949年8月12日，国际社会修订了当时仍然有效的公约，并通过了一项新的法律文书——《关于战时保护平民之日内瓦公约》，即《日内瓦第四公约》。

二、近代以来中国对国际人道法的贡献

（一）中国是国际人道法的思想来源之一

当代国际人道法的很多基本原则，在中国历史上都能找到踪迹。例如，中国现存最早的先秦兵学著作《司马法》在其"仁本第一"开篇中就提出，要用"仁"去规范作战行为，规定作战中不追杀丧失战

---

① Paul Grossrieder, "Humanitarian Action in the 21st Century: The Danger of a Setback," *Refugee Survey Quarterly*, Vol 21, No.3, 2002, p.27.

② 《国际人道法由哪些条约组成？什么是习惯国际人道法？》，载红十字国际委员会主编《国际人道法问答》2016年7月，第17页。

斗力的敌人，哀怜敌方的伤病员，赦免投降的敌人；进入敌国后不准亵渎神位、不准破坏水利工程、不准烧毁房屋建筑、不准砍伐树木、不准擅自取用家畜、粮食和用具；见到老人和儿童，要护送他们回家，不准伤害；遇到青壮年，只要他们不以武力对抗，就不以敌人对待；对于受伤的敌人，给予治疗，然后放他们回家。① 先秦兵学的这些思想与保护战俘的《日内瓦公约》理念完全一致，也是当代国际人道法的主要内容。但其时间要比《日内瓦公约》早2000多年。

近代以来，随着中西方交流发展，中国官方和非官方制定的国际人道主义援助规则被传播到海外，成为当代国际人道法的渊源之一。如前所述，中国沿海福建省制定的《救护船只条规》被清政府推广至沿海省份执行，并抄送美国驻华使馆。② 中国本土产生的涉外法规、做法、理念等通过人员、组织、涉外活动等传播到了海外，成为当代国际人道法的来源之一。

（二）清政府参与制定、传播国际人道法

近代，国际人道法在中国得到传播。1874年，上海的英文报纸《字林西报》对《日内瓦公约》及红十字会在战地救护中的作用进行介绍，后被《申报》转译为《交战时宜预为保护人命》③ 中文稿发表，这是《日内瓦公约》在中国的第一次传播。④ 清末，一些接触国外人道主义援助理念的先进人士一边在中国创办中国红十字会，一边传播《日内瓦公约》。

除传播国际人道法外，清政府也先后于1899年和1907年两次参加海牙保和会（亦称"世界和平会议"）、签订海牙法体系系列公约，并

---

①　俞正山：《先秦兵学和现代国际人道法》，《光明日报》2009年8月17日，第9版。

②　《总署致美使西华照会》（光绪二年五月初八日），载黄嘉谟主编《中美关系史料》（光绪朝一），台北"中央研究院"近代史研究所，1988，第122—123页。

③　《交战时宜预为保护人命》，《申报》1894年9月7日，第1版。

④　袁灿兴：《1899—1949：国际人道法在华传播与实践》，合肥工业大学出版社，2015，第2页。

加入了保和会。参加和加入保和会，标志着中国参加国际会议、签订国际条约、加入国际组织的开始。第一次保和会上，清政府授权驻俄国、奥地利、荷兰公使杨儒率团参加。会后清政府决定批准1899年海牙公约中的3个。受制于1900年的庚子之乱，该项事宜最终于1904年正式完成。第二次保和会后，清政府于1909年决定批准会上提出的14个条约中的8个。[①]1911年中华民国成立后，立即宣布承认了这两个海牙公约。

此后，中国开始在军队中宣传国际人道法，号召士兵认真学习，并将国际人道法的主要内容融入国内军规军纪的制度建设中，要求士兵在实践中严格遵守。1912年12月7日，陆军总长段祺瑞发布陆军部部令，将红十字条约及解释通令全军，"凡我军人军属应熟读而恪守此令"。[②]1914年第2期的《中国红十字会杂志》全面介绍了海牙法体系的《海牙陆战规例》。1928年，中国工农革命军也制定了对待战俘的具体规定，如不打、不骂、不杀、不虐待，不搜腰包，受伤治疗，去留自愿。这些条款后来发展为"不杀或伤害俘虏"，"不打、不骂、不虐待、不侮辱俘虏"，"不没收俘虏的私人财产"，"对受伤和生病的俘虏给予救护"和"释放俘虏"等法规。[③]

（三）履行国际人道法

中国不仅是国际人道法系列条约的签字国、传播者，更是忠实的坚定执行者。在第一次世界大战期间，依据《陆战规例条约》，中国收容了德、奥战俘。这是国际人道法在中国的第一次实践。一战期间，中国作为中立国，于1914年8月6日颁布《局外中立条规》，规定："各交战国之军舰及附属各舰，在中国领海内不应停泊之口岸，经中国官员知照而不开行者，中国得令其卸去武装，所有船员一并扣留至战事

---

① 袁灿兴:《清末两次"保和会"参与之前后》,《兰州学刊》2011年第4期, 第135页。
② 《陆军部部令》,《陆军学会军事月报》1913年第3期, 第64页。
③ 朱文奇:《国际人道法》, 中国人民大学出版社, 2007, 第502页。

完毕时为止。所扣留之军队、船员，如乏衣食，中国政府当量力供给，俟战事毕，应由各交战本国如数偿还。"[1] 中国根据此条规在南京收容德国俘虏，在东北收容从俄国逃跑的德国、奥匈帝国俘虏。

1916—1917年，在东北之吉林、龙江、海伦三地，东北地方当局先后建立了俘虏收容所，专门收容从俄罗斯西伯利亚逃出的德、奥逃俘。从中国正式对德、奥宣战到1918年12月底，在中国优待战俘的政策下，中国境内共建8处俘虏收容所，分别是北京海淀收容所、西苑收容所、西苑新所，南京俘虏收容所、吉林俘虏收容所、海伦俘虏收容所、龙江俘虏收容所、新疆俘虏收容所，共计收容德、奥战俘1034名。[2] 1919年9月15日，中国宣布停止对德战争状态。1920年2月3日，在荷兰武官的护送下，在华德、奥俘虏登船回国。经陆军部对中国收容俘虏的费用统计，共花费1 052 574元，包括1914—1918年收容德国俘虏的费用。[3]

三、新中国对国际人道法的贡献

（一）承认、参与审定和制定国际人道法

1952年，新中国"就根据《政治协商会议共同纲领》第55条关于对国民党政府签订的条约加以审查，'按其内容，分别予以承认、或废除、或修改、或重订'的原则，对旧中国加入的有关禁止使用毒气和细菌战的1925年《日内瓦议定书》予以承认，这是新中国承认的第一个国际条约。1956年11月5日，中国全国人大常委会又批准了1949年日内瓦四公约，这是新中国正式批准加入的第一个国际条约"。[4] 1983

---

① 中国第二历史档案馆编《中华民国史档案资料汇编》第3辑《外交》，江苏古籍出版社，1991，第380页。

② 《陆军行政纪要（民国五年）》，台北文海出版社，1971，第319—320页。

③ 《收容俘虏费用事》，台北"中央研究院"近代史研究所藏外交档案，馆藏号03-36-084-03-029。

④ 陈刚：《新中国对国际人道法的贡献》，《西安政治学院学报》2003年第8期，第51页。

年9月2日，全国人大常委会又批准加入1977年的两个附加议定书，同时声明，对日内瓦四公约及其附加议定书的个别条款予以保留。1983—1989年，中国是联合国五大常任理事国中唯一加入这两个法律文件，并独自承担其中规定义务的国家。① 基于此，《红十字国际评论》主编葛瑟尔曾经撰文强调，"中国是在80年代就承认所有现代国际人道法条约的国家"。中国批准和加入的国际人道法公约或协定情况，请参见表11-2。

表11-2　中国批准、加入的国际人道法公约或协定一览②

协定名称及产生时间	中国批准或加入时间
《改善战地武装部队伤者境遇的公约》 1864年8月22日	1904年6月29日
《陆战法规和惯例条约》（海牙第二公约） 1899年7月29日	1904年11月24日
《关于1864年8月22日日内瓦公约的原则适用于海战的公约》（海牙第三公约） 1899年7月29日	1904年11月21日
《禁止从气球上或用其他新的类似方法投掷投射物和爆炸物宣言》（海牙第一宣言） 1899年7月29日	1904年11月24日
《禁止使用专用于散布窒息性或有毒气体的投射物的宣言》（海牙第二宣言） 1899年7月29日	1904年11月21日
《禁止使用在人体内易于膨胀或变形的投射物，如外壳坚硬而未全部包住弹心或外壳上刻有裂纹的子弹的宣言》（海牙第三宣言） 1899年7月29日	1904年11月21日
《关于改善战地武装部队伤者和病者境遇的公约》 1906年7月6日	1906年7月6日
《陆战法规和惯例条约》（海牙第四公约） 1907年10月18日	1917年5月10日

① 朱文奇：《国际人道法》，商务印书馆，2018，第495页。
② 同上书，第498—502页。

协定名称及产生时间	中国批准或加入时间
《中立国和人民在陆战中的权利和义务公约》（海牙第五公约） 1907年10月18日	1910年1月15日
《关于战争开始时敌国商船地位公约》（海牙第六公约） 1907年10月18日	1917年1月10日
《关于商船改装为军舰公约》（海牙第七公约） 1907年10月18日	1917年5月10日
《关于敷设自动触发水雷公约》（海牙第八公约） 1907年10月18日	1917年5月10日
《关于战时海牙轰击公约》（海牙第九公约） 1907年10月18日	1910年1月15日
《关于1906年7月6日日内瓦公约原则适用于海战的公约》（海牙第十公约） 1907年10月18日	1909年11月27日
《关于海战中限制行驶捕获权公约》（海牙第十一公约） 1907年10月18日	1917年5月10日
《关于中立国在海战中的权利和义务公约》（海牙第十三公约） 1907年10月18日	1910年1月15日
《禁止从气球上投掷投射物和爆炸物宣言》（海牙宣言） 1907年10月18日	1909年11月27日
《禁止在战争中使用窒息性、毒性或其他气体和细菌作战方法的议定书》 1925年6月17日	1929年8月24日
《改善战地武装部队伤者病者境遇的公约》 1929年7月27日	1935年11月19日
《关于战俘待遇的日内瓦公约》 1929年1月27日	1935年11月19日
《改善战地武装部队伤者病者境遇的公约》（日内瓦第一公约） 1949年8月12日	1956年11月5日
《改善海上武装部队伤者病者及遇船难者境遇的日内瓦公约》（日内瓦第二公约） 1949年8月2日	1956年11月5日
《关于战俘待遇的日内瓦公约》（日内瓦第三公约） 1949年8月12日	1956年11月5日

协定名称及产生时间	中国批准或加入时间
《关于战时保护平民的日内瓦公约》（日内瓦第四公约） 1949年8月12日	1956年11月5日
《关于在武装冲突中保护文化财产的海牙公约》 1954年	2000年1月5日
《禁止发展、生产、储存细菌（生物）及毒素武器和销毁此种武器公约》（即《禁止生物武器公约》） 1972年4月10日	1984年11月15日
《1949年8月12日日内瓦四公约关于保护国际性武装冲突受难者的附加议定书》（第一议定书） 1977年6月8日	1983年9月5日
《1949年8月12日日内瓦四公约关于保护非国际性武装冲突受难者的附加议定书》（第二议定书） 1977年6月8日	1983年9月5日
《联合国禁止或限制使用某些可被认为具有过分伤害力或滥杀滥伤作用的常规武器会议最后文件》 1980年10月10日	1981年9月14日
《1980年联合国常规武器公约"关于无法检测的碎片的议定书"》（第一议定书） 1980年	1982年7月4日
《1980年联合国常规武器公约"关于禁止或限制使用地雷（水雷）、饵雷和其他装置的议定书"》（第二议定书） 1980年	1982年7月4日
《1980年联合国常规武器公约"禁止或限制使用燃烧武器议定书"》（第三议定书） 1980年	1982年7月4日
《修改后的1980年联合国常规武器公约"关于禁止或限制使用地雷、饵雷和其他装置的议定书"》（第二议定书） 1996年	1998年11月4日
《1980年联合国常规武器公约关于禁止或限制激光致盲武器》（第四议定书） 1996年5月3日	1998年11月4日
《关于禁止发展、生产、储存和使用化学武器及销毁此种武器的公约》（即《禁止化学武器公约》） 1993年1月13日	1996年12月30日

续表

协定名称及产生时间	中国批准或加入时间
《1980年联合国常规武器公约关于第一条的修订》 2001年	1982年7月4日
《禁止为军事或其他敌对目的使用改变环境的技术的国际公约》 1976年	2005年8月6日
《儿童权利公约关于儿童卷入武装冲突问题的任择议定书》 2000年	2008年2月20日
《战争遗留爆炸物议定书》（即《1980年联合国常规武器公约的第五议定书》） 2003年	2010年6月10日

除批准实施既有的国际人道法条约外，新中国还参与了大部分国际人道法条约的起草和制定。① 《禁止生物武器公约》《禁止化学武器公约》《全面禁止核试验条约》是在包括中国在内的系列国家长期呼吁下缔结的。尤其是《禁止化学武器公约》，从1980年起，中国参加了其制定的全过程，成为缔约国和第一届执行理事会成员。② 中国也是《特定常规武器公约》及其五个附加议定书的"完全成员国"，忠实履行公约及相关议定书义务。1994年，中国又提出制定《不首先使用核武器条约》的建议，中国还呼吁国际社会早日起草《禁止生产核武器用裂变材料条约》和最终制定一部全面禁止和彻底销毁核武器的国际公约。③ 中国还是《禁止杀伤人员地雷公约》（即《渥太华禁雷公约》）观察员，参加了公约缔约国会议和审议会议。

此外，中国还以建设性态度参与了联合国信息安全政府专家组、《联合国特定常规武器公约》框架下"致命性自主武器系统"政府专家组、联合国私营军保公司政府间工作组、加强国际人道法执行等多边

---

① 陈刚:《新中国对国际人道法的贡献》,《西安政治学院学报》2003年第8期，第51页。
② 李巍岷:《化武公约：中国的参与和贡献》,《世界知识》1997年第7期，第33—35页。
③ 陈刚:《新中国对国际人道法的贡献》,《西安政治学院学报》2003年第8期，第51页。

谈判进程，为推动达成国际规则共识作出了积极贡献。[①]

（二）实施国际人道法

作为《日内瓦公约》的履约国，中国政府和中国人民解放军长期以来自觉遵守和履行条约。早在20世纪50年代初，中国尚未正式批准并加入《日内瓦公约》，就在朝鲜战争中履行国际人道主义义务，给予了战俘最人道的待遇。当时中国对战俘的待遇甚至高出了自己军队的标准，及时治疗了受伤俘虏和外国受伤平民。对于伤病俘虏经多方抢救，无效死亡者，中方均负责认真填写死亡证明书，连同死者的遗物一起交还对方。[②]

1956年，中国加入《日内瓦公约》当年即特赦释放了1017名日军战犯，至1964年3月，释放了所有二战战犯。此后，中国军方在1959年至1975年根据该公约之规定先后分7批特赦了国民党战犯。在20世纪60年代发生的中印边境冲突中，中国军方按照国际公约的规定，在战场上救助伤者，宽待战俘，而且在冲突结束后，不仅遣返了所有战俘，还将缴获的武器装备全部归还对方。此外，针对日内瓦第二公约规定，中国于2008年专门研制设计了"和平方舟"号医院船，用于改善海战医疗环境。

鉴于《日内瓦公约》和其他国际人道法文书的缔约国还负有义务在其国内立法中实施国际人道法，中国政府、立法机构、法院、武装部队和其他国家机关在国内立法中设立了遵守国际人道法所要求的机构，并安排工作人员，防止和惩治违反国际人道法的行为。中国政府通过《宪法》《国防法》《刑法》《刑事诉讼法》《兵役法》《戒严法》《征

---

① 外交部条法司副司长胡斌在2019年9月7—8日红十字国际委员会与中国国际法学会在京共同举办的"重申承诺：纪念《日内瓦公约》通过70周年研讨会"上的主旨发言。参见《外交部条法司胡斌副司长在纪念日内瓦公约70周年国际研讨会上的发言》，2019年9月7日，h:tp://csil.cn/News/Detail.aspx?AId=280，访问日期：2020年3月30日。

② 何小东：《中国的人道传统与中国人民解放军武装冲突法的传播与训练》，载朱文奇主编《国际人道法文选》（2001—2002），商务印书馆，2004，第130页。

兵工作条例》《人民防空法》《枪支管理法》《文物保护法》《环境保护法》《环境影响评价法》《环境保护条例》等法律和条例，积极融入和实施国际人道法。①

《中华人民共和国刑法》把违反国际人道法、遗弃伤病军人、有条件救治而不救治危重伤病军人，以及残害或抢夺无辜居民的行为定为军人违反职责罪，规定了相应的刑罚。刑法第444条规定，战场上故意遗弃伤病军人，情节恶劣的，对直接负责人员，处5年以下有期徒刑；第445条规定，战时在救护治疗职位上，有条件救治而拒不救治危重伤病军人的，处5年以下有期徒刑或者拘役；造成伤病军人重残、死亡或者其他严重情节者处5年以上10年以下有期徒刑；第446条规定，战时在军事行动区，残害或者抢夺无辜居民的将根据情节给予5年以下有期徒刑，5年以上10年以下有期徒刑，10年以上有期徒刑、无期徒刑，甚至死刑的处罚。② 这就把国际人道主义法中保护平民和战俘待遇的规定转化为国内刑法。

此外，中国还制定了专门的国际人道法。例如，1981年，全国人大常委会专门通过了《中华人民共和国惩治军人违反职责罪暂行条例》。1993年，中国制定了《红十字会法》；1996年，中国制定了《红十字标志使用办法》；中国还制定了一些涵盖核、生、化、导弹等各个领域的完备的防扩散法律体系，包括《核材料管制条例》及其实施细则、《核出口管制条例》、《核两用品及相关技术出口管制条例》、《核进出口及对外核合作保障监督管理规定》、《生物两用品及相关设备和技术出口管制条例》、《监控化学品管理条例》及其实施细则、《有关化学品及相关设备和技术出口管制办法》、《导弹及相关物项和技术出口管制条例》等。③

---

① 陈刚：《新中国对国际人道法的贡献》，《西安政治学院学报》2003年第8期，第53页。
② 《中华人民共和国刑法》，法律出版社，2017，第142—143页。
③ 陈刚：《新中国对国际人道法的贡献》，《西安政治学院学报》2003年第8期，第53页。

（三）传播国际人道法

在本国传播国际人道法是《日内瓦公约》缔约国的义务。1929年7月27日通过的《关于改善战地武装部队伤者病者境遇的日内瓦公约》第27条专门提到了推广国际人道法的问题，重申缔约国有义务采取"必要的措施来教育其部队，特别是受保护的人员以了解本公约的规定并使平民周知"。[①] 1977年通过的《日内瓦公约》两个《附加议定书》重申并扩展了各国传播国际人道法的义务，要求各国尽可能广泛地传播《日内瓦公约》和《附加议定书》。

在国际人道法传播方面，红十字国际委员会处于"主导地位"。1986年通过的《国际红十字与红新月运动章程》明确了国际红十字运动各实体在国际人道法方面各自的职能：各国红会有义务积极主动传播并帮助政府传播国际人道法；红十字国际委员会负责"维护并宣传本运动的基本原则"，"为了解和传播适用于武装冲突的国际人道法知识而努力工作，并为发展该法做好准备"（这一职能在1952年《章程》中已有规定，但相对简单）；红十字和红新月会国际联合会"帮助国际委员会促进和发展国际人道主义法，并与其合作，在各国红会中宣传国际人道主义法和基本原则"。[②] 1997年达成的《国际红十字与红新月运动各组成部分国际活动组织协议（塞维利亚协议）》第9.3条对此分工进行了再次确认，明确红十字国际委员会在"推广、发展和传播国

---

① 红十字国际委员会：《关于改善战地武装部队伤者病者境遇的日内瓦公约》，1929年7月26日，pp.2-4，https://www.icrc.org/zh/doc/resources/documents/misc/convention-wounded-sick-27071929.htm，访问日期：2020年1月6日。

② 《国际红十字与红新月运动章程》，1986年第25届红十字与红新月国际大会通过，1995年和2006年修订，https://www.icrc.org/zh/doc/assets/files/other/20060522_statutes_of_movement.pdf，访问日期：2020年3月30日。

际人道法"方面的"领导地位"。①

中国是国际人道法主要条约的缔约国。中国红十字会是中国传播国际人道法的重要单位，通过与红十字国际委员会的合作项目负责传播国际人道法、日内瓦公约以及红十字运动基本原则。中国红十字会还通过推进人道传播与创新项目，以及通过网络平台和新媒体技术向社会公众传播国际人道法知识。在青少年中，中国红十字会还开设了国际人道法课程，举办相关知识竞赛、辩论赛、夏令营等主题活动。②

2007年底，为更好传播与实施国际人道法，中国红十字会牵头成立了国际人道法国家委员会。外交部、司法部、教育部、国家文物局、中国人民解放军总参谋部、总政治部、军委法制局等相关单位参加。该机构的主要职责是就国际人道法在本国的传播和实施向本国政府提出意见和建议，评估公约和国内立法的现状等。目前，全世界已有100多个国家成立了国际人道法国家委员会及其他国家机构。

除中国红十字会外，中国高校也是研究、传播国际人道法的重要部门。中国高校已经成立了多所专门国际法研究中心，其中有：北京大学所属的人权与国际法研究中心、武汉大学的国际人道法研究中心、中国人民大学的国际人道法研究所、解放军西安政治学院的战争法研究所等。研究机构通过研究、校际合作、跨行业交流等活动促进了国际人道法在中国的研究和传播。

中国高校还和红十字国际委员会合作，通过举办研讨班、知识竞

---

① *Agreement on the Organization of the International Activities of the Components of the International Red Cross and Red Crescent Movement*, Resolution 6 of the Council of Delegates in Seville, Spain, on 26 November 1997, https://www.ifrc.org/sites/default/files/Seville_Agreement_EN.pdf.

② 中华人民共和国外交部条法司副司长胡斌在2019年9月7日至8日，红十字国际委员会与中国国际法学会在京共同举办的"重申承诺：纪念《日内瓦公约》通过70周年研讨会"上的主旨发言。参见《外交部条法司胡斌副司长在纪念日内瓦公约70周年国际研讨会上的发言》，2019年9月7日，中国国际法学会网站，http://csil.cn/News/Detail.aspx?AId=280，访问日期：2020年3月30日。

赛等促进国际人道法在中国高校教师和学生中的传播。例如，红十字国际委员会东亚地区代表处和高校合作，每年举办国际人道法暑期教师高级研讨班。至2021年底，该研讨班已在北京大学、外交学院、吉林大学、中国政法大学、苏州大学等知名高校举办过10届。2021年7月16日，红十字国际委员会东亚代表处和苏州大学红十字国际学院联合在苏州大学举办了"第十届国际人道法暑期班"。40名来自各相关政府部门、军事单位、研究机构和高等院校的学员参加了为期5天的培训交流。①

自2007年起，中国高校与红十字国际委员会合作，在学生中举办国际人道法模拟法庭竞赛，每年一届。至2021年底，已成功举行15届。2021年12月11—12日，红十字国际委员会东亚代表处与同济大学法学院共同主办了第15届国际人道法模拟法庭竞赛，来自中国57所高校的代表队参加了竞赛，同济大学、中国政法大学、吉林大学获得前三名。② 三支队伍后来继续参加了2022年3月13日由香港红十字会和红十字国际委员会东亚地区代表处联合举办的第20届亚太区红十字国际人道法模拟法庭竞赛，和来自亚太各国和地区的24支队伍继续进行了比赛，最终新加坡管理大学获得冠军。③

---

① 《第十届国际人道法暑期班"在红十字国际学院成功举办》，2021年7月19日，《公益时报》网站，http://www.gongyishibao.com/html/gongyizixun/2021/07/18022.html，访问日期：2022年9月1日。

② 同济大学法学院：《同济大学法学院主办第十五届国际人道法模拟法庭竞赛》，2021年12月18日，https://news.tongji.edu.cn/info/1003/79629.htm，访问日期：2022年9月1日。

③ 红十字国际委员会：《第20届亚太区红十字国际人道法模拟法庭竞赛闭幕 新加坡管理大学夺冠》，2022年3月15日，https://www.icrc.org/zh/document/20th-red-cross-moot-court-asia-pacific-2022-winners，访问日期：2022年9月1日。

第十二章 结论与建议

在人类历史的发展长河中，不同文明之间相互学习、共同进步。在国际人道主义援助领域，东西方思想和模式有很多相似点，也有不同之处。当前的中国国际人道主义援助有很深的中国人道主义的传统思想根基，也有借鉴西方援助大国的成熟经验之处。在中西方文明交汇的基础上，中国特色的国际人道主义援助模式、战略布局逐渐形成。中国的国际人道主义援助不仅拯救了受援国家人民的生命，提高了他们的生活质量，也为国际关系中的伦理建设提供了参考。未来，学界和业界可以加强对该问题的研究、宣传和规划，将中国人道主义的传统思想文化和实践模式发扬光大，服务于构建"人类命运共同体"。

第一节 主要发现与结论

通过从历史、结构、战略三个维度对中国国际人道主义援助进行全景式剖析，我们发现，虽然现代国际人道主义援助体系首先在西方建立，但是中国在历史文化发展中，也逐渐形成了比较成熟的中国特色的国际人道主义援助思想、体系和实践。尤其是21世纪以来，随着中国经济的快速发展壮大，逐渐在该领域成为援助大国，建立了中国特色的国际人道主义援助模式。因此，中国也是国际人道主义援助领域的思想来源国、有力援助国、重要贡献国。

一、中国是国际人道主义援助领域历史悠久的重要援助大国

从思想上看，2500年前，中国儒家创始人孔子就发出了"仁者爱人"的社会呼吁，这是中国古代国际人道主义援助最初的思想表达。在实践中，同很多国家和民族一样，中国很早就有自发的国际人道主义援助记录。在长达2000多年的朝贡体系中，古代中国将对周边"附属国"的人道主义援助视为"宗主国"的"道义责任"。受地理、交通、通信等因素的影响，周边国家和民族是古代中国国际人道主义援助的主要对象。

自唐代以来，西方派遣到中国的传教士在中国建立大学、医院、孤儿院、救济院等。他们在给中国社会带来先进知识文化和科学技术的同时，也传播了西方的慈善理念。近代以来，外国传教士、商人、外交官、医生等开始在中国传播国际红十字会的援助思想、建立红十字会医院，并最终影响和帮助中国于1904年建立了中国红十字会。中国红十字会成立后，联合商会、政府、民间人士等，怀着"滴水之恩当涌泉相报"的"国家道义"心理，开始援助国外的灾情。例如，1906年美国旧金山地震、1923年日本关东大地震等。在新中国成立之前，由于战争和内乱影响，中国国际人道主义援助的规模和范围均十分有限，主要是寻求外国对中国的人道主义援助。

新中国成立后，为了争取国际社会对新政权的支持，打破美帝国主义的封锁，并在道义上援助亚非拉被压迫的国家和民族，中国将国际人道主义援助作为对外援助的主要形式，投入了巨大的人力和物资，并拒绝接受外来援助。70年代初，在恢复联合国的合法席位后，中国开始向联合国人道主义援助机构缴纳会费，并捐款。70年代中后期，在"改革开放"思想的指导下，中国国际人道主义援助的意识形态和革命色彩日益淡化。此后，中国不仅积极对外援助，也开始接受外来援助。

21世纪，随着中国综合实力的增强，在"和谐世界"理念的指导下，作为"负责任大国"，在国际人道主义援助灾难剧增的国际环境下，中国国际人道主义援助无论在救援规模上，还是在参与幅度上都有了巨大的提升。在援助机制建设方面，2004年9月，中国正式建立了人道主义援助应急机制。中国逐渐成为国际人道主义援助机制中最为重要的国家之一。中国国际人道主义援助增长迅速、影响广泛，凭借不干预内政、不附加条件、灵活性强等特征受到了被援助国家的普遍欢迎和国际社会的认同。

2012年后，中国进一步增加了对国际人道主义援助体系的参与和贡献。2013年5月13日，习近平主席在会见红十字国际委员会主席毛雷尔时表示，"中国高度重视和支持红十字事业，愿积极参与国际人道援助，为更多弱势群体提供帮助，在力所能及范围内履行国际责任和义务"。[①] 2017年1月18日，习近平主席在联合国发言中呼吁，"面对频发的人道主义危机，我们应该弘扬人道、博爱、奉献的精神，为深陷困境的无辜百姓送去关爱，送去希望；应该秉承中立、公正、独立的基本原则，避免人道主义问题政治化，坚持人道主义援助非军事化"。[②]

新时代，中国国际人道主义援助呈现出系列新特点：第一，中国加强了与联合国等人道主义相关机构的联系与合作，中国为联合国国际人道主义援助组织和项目的捐款、支持明显增加。第二，中国民间公益组织开始更多地走出国门参与跨国人道主义援助行动。第三，国际援助和国内救助联动进行。第四，利用互联网等现代通信技术，中国国际人道主义援助的国际和国内宣传加强了。第五，中国国际人道

---

① 中国广播网：《国家主席习近平会见红十字国际委员会主席毛雷尔》，2013年5月14日，http://china.cnr.cn/news/201305/t20130513_512574904.shtml，访问日期：2017年9月1日。

② 《共同构建人类命运共同体》，载《习近平谈治国理政》（第二卷），外文出版社，2017，第540页。

主义援助的内容更加多元化，在传统的粮食、卫生援外基础上，派遣维和部队、海外护航、提供智慧方案，心理援助等也开始实施。

二、中国特色的国际人道主义援助模式已经形成

以中国政府为主导，以中国红十字会、中国扶贫基金会、蓝天救援队等组织和其他社会力量为补充的中国特色国际人道主义援助模式已经逐渐形成，并在日益完善的进程中。中国的国际人道主义援助机构已经从过去的封闭、单一机构模式走向更加开放的多主体模式。红十字会、专业救助组织、慈善基金会等行为主体在中国政府的领导和协调之下，组成了全社会共同参与的具有中国特色的国际人道主义救援模式。

以中国对印度洋海啸灾区民间捐赠活动为案例，按照国务院的统一部署，该次民间对印度洋海啸的捐款统一由中国红十字会总会及各地红十字会、中华慈善总会及慈善会负责接受，民政部门负责民间捐赠的组织协调、宣传报道、数据汇总、信息发布等工作，[①] 最终形成了政府主导、民政部门协调指导、各有关部门互相配合、社会各界广泛参与的协调一致的民间救援工作局面。[②]

中国非政府组织在参与海外人道主义援助项目时，日益显示出与政府、海外企业的联合行动意愿。

在援助对象上，中国的国际人道主义援助主要关注自然灾害受灾国，尤其是与中国建交且有接受援助意愿、有援助需要的发展中国家，以及发展中国家的国际或区域性组织。但根据具体情况，有时也对发达国家或与中国无外交关系的发展中国家实施援助。在援助对象的区

---

① 民政部：《关于印度洋海啸灾区捐款使用情况的公告》，2005年2月6日，民政部公告第59号。

② 李荣林主编《中国南南合作发展报告——中国对发展中国家的援助与合作》，五洲传播出版社，2016，第179页。

域分布上，中国的国际人道主义援助以周边为重点、以亚太为中心、以全球为终点。在构建"人类命运共同体"和"一带一路"倡议的推动下，中国国际人道主义援助的规模和受益国家、地区都在不断扩大。中国已经成为全球国际人道主义援助体系的重要援助国。

在援助内容上，根据受援方的需要，中国的国际人道主义援助内容日益广泛，不仅包括物资和现汇，还包括派遣国际救援队、医疗队、地震专家组，提供医疗与技术援助，实施心理辅导，提出中国智慧与方案等。这些内容既是中国古代传统赈济中"钱币赈济、粮食赈济、医疗赈济和以工代赈"措施在国际层面的当代外溢体现，也是中国学习借鉴西方国家对外援助经验的结果。

在援助渠道上，中国国际人道主义援助的渠道不仅通过政府间、各国红十字会间开展，也通过联合国专门机构进行。其间，双边是主要形式。近年来，随着中国参与全球治理的力度加大，中国通过多边渠道的国际人道主义援助规模也在逐渐扩大，尤其是当援助对象是跨国主体的时候。

2016年9月19日，李克强在纽约出席第71届联合国大会解决难民移民大规模流动问题高级别会议时宣布，中国政府决定，将在原有援助规模基础上向有关国家和国际组织提供1亿美元人道主义援助，其中，中国商务部与联合国难民署、联合国世界粮食计划署、联合国儿童基金会、世界卫生组织、国际移民组织和红十字国际委员会就开展具体合作进行协商，计划向上述6家国际组织分别提供100万美元，用于向有需要的国家提供人道主义援助，帮助他们应对人道主义危机。[①]

在援助方式上，中国国际人道主义援助强调从根源上解决危机，认为人道主义危机的根本出路在于谋求和平，共同发展。中国认为，国际社会应该通过增加投入、向发展中国家转让技术和专有知识、加

---

① 商务部：《中国政府决定通过有关国际组织向相关国家提供人道主义援助》，2016年10月8日，http://www.chinanews.com/gn/2016/10-08/8024652.shtml，访问日期：2017年9月1日。

强基础设施建设等途径切实加强受灾国灾害风险管理能力和防灾、备灾、减灾、抗灾等全方位能力建设和复原力。[①] 应以落实2030年可持续发展议程为契机，加强对发展中国家的支持力度。为此，2015年9月，习近平主席在出席联合国成立70周年系列峰会期间，宣布设立中国-联合国和平与发展基金、南南合作援助基金。除此之外，中国还积极参与健康相关领域国际标准、规范等的研究和谈判，完善中国参与国际重特大突发公共卫生事件应对的紧急援外工作机制，加强同"一带一路"沿线国家的卫生与健康领域合作等。

在援助效果上，中国的国际人道主义援助缓解了受灾国家的痛苦，拉近了与受灾国的感情，有助于维护周边的稳定环境。中国的国际人道主义援助也践行了国际人道主义精神，树立了中国致力于实现"人类命运共同体"的大国形象。中国的国际人道主义援助促进了中国海外贸易的发展，为本国企业海外直接投资创造了更多的机会。中国国际人道主义援助正在以前所未有的态势在全球持续作出更多贡献。

三、"人道主义"与中国参与全球治理的价值追求

冷战结束后，随着中国社会经济的发展、综合国力的增强，中国增加了对世界人道主义事务的投入，形成了以周边国家为重点，以亚太区域为依托，致力于建设以联合国为核心的国际人道主义援助体系战略格局。中国国际人道主义援助凭借其以人为本、不干涉别国内政、以受援国需求为中心、对灾难快速反应、救援质量高、注重从根源上解决危机等理念和做法得到了受援国的高度评价。这是中国自古以来秉持的"人道主义"精神在国际层面的体现。

"人道主义"精神不仅体现在国际人道主义援助领域，也外溢到中国参与全球治理的众多领域，成为众多中国主张的价值准则。中国坚

---

① 新华社：《中国代表呼吁国际社会合作应对全球人道主义挑战》，2015年12月11日，http://www.xinhuanet.com//world/2015-12/11/c_1117430108.htm，访问日期：2017年9月1日。

持以联合国为中心的全球治理体系；支持建立公正、合理的国际政治、经济秩序；认为应该根据事情本身的是非曲直决定，国家无论大小、贫弱一律平等；认为发达国家应该帮助发展中国家，走向共同富裕。

近年来，中国政府秉持"以人为本"的理念，对境内发生的灾难进行了及时、有效的救助，这本身就是对以联合国为核心的世界人道主义援助体系的重大贡献。中国自古就是亚洲最易遭受灾害影响的国家之一。根据中国民政部报告，2017年，中国各类自然灾害共造成全国1.4亿人次受灾，881人死亡，98人失踪，525.3万人次紧急转移安置，170.2万人次需紧急生活救助；15.3万间房屋倒塌，31.2万间严重损坏，126.7万间一般损坏；农作物受灾面积1.8478亿公顷，其中绝收182.67万公顷；直接经济损失3018.7亿元人民币。[①] 2009年至2015年，中央累计下拨自然灾害生活救助资金694.6亿元人民币，年均99亿元人民币。[②] 作为传统接受联合国人道主义援助的大国，中国对国内灾难开展的紧急、有效救援大大减轻了联合国人道主义援助体系的压力，为联合国将有限的资源转向更多发展中国家提供了机会。

此外，中国对国内极端贫困人口展开的"脱贫攻坚"行动也为粮食计划署、粮农组织的世界减贫和发展战略作出了重大贡献。中国拥有14亿人口，但土地仅占全球7%，用7%的土地去养活占世界约20%的人口是对中国政府的巨大挑战。2020年底，中国实现了现行标准下农村贫困人口全部脱贫，提前10年实现了联合国2030年可持续发展议程的减贫目标。中国成为世界上减少贫困人口数量最多的国家，是第一个完成联合国"千年发展目标"减贫目标的发展中国家，对全球减

---

① 民政部：《2017年全国自然灾害基本情况》，2018年2月12日，http://www.jianzai.gov.cn/DRpublish/ywcp/0000000000027782.html，访问日期：2019年9月1日。

② 国务院新闻办公室：《发展权：中国的理念、实践与贡献》，人民出版社，2016，第37页。

贫贡献率超过70%。[①]

中国将国内治理和国际治理联动起来，加大了对国际减贫合作的投入。2015年9月底，习近平主席在联合国成立70周年发展峰会、南南合作圆桌会和妇女峰会上宣布了一系列举措，主要包括设立南南合作援助基金和南南合作与发展学院；免除对有关最不发达国家、内陆发展中国家、小岛屿发展中国家，截至2015年底到期未还的政府间无息贷款债务；为其他发展中国家提供6个"100项目"支持，并帮助其他发展中国家分别实施100个"妇幼健康工程"和100个"快乐校园工程"；邀请3万名发展中国家妇女来华参加培训，并在当地为发展中国家培训10万名女性职业技术人员等。[②]

第二节　对国际关系伦理建设的意义

中国特色的国际人道主义援助思想、行为模式体现了中国自古以来基于国际道义构建美好世界的一贯立场和目标。这种将道德置于国家外交重要目标的理念和行动模式为当代国家价值建设和国际关系伦理建设提供了一种参考，有助于推动目前处于"十字路口"的国家和世界朝着和谐的方向前进。

一、国际人道主义援助是中国构建新型国际关系的生动体现

作为西方近代政治思想范式的创建者，意大利政治家马基雅维利曾在《君主论》中向国家的统治者谏言，为了获取并保持对于国家的

---

① 国务院新闻办公室：《为人民谋幸福：新中国人权事业发展70年》，人民出版社，2019，第15页。

② 6个"100项目"包括：100个减贫项目、100个农业合作项目、100所医院和诊所、100所学校和职业培训中心、100个生态保护和气候变化项目、100个促贸援助项目。参见中国新闻网：《习近平联合国宣布的援外举措体现人类命运共同体理念》，2015年10月3日，http://www.chinanews.com.cn/gn/2015/10-03/7554616.shtml，访问日期：2016年9月2日。

占有权与统治权，君主可以不顾信义或道义而使用任何手段以达目的。具体而言，君主应当既是"狮子"又是"狐狸"，[①] 他可依照现实的社会和政治状况来选择他认为适当的手段。这个臭名昭著的隐喻被认为道出了现代政治的核心秘密。伴随着这种新的政治观念的确立，并经英国政治家霍布斯的进一步推进，现代政治观念体系中政治现实主义和实用主义的策略便甚嚣尘上了，而以亚里士多德为代表的古典政治思想家所推崇的古典政治思想——政治学乃是伦理学的继续，政治的目标是为了对公民进行教化，引导公民获得幸福——则被推至了政治思想的边缘，并在现实的政治运行过程中被弱化甚至被忽略了。诚信、道义，或者说一般意义上的道德，不再成为现代政治运行准则的中心，取而代之的则是现实的权力和利益的争夺，以及与之相关的一系列范畴。

如果说上述的核心政治规范主要在国内政治和权力追逐中获得明显体现，那么在更广大的国际政治关系中它们也时时刻刻发挥着其自身的作用。从传统的契约论角度来看，时至今日，由各个独立主权国家所组成的国际社会依然处在一种从自然状态向政治状态过渡的进程中。这种国际社会的自然状态乃是一种原初的区域性自然状态的延伸和继续，或者说是在自然状态中的孤立个体的基础之上的一种理论推演。在这个理论视角之下，"国家似乎就像是一个为单一的心灵所引导的个体（individual），它亦具有自身的形体与心灵"。[②] 这种国家的个体化观念成为17世纪、18世纪政治思想中一个十分关键的主题。近代早期的政治思想家，如西班牙的苏亚雷斯、荷兰的格劳秀斯等人，虽然没有明确地说出这种观念，但是从他们的整体理论建构来看，他们无疑也都承认了这种前提，也正是在这种前提下他们才会先后提出了各

---

① 马基雅维利：《君主论》，潘汉典译，商务印书馆，1985，第83页。

② Spinoza, *Complete Works*, trans. Samuel Shirley (Indianapolis: Hackett Publishing Company, 2002), p.690.

具特色的国际法思想，并为国家间关系理论的提出和具体关系的调整奠定了基础。

但是，无论如何我们都必须看到，早期关于国际政治关系的理论在很大程度上依然是在社会契约论的传统下进行审视的。依照英国哲学家霍布斯、洛克等人为社会契约所提出的经典界定，我们必然会得出国家间的政治关系充满着尔虞我诈和殊死搏斗，因为"自我保存"作为自然状态中的一条根本原理，必然适用于孤立的国家政治体之间的自然状态，而为了达到自我保存的目的，国家也必然根据自然法来运用其自身的自然权利，做出这种权利所允许的一切事情。由此，似乎再也没有比道义更远离国际政治的运行规则了，国家之间应当处在一种永久的战争状态，而不是德国哲学家康德所说的"永久和平"。只有永恒的利益，没有永远的朋友；只有为了获得利益而不择手段，而没有为了信义而牺牲利益。经验和历史通常也都证实了上述观点的普遍性和现实性。

那么，根据以上的论述，我们是否就可以推导出，国家间的关系或国际政治必然是非道德的，一切国际事务都必须依照着斗争或博弈的原则来给予解释，诸如同情、怜悯、友谊等一系列伦理范畴都在国家关系中失去切实效用了呢？利益驱动原则是否将人道、道德从政治（特别是国际政治）的领域中永久地驱逐了呢？本书通过追踪国际人道主义援助在中国的发展历程发现，虽然在不同历史时期，中国国际人道主义援助的动因多种多样，但是"人道主义""国家道义""世界和谐"，以及构建"人类命运共同体"是中国行为背后的内在动因。国际人道主义援助的空间与时间，见证了中国自古以来致力于建设"人道""和合""守望相助"的国际关系伦理的努力。

诚然，在面对人类所有灾难：战争、恐怖主义、大规模杀伤性武器，以及日益增多的非传统安全面前，今天的人们不得不重新思考人自身的价值和意义，不得不重新定位人在政治制度下所具有的权利义务关系，同时也必须重新对国家间的关系模式提出新的构想和设计。中国主要从道德动因积极参与国际人道主义援助的行为，让我们看到了国家间关系在"霍布斯状态"之外隐藏的另一种可能——一个道德化的"和谐世界"存在的可能。这就是习近平主席强调的以"合作共赢"为核心的新型国际关系理念。当前，这种新的国家互动模式并未占据核心地位，甚至只是一种辅助的形式，但它对于我们构想和构造新型的国际社会提供了新的思想空间与实践空间。

二、中国国际人道主义援助对国家和国际关系伦理建设的意义

中国从人民的立场出发，实施国际人道主义援助，致力于构建"人类命运共同体"的实践是中国的国家道德品质在国际社会层面的延伸。"国家道义"是中国对外实施人道主义援助的道德起点。在不同的时期，表现形态不同。在中国古代，主要表现为传统文化中的"义利观"，即"重义轻利""义利合一"的国际互助观；在冷战时期，主要表现为援助社会主义国家和争取民族独立国家的无产阶级国际主义义务观；在新时代，则主要表现为"同舟共济"、共建"人类命运共同体"的国际责任观。

这种品质是中国在国内治理的道德品质的外溢，也会反过来进一步推动中国的国家道德品质和形象构建。2008年5月12日汶川地震发生后，国外媒体发现了中国的诸多变化：中国接受国外救援机构的援助，也接受国内团体和个人的救助；外国媒体及时进入灾区报道。这种将人的生存权置于其他一切问题首位的做法，得到了联合国等国际组织和机构，以及各国政要、媒体的一致称赞。此外，中国开展的致力于缩小城乡差距、走向共同富裕的社会主义新农村建设，实行的致力于缩小区域差距的西部大开发、东北全面振兴、中部地区崛起战略也进一步凸显出其国家治理的道德品质。

当今时代，世界各国，特别是政治经济大国，都必须重新考虑国

家在世界未来发展的过程中所应当扮演的角色和担当的责任。而这种自我意识中一个十分鲜明的任务和不可避免的话题就是国家的道德责任。人类若想继续在地球上生存、拥有继续发展的未来，我们就必须转变我们的生产方式和交往方式，而国家间交往尤其重要，因为它直接决定着我们处在何种政治生活状态之中。近百年来的诸多重大灾难和严重的社会危机已经迫使每个人，以及每个国家去思考重新建立国际秩序、规范国家间交往关系的新方式和新途径。而国家在国际交往体系中所赋予的道德责任，以及在处理国与国之间关系时所保有的道德尺度已经为我们提供了一种新的可能性。几十年来，随着"可持续发展"观念和战略日益深入人心，加之国际政治关系对整个世界的运行和发展所具有的重大作用，以国际人道主义援助为代表的更富责任感和关切感的国际关系模式正在为整个国际社会所推崇。

国家在国际社会中所赋有的道德责任在很大程度上来自我们所提到的国际人道主义，二者是相互交融、相互助长的关系。或者说，国家的道德责任，或国家道义乃是国际人道主义的更高的、更具规范化色彩的形式。同国际人道主义一样，国家的道德责任不能完全以我们通常在探讨人际伦理时所提到的道德作为衡量标准，而是要处在一种更加广阔的思想视域下才能得到理解。它不是一种主观的情感和夙愿，而是在面对新的国际社会共同体时所衍生出的一种新的行动方式；它不求在思想中获得霸权，也不可能成为良心一类的规范，而是要在现实的交往行动中获得切实的体现，发挥具体的调节功能。因此，它不仅是一种内化的主体之德，更是一种处在广大公共领域中的践行之德，是在一种互动的过程中、在一种相互规定的机制下得以形成的。国家的道德责任在很大程度上是在通向一种国际交往伦理的路途中迈进。

未来，中国不仅要成为一个强大的经济实体，而且要成为一个民主、自由、法治的政治实体，更要成为一个国际社会模范的价值实体。要通过"发挥崛起大国的道德引领力作用，通过外交实践和外交博弈让自己提出的理念逐渐得到越来越多国家的理解和认同，影响到国际规则的制定和改变，最终成为国际社会所接受的价值观"。① 中国可以利用自己的大国影响力，将以中国"国家道义"驱动下的国际人道主义为代表的先进国际社会道德理念向世界传输，引领人们突破国际关系领域中西方长期实行的传统国家利益核心模式，不再将眼光和视角局限在历史所确定的狭隘范围，而是将新的思维方式与互动模式引入到对于国际关系的思考及其对现实世界的建构。

第三节　建议与进一步的研究

当前，世界需要各国更多关注和满足人道主义需求。中国在"一带一路"倡议和构建"人类命运共同体"的指导下也有意在该领域作出更多努力和贡献。中国国际发展合作署可以在梳理历史、总结经验、参考他国的基础上领导国内各援助行为主体进一步细化工作，将中国国际人道主义援助事业推向更高水平。同时，中国学界可以在进一步研究的基础上，为国家和社会援外事业提供政策建议和帮助；媒体可以通过富有感染力的报道，增加社会与民众对人道主义救援项目的了解和资助，监督援外的过程实施，提高援外的实际效果等。

一、对中国国际人道主义援助战略的建议

（一）制定和完善整体、长远、具体的国家援助战略

美国等西方国家都有自己本国的人道主义援助战略规划，中国也可以结合构建"人类命运共同体"和"一带一路"倡议，制定整体、长远的战略规划，以及针对具体区域与国别的政策。国际发展合作署在对外援助统计时可以对国际人道主义援助的数据进行单独、更加细

---

① 李关云：《专访复旦大学国际关系与公共事务学院副院长吴心伯：中国与世界新秩序：构建崛起者的道德引领力》，《21世纪经济报道》2010年9月13日，第6版。

致的分类统计，为制定区域、国别人道主义援助政策提供依据。国际发展合作署还可以定期发布战略规划白皮书或项目实施总结报告，及时向国际社会彰显中国特色的大国国际人道主义援助对世界发展的贡献，提高国家软实力。

（二）完善国际人道主义援助的过程管理和监督机制

首先，国际发展合作署可以召集各界专家，成立人道主义危机评估专家小组，为中国实施对外人道主义援助提供智力支撑。国际发展合作署可以和业界、学界、非政府组织等相关机构、人士合作，建立包含多种类型专家的资源库。专家组成员平时通过项目合作研究，举行国际、国内研讨会进行知识、技术共享和交流，商讨中国国际人道主义援助的原则、技术标准、援助规模、援助效果等问题；在危机发生时集中进行灾害评估，对救援规模、救援标准、救援方案提供建议。

其次，国际发展合作署可以增强对国际人道主义援助的制度和立法建设，尤其要为民间参与人道主义行动创造机制、平台和机会。可以会同民政部等机构进一步完善中国国际人道主义各行为主体"走出去"的具体管理制度和相关法律。

最后，中国国际人道主义援助的各行为主体之间需要建立一个权威的整体、系统而有效的管理和协调机制。2015年发生的尼泊尔地震，我国有若干个民间救援组织前往灾区一线开展救援工作，但存在各自为战、缺少协调指挥的情况。国际发展合作署作为对外援助部级协调机制的专责部门，可以加强宏观层面的系统管理，建立官方层面的信息统一发布平台和协调机制，提高援助效率。

（三）改革相对单一的援助主体模式

中国国际人道主义援助的行为主体目前以政府为主导，民间专业组织、基金会等机构有序参与。其他发达国家的非政府组织在参与国际人道主义援助中更加积极主动，影响力也较大。中国未来可以构建多行为主体的国际人道主义援助模式，尤其要发挥非政府组织成本管理、技术转移、人才培养、民间交流等方面的特殊优势。

政府可以通过政策、资金、项目、人才支持，帮助其他行为主体克服专业经验薄弱，资源整合欠缺、资金来源单一、人才储备不足等参与对外救援过程中存在的问题，进一步发挥中国红十字会、专业救援组织、海外中资企业，以及华侨、华人的力量，加大非政府组织、企业、个人等的参与力度。例如，政府可以向民间组织购买服务，将其一定比例的官方发展援助资金专门用于民间组织参与国际事务；可以通过购买服务的程序，选择和培养一批优秀的民间组织实施援外项目，逐步积累经验；[①] 可以资助非政府组织、高校、培训机构举办紧急人道主义援助能力培训班，加强多行为主体之间的联系和交流；还可以建立、健全跨行业、跨地区的专家型、管理型的对外人道主义援助人才资源库，为后者提供指导。

针对当前中国非政府组织参与国际人道主义援助主要面临的缺乏法律、政策依据不足的难题，政府可以在完善立法上给予支持，使其有法可依。原则上，中国非政府组织走出国门之后的活动规则，诸如物资出关、税收减免、资金募集方式、在海外设立办事处或分支机构均需依照国内相关的法律法规进行，但我国还没有涉及非政府组织参与国际事务的专门法律法规，即使在国务院颁布的关于社团、民办非企业单位和基金会的三个管理条例中，也找不到任何给民间组织在海外设立办事处或分支机构的依据，因此，只能"一事一批"或"特事特批"。[②]

中国非政府人道主义援助机构也要增强自我能力建设。一方面，要有明确的本机构重点援助区域、援助类型、援助特色，建立自身在

---

① 丘仲辉：《"走出去"的爱德模式》，载蒋坚永、徐以骅主编《中国宗教走出去战略论集》，宗教文化出版社，2015，第92页。

② 章一琪：《援建苏中阿布欧舍友谊医院：中国扶贫基金会的国际化探索》，载康晓光、冯利《2016中国第三部门观察报告》，社会科学文献出版社，2016，第198—199页。

本行业的援助品牌项目，便于在灾难之时，能够很快被政府确定为合作伙伴；另一方面，非政府救援主体及其工作人员也要确保自身在信息、物流、运输、语言、交往等方面有足够的海外援助素养和能力。

（四）加强专业内的组织合作，提高自身援助能力

中国国际人道主义援助目前尚存诸多短板：（1）缺乏先进和专业的灾难救援训练，以及救助装备，救助设施；（2）机制协调、援助效率亟须提高；（3）国际人才培养不足；（4）国际标准、国际规范认识不够。例如，对于中国应急医疗救援体系，武警总医院院长、中国工程院院士、中国国际救援队首席医疗官郑静晨曾将其不足总结为四点：（1）缺少集搜索营救医疗一体化的专业救援力量；（2）缺少接受正规化培训的志愿者团队；（3）缺乏对民众防灾避险能力的培训；（4）缺乏先进应急救援装备的研发能力。[①]

为补齐短板，中国可以进一步完善国际多边、双边合作机制，加强人员、技术交流培训工作，提升重特大自然灾害协同应对能力；可以在援外中更加注意经验总结和学习各国先进理念、技术和管理制度，尤其是向美国等传统人道主义援助大国学习；可以加强与联合国及其专门人道主义援助机构、国际红十字与红新月运动网络、非政府组织等世界主要人道主义援助体系和机构的合作，借鉴国际专业援助机构的先进经验。

中国还可以建立更多的全球和区域物资储备中心，以便于快速反应；积极举行国际人道主义援助博览会，推动我国高端防灾减灾救灾装备和产品"走出去"；召开国际人道主义援助世界研讨会或者发布课题，搭建知识、信息和能力的交流与锻炼平台；寻找和培养具有宽广国际视野和进取精神、熟悉国际话语体系、有较强跨文化沟通能力和执行力的人才，将其输送至包括联合国机构在内的人道主义援助机构

---

① 晓初：《中国国际救援队：灾难里的永恒力量》，《今日中国》2016年第7期，总第65卷，第51页。

中去学习和培养。

（五）加强对国际人道主义援助的研究和宣传

国内外对中国国际人道主义援助的研究仍处于起步阶段，有很大的发展空间。国内的专家、学者对中国国际人道主义援助的历史、现状，以及面临的问题和发展方向等还缺乏较为详细的系统研究，为国家的顶层设计提供的智力支撑明显不足。学术界可以发挥专业的研究优势，追踪中国国际人道主义援助战略的实施，及时总结经验，做好研究、宣传、政策建议等工作。首先，可以加强对构建"人类命运共同体""一带一路"倡议与中国国际人道主义援助的关系研究，为政府提供详细、可操作性的具体方案设计。其次，可以向国外主流会议、媒体、杂志和学术期刊宣传中国对国际人道主义援助全球治理的贡献。最后，可以批判和反击国际社会对我跨国人道主义援助意图的歪曲与攻击。

当前，国际学术界从西方视角出发，用现实主义的国家利益观和权利理论对中国的人道主义援助动机进行曲解，言行之间充满了对中国的进攻性批判，妄称中国不愿意融入国际人道主义援助体系，意图修改国际规范。[①] 但实际上，如前所述，从古至今，中国都是国际人道主义援助体系的积极参与者、国际人道法的缔约者，以及国际援助的重要贡献者。

二、中国国际人道主义援助战略需要处理好的三组关系

（一）援助规模与自身国力的关系

目前，国际社会呼吁中国加大对外人道主义援助规模，在全球灾难救助体系中做领导者，中国也有意做"人类命运共同体"的建设者和推动者，但在继续积极推进对外人道主义援助的过程中，我们要防

---

① Miwa Hirono, *Exploring the Links between Chinese Foreign Policy and Humanitarian Action: Multiple Interests, Processes and Actors*, HPG Report, January 2018, p.13.

止超出自身实力，跌入西方国家的陷阱。要坚持量力而行的原则。

当前，我们亟须系统整理中国历史上各阶段对外紧急人道主义援助的数据，分析中国在国际人道主义援助体系中的地位，总结既往成功与失败的教训。同时，参照国际社会成熟国家，例如美国、德国、瑞典等世界三大国际人道主义援助国的做法，制定一个合理的国际人道主义援助的支出标准和绩效评估体系，确定适合自身国力的国际人道主义援助规模。

（二）援助对象与外交目标的关系

国际人道主义援助在很多国家是服务外交的一种工具。在现实主义的国际政治图景中，很多国家将是否进行对外人道主义援助与外交目标挂钩。通常，外交上，援助国会根据外交关系将受援国分为很多等级，根据地理、灾情、双边关系、是否属于特殊关系、是否具有特殊目标等情况综合起来评判是否进行援助，以及援助多少。

中国国际人道主义援助在以"人道主义"为第一考虑要素的同时，需要考虑当前的世情、国情和人情，为"人类命运共同体""一带一路"等促进世界共同发展的国家倡议服务。我们在对外人道主义援助中应该承担起的责任和义务，其中，周边是关键，发展中国家是基础，大国是重要的合作伙伴。

（三）中国与国际人道主义援助体系的关系

中国与国际人道主义援助体系的关系，核心是中国在体系中所处的角色。目前，中国在国际人道主义援助体系中既是领导者也是参与者。角色定位的关键问题是要统筹处理好国内、国际两个大局的关系。习近平主席在2018年6月的中央外事工作会议中，指示外交要统筹国内、国际两个大局，服务于实现中华民族伟大复兴的中国梦。在国际人道主义援助领域，中国的基本国情背景仍然是经济总量虽大，但发展还不充分、不平衡。根据世界银行公布的数据，2021年度，中国人均国内生产总值排在世界第60位。所以我们要以实事求是的精神来看待国家综合实力与履行国际义务的辩证关系。

三、进一步的研究

对中国国际人道主义援助的研究，学术界可以在以下几个方面继续探索。

第一，中国国际人道主义援助在区域、国别的战略研究。国内学术界可以建立中国国际人道主义援助的区域与国别数据库，测算国别人道主义援助指数，制定"人类命运共同体"和"一带一路"倡议背景下的中国国际人道主义援助区域与国别计划书，为中国外交政策的制定提供智力支持。

第二，中国国际人道主义援助的历史经验研究。对中国各历史阶段的国际人道主义援助政策进行更加细致的原始档案分析，总结经验教训，为当代中国国际人道主义援助战略的制定提供历史经验。

第三，与其他援助大国的国际比较研究。美国、欧盟、日本、韩国、印度等国都是当前国际人道主义援助领域的大国。研究其全球、区域和国别的战略规划、机制设定、能力建设经验等，将对中国国际人道主义援助的机制完善、战略规划、能力提升提供有益的借鉴与参考。

第四，总结、宣扬中国在国际人道主义援助领域的新作为，为中国进一步融入和领导国际人道主义援助体系建言献策。

参考文献

一、中文资料

（一）专著

1. 马基雅维利.君主论［M］.潘汉典译.北京：商务印书馆，1985.

2. 安东尼奥·奈格里和麦克尔·哈特.帝国［M］.杨建国，范一亭，译.南京：江苏人民出版社，2008.

3. 布克哈特.意大利文艺复兴时期的文化［M］.何新，译.北京：商务印书馆，1983.

4. 蔡勤禹.民间组织与灾荒救治——民国华洋义赈会研究［M］.北京：商务印书馆，2008.

5. 陈桦，刘宗志.救灾与济贫：中国封建时代的社会救助活动（1750—1911）［M］.北京：中国人民大学出版社，2005.

6. 陆建新，王涛，周辉.国际维和学［M］.北京：国防大学出版社，2015.

7. 陈胜武，姜晓东，王滢，刘智超，等.中国军队与人道主义救援［M］.北京：五洲传播出版社，2015.

8. 池子华，崔龙健.中国红十字运动史料选编（第一辑）［M］.合肥：合肥工业大学出版社，2014.

9. 池子华，邓通.中国红十字历史编年（2010—2014）［M］.合肥：合肥工业大学出版社，2016.

10. 池子华，丁泽丽，傅亮.《新闻报》上的红十字［M］.合肥：合肥工业大学出版社，2014.

11. 池子华，郭进萍，邓通，李攀.红十字：文化传播、危机管理与能力建设

［M］.合肥：合肥工业大学出版社，2014.

12. 池子华，郝如一.中国红十字历史编年（1904—2004）［M］.合肥：安徽人民出版社，2005.

13. 池子华.红十字运动：历史与发展研究［M］.合肥：合肥工业大学出版社，2013.

14. 池子华.晚清时期中国红十字会运动研究［M］.北京：科学出版社，2019.

15. 池子华，郝如一主编.中国红十字会百年往事［M］.合肥：合肥工业大学出版社，2015.

16. 池子华，中国红十字会首任会长——盛宣怀的故事［M］.济南：山东画报出版社，2018.

17. 大卫·戈伊科奇，等.人道主义问题［M］.杜丽燕，等译，北京：东方出版社，1997.

18. 邓国胜，等.中国民间组织国际化的战略与路径［M］.北京：中国社会科学出版社，2013.

19. 傅佩荣.孟子新解［M］.南京：译林出版社，2012.

20. 高鹏程.红卍字会及其社会救助事业研究（1922—1949）［M］.合肥：合肥工业大学出版社，2011.

21. 顾长声.传教士与近代中国［M］.上海：上海人民出版社，1991.

22. 何章银.中国救灾外交1949—2016［M］.北京：中国社会科学出版社，2016.

23. 司马迁.史记［M］.北京：团结出版社，2018.

24. 何银.大国崛起与国际和平：联合国维和建和研究文集［M］.萧祥剑，主译.北京：时事出版社，2018.

25. 胡锦涛文选（第二卷）［M］.北京：人民出版社，2016.

26. 黄浩明.社会组织走出去——国际化发展战略与路径研究［M］.北京：对外经济贸易大学出版社，2015.

27. 黄志雄.国际法视角下的非政府组织趋势、影响与回应.［M］.北京：中国政法大学出版社，2012.

28. 中共中央文献研究室编.建国以来重要文献选编（第11册）［M］.北京：中央文献出版社，1995.

29. 蒋永福.东西方哲学大辞典［M］.南昌：江西人民出版社，1999.

30. 蒋振西.联合国维和行动与中国的参与［M］.北京：时事出版社，2018.

31. 金彪.全球治理中的联合国［M］.北京：时事出版社，2016.

32. 康德.实践理性批判［M］.韩水法，译.北京：商务印书馆，1999.

33. 康晓光，冯利.2016中国第三部门观察报告［M］.北京：社会科学文献出版社，2016.

34. 李本公，姜力.救灾救济［M］.北京：中国社会出版社，1996.

35. 李冬燕.列国志：联合国［M］.北京：社会科学文献出版社，2005.

36. 李浩培.国际法的概念和渊源.［M］.贵州：贵州人民出版社.1994.

37. 李荣林.中国南南合作发展报告——中国对发展中国家的援助与合作［M］.北京：五洲传播出版社，2016.

38. 李铁城，邓秀杰.联合国简明教程［M］.北京：北京大学出版社，2015.

39. 李铁城.联合国的历程［M］.北京：北京语言学院出版社，1993.

40. 李小云，等编著.国家发展援助概论［M］.北京：社会科学文献出版社，2009.

41. 李泳昕，曾祥霞.中国式慈善基金会［M］.北京：中信出版集团、中信出版社，2018.

42. 梁其姿.施善与教化——明清时期的慈善组织［M］.北京：北京师范大学出版社，2013.

43. 刘峰，吴金良.中华慈善大典［M］.杭州：浙江工商大学出版社，2017.

44. 刘国兴，贺耀敏，刘晓，武力.中华人民共和国史长编，第四卷（1978—1991）［M］.天津：天津人民出版社，2010.

45. 刘海江.国际法治视野内国际非政府组织问责机制研究［M］.北京：中国社会科学出版社，2015.

46. 刘鸿武，黄海波，等.中国对外援助与国际责任的战略研究［M］.北京：中国社会科学出版社，2013.

47. 陆建新,王涛,周辉.国际维和学［M］.北京：国防大学出版社，2015.

48. 罗国亮.灾害应对与中国政府治理方式变革研究［M］.北京：中国社会科学出版社，2012.

49. 吕爱峰.澜沧江-湄公河次区域防灾减灾机制与区域合作［M］.郑州：黄河水利出版社，2020.

50. 吕洪业.中国古代慈善简史［M］.北京：中国社会出版社2014.

51. 毛泽东外交文选［M］.北京：中共中央文献出版社，世界知识出版社，1994.

52. 史蒂文·J.斯皮格内.灾难100排行榜［M］.张欣，译.北京：当代世界出版社，2007.

53. 裴坚章.中华人民共和国外交史1949—1956［M］.北京：世界知识出版社，1994.

54. 齐炳文.民间组织：管理、建设、发展［M］.济南：山东大学出版社，2000.

55. 祁怀高，等.中国崛起背景下的周边安全与周边外交［M］.北京：中华书局，2014.

56. 任晓，刘慧华.中国对外援助：理论与实践［M］.上海：格致出版社，上海人民出版社，2017.

57. 若弘.非政府组织在中国［M］.北京：人民出版社，2010.

58. 尚昌仪.中国军队与联合国维和行动［M］.北京：五洲传播出版社，2015.

59. 上海市红十字会，红十字运动研究中心.红十字在上海：1904—1949［M］.北京：中国出版集团，东方出版中心，2014.

60. 上海救捞志编纂委员会编.上海救捞志［M］.上海：上海社会科学院出版社，1999.

61. 盛红生，贺兵.当代国际关系中的"第三者"——非政府组织问题研究［M］.北京：时事出版社，2004.

62. 世界知识年鉴编委会编.世界知识年鉴2015/2016［M］.北京；世界知识出版社，2016.

63. 石林.当代中国的对外经济合作［M］.北京：中国社会科学出版社，

1989.

64. 石源华.中华民国外交史新著（第二卷）［M］.北京：社会科学文献出版社，2013.

65. 师哲（口述），李海文（著）.在历史巨人身边——师哲回忆录.北京：九州出版社，2015.

66. 孙绍骋.中国救灾制度研究［M］.北京：商务印书馆，2004.

67. 孙语圣.中国红十字会灾害救助机制研究［M］.合肥：合肥工业大学出版社，2013.

68. 佟丽华.走进联合国——中国社会组织参加联合国人权理事会大会纪实［M］.北京：人民出版社，2017.

69. 汪高鑫，程仁桃.东亚三国古代关系史［M］.北京：北京工业大学出版社，2006.

70. 王铁崖.中外旧约章汇编：第一册［M］.北京：生活·读书·新知三联书店，1957.

71. 王文锦.礼记译解［M］.北京：中华书局，2016.

72. 王振轩.人道救援的理论与实务［M］.台北：鼎茂图书，2003.

73. 王钟翰（点校）.清史［M］.北京：中华书局，1987.

74. 韦红等.中国参与亚太地区救灾合作机制研究［M］.武汉：华中师范大学出版社，2018.

75. 吴佩华.中国红十字外交，1949—2009［M］.合肥：合肥工业大学出版社，2012.

76. 习近平.习近平谈治国理政（第二卷）［M］.北京：外文出版社，2017.

77. 习近平.论坚持推动构建人类命运共同体［M］.北京：中央文献出版社，2018.

78. 新华通讯社/国务院国资委，孔子学院总部.一带一路：100个全球故事［M］.北京：新华出版社，2017.

79. 徐国普.新中国成立初期中国红十字会研究（1949—1956）［M］.北京：人民出版社，2013.

80. 徐家良，赵文聘主编.新时代慈善大格局：慈善力量参与脱贫攻坚［M］.

北京：中国社会出版社，2020.

81. 杨伯峻.孟子译注［M］.北京：中华书局，2010.

82. 杨洁勉，等.国际危机泛化与中美共同应对［M］.北京：时事出版社，2010.

83. 杨颖.中国应急管理核心要素研究［M］.北京：人民日报出版社，2015.

84. 仪名海.中国与国际组织［M］.北京：新华出版社，2004.

85. 袁灿兴.1899—1949：国际人道法在华传播与实践［M］.合肥：合肥工业大学出版社，2015.

86. 张郁慧.中国对外援助研究（1950—2010）［M］.北京：九州出版社，2012.

87. 中华慈善总会主办，中华慈善年鉴编辑部编辑.中华慈善年鉴2014/ 2018［M］.中华慈善年鉴编辑部编辑出版，2019.

88. 中国红十字会总会.中国红十字会历史资料选编1950—2004［M］.北京：民族出版社，2005.

89. 中国红十字年鉴编辑部.中国红十字会通志：1904—2015［M］.北京：中华工商联合出版社，2016.

90. 中国红十字会总会.中国红十字会历史资料选编（1904—1949）［M］.南京：南京大学出版社，1993.

91. 钟宏武，张蕙，魏秀丽，等.中国国际社会责任与中资企业角色［M］.北京：中国社会科学出版社，2013.

92. 中华人民共和国外交部，中共中央文献研究室.周恩来外交文选［M］.北京：中央文献出版社，1990.

93. 中华人民共和国外交部政策研究司编.中国外交（2007年版）［M］.北京：世界知识出版社，2007.

94. 中华人民共和国应急管理部编.中国应急管理年鉴（2018）［M］.北京：应急管理出版社，2020.

95. 朱健刚，武洹宇.华人慈善：历史与文化［M］.北京：中国社会科学出版社，2020.

96. 周弘.中国援外60年［M］.北京：社会科学文献出版社，2013.

97. 周秋光.中国近代慈善研究（上）［M］.天津：天津古籍出版社，2013.

98. 周秋光.中国近代慈善事业研究（上、中、下）［M］.天津：天津古籍出版社，2013.

99. 朱文奇.国际人道法［M］.北京：商务印书馆，2018.

100. 朱文奇.国际人道法［M］.北京：中国人民大学出版社，2007.

101. 朱文奇.国际人道法文选（2001—2002）［M］.北京：商务印书馆，2004.

102. 朱文奇.国际刑事法院与中国［M］.北京：中国人民大学出版社，2009.

103. 左常升.中国扶贫开发政策演变（2001—2015）［M］.北京：社会科学文献出版社，2016.

104. Gunn W A, Masellis M. 人道医学理念与实践［M］.孙海晨，周荣斌，译.北京：人民卫生出版社，2011.

（二）期刊

1. 安特利亚·扬库.国际人道主义在中国：从20世纪初的灾赈谈起［J］.史学月刊，2014（4）.

2. 白奚."仁者人也"——"人的发现"与古代东方人道主义［J］.哲学动态，2009（3）.

3. 陈刚.新中国对国际人道法的贡献［J］.西安政治学院学报，2003（8）.

4. 崔建华.卜式，汉武帝时代的道德模范［J］.文史天地，2013（1）.

5. 胡鞍钢，张君忆，高宇宁.对外援助与国家软实力：中国的现状与对策［J］.武汉大学学报（人文科学版），2017（5）.

6. 贾秀东.中俄印携手为世界增添正能量［J］.瞭望，2013（11）.

7. 靳环宇，周秋光.施善昌与晚清义［J］.福建师范大学学报：哲学社会科学版，2012（1）.

8. 救援协作2013——上海合作组织成员国联合救灾演练掠影［J］.中国减灾，2013（7）.

9. 李安山.中国援外医疗队的历史、规模及其影响［J］.外交评论，2009（1）.

10. 李巍岷.化武公约：中国的参与和贡献［J］.世界知识，1997（7）.

11. 李小瑞.中国对外人道主义援助的特点和问题［J］.现代国际关系，2012（2）.

12. 李学智.1923年中国人对日本震灾的赈救行动［J］.近代史研究，1998（3）.

13. 李兆彩，诚林，四川道协办公室.齐同慈爱济世度人——中国道教界为海啸受灾国举行祈祷法会并捐款赈灾［J］.中国道教，2005（1）.

14. 李志明.国际人道主义援助的经验与框架［J］.中国减灾，2016（4）.

15. 廖鸿，杨婧.改革开放以来社会组织的发展与主要成就［J］.中国民政，2018（15）.

16. 民政部副部长窦玉沛出席APEC第八届灾害管理高官论坛开幕式并致辞［J］.中国减灾，2014（10）（上）.

17. 沈传亮.周恩来与中国红十字会［J］.百年潮，2008（2）.

18. 师蔚.28万印支难民在中国［J］.中国社会导刊，1999（10）.

19. 施爱国.印度洋海啸灾难与国际人道主义援助［J］.国际论坛，2005（3）.

20. 石楚敬.国际人道主义救援——国际政治的重要议题［J］.新远见，2007（7）.

21. 世界卫生组织，等.国际人道主义援助（上）［J］.自然灾害与预防，2003（7）.

22. 首次"中日韩三国灾害管理部门部长级会议"在日本举行［J］.中国减灾，2000（12）.

23. 王春龙，卢旗英.蒋廷黻对创建联合国善后救济总署的贡献［J］.南昌大学学报，2012（5）.

24. 王林.论民国时期道院暨世界红卍字会的合法性危机及其应对［J］.东方论坛，2018（2）.

25. 王久平.有效的跨境灾害应对经验分享——IFRC"灾害法项目"浅析［J］.中国应急管理，2019（11）.

26. 王瀛译.自然灾害和冲突之后［J］.人类居住，2007（1）.

27. 谢恩·怀特.ADPC亚洲备灾中心［J］.中国减灾，2015（9）.

28. 燕玉叶.国际人道主义援助：中国建设道德化国际社会的政治空间［J］.国际关系评论第12辑，2013（12）.

29. 燕玉叶.中国国际人道主义援助应该平衡好的几对关系［J］.中国观，2013（10）.

30. 杨鸿玺，陈开明.中国对外援助：成就、教训和良性发展［J］.国际展望，2010（1）.

31. 杨正莲，郭凌云.首支援外医疗队的北非岁月［J］.中国新闻周刊，2012（4）.

32. 杨凯.联合国框架下的国际人道救援协调机制初探——以海地地震灾害中的国际救援为个案［J］.当代世界，2010（5）.

33. 杨学祥，杨冬红.地震、海啸、低温和流感：灾害链变化的趋势［J］.生命与灾害，2009（11）.

34. 殷晴飞.1949～1965年中国对外人道主义援助分析［J］.当代中国史研究，2011（7）.

35. 张墨宁.蓝天救援队：为人道事业贡献民间力量［J］.南风窗，2015（26）.

36. 张小明.中国与周边国家关系的历史演变：模式与过程［J］.国际政治研究，2006（1）.

37. 甄尽忠.先秦时期国家救助思想述论［J］.中州学刊，2009（5）.

38. 钟开斌.中国对外人道主义援助的发展历程［J］.中国减灾，2015（9）.

39. 朱浒，杨念群.现代国家理念与地方性实践交互影响下的医疗行为——中国红十字会起源的双重历史渊源［J］.浙江社会科学，2004（5）.

（三）其他中文资料

1. 朱慧博.从国际主义到大国责任——新中国对外援助形式、内容的历史考察［D］.上海大学硕士学位论文，2008.

2. 胡锦涛.高举中国特色社会主义伟大旗帜　为夺取全面建设小康社会新胜利而奋斗：在中国共产党第十七次全国代表大会上的报告［R］.北京：人民出版社，2007.

3. 国务院新闻办公室.改革开放40年中国人权事业的发展进步［R］.北京：2018-12-12.

4. 国际移民组织.国际移民组织对于移民、环境及气候变化的展望［R］.日内瓦.2014.

5. 国务院新闻办公室.为人民谋幸福：新中国人权事业发展70年白皮书［R］.北京：2019-06.

6. 世界人道主义峰会秘书处.复兴人道主义：世界人道主义峰会磋商进程综合报告［R］.纽约：联合国，2015.

7. 中国的减灾行动［R］.北京：国务院新闻办公室，2009-05.

8. 外交部.中国关于联合国改革问题的立场文件［R］.北京：2005-06-07.

9. 国务院新闻办公室.中国的对外援助（2011）［R］.北京：人民出版社，2011.

10. 国务院新闻办公室.中国的对外援助（2014）［R］.北京：人民出版社，2014.

11. 国务院新闻办公室.中国武装力量的多样化运用（2013）［R］.北京：人民出版社，2013.

12. 中华人民共和国突发事件应对法［R］.北京：人民出版社，2008.

13. 国家发展改革委，外交部，商务部.推动共建丝绸之路经济带和21世纪海上丝绸之路的愿景与行动［R］.北京：人民出版社，2015.

14. 陆克文.迈向2030的联合国：在裂变的世界里重塑全球秩序［R］.2016：（08）. https://www.ipinst.org/wp-content/uploads/2016/08/IPI-ICM-UN-2030-Chairs-Report-Chinese.pdf.

15. 习近平.决胜全面建成小康社会夺取新时代中国特色社会主义伟大胜利——在中国共产党第十九次全国代表大会上的报告（2017年10月18日）［R］.北京：人民出版社，2017.

16. 国务院新闻办公室.发展权：中国的理念、实践与贡献［R］.北京：人民出版社，2016.

17. 董煟.救荒活民书［M］.//李文海，夏明方，等编.中国荒政全书.北京：北京古籍出版社，2003.

18. 李东燕.联合国在减灾领域的作用［G］// 2009：全球政治与安全报告.北京：2009-02-05.

19. 刘大群.论国际人道主义法在世纪之交的发展［M］//王可菊.国际人道主义法及其实施.北京：社会科学文献出版社，2004.

20. 陆树藩.筹创中国红十字会启［G］//陆树藩.救济文牍（卷一），清光绪三十三年（1907）铅印本，上海：上海图书馆馆藏：546291.

21. 燕玉叶.从"国家道义"到"世界和谐"：中国国际人道主义援助的道德诉求［G］//上海市社会科学界第八届学术年会文集（2010年度），上海：2010（11）.

22. 燕玉叶.国际人道主义援助机制：中国的角色转换分析［G］//全球治理：保护的责任.北京：新华出版社，2014（7）.

23. 托马斯·理查德·戴维斯.未讲述的"国际卫生组织起源"故事：救援协会、国际网络与个体角色［G］.王卓，译.//张勇安主编.医疗社会史研究.2018（6）.

24. 赵文刚，顾时宏，张韵，等.2013~2018年中国公共关系全球实践报告［G］//柳斌杰，王大平，董关鹏主编.公共关系蓝皮书：中国公共关系发展报告（2018），北京：社会科学文献出版社，2018（12）:23.

25. 北京纲领：构建融合、创新、互联的亚太——亚太经合组织第二十二次领导人非正式会议宣言［N］.人民日报，2014-11-12（3）.

26. 池子华.在深化改革中砥砺前行——中国红十字事业改革史［N］.中国红十字报，2018-04-24（3）.

27. 楚山.国际人道主义援助的力量［N］.光明日报，2016-02-28（8）.

28. 古特雷斯.中国，多边主义的重要支柱［N］.人民日报（海外版），2018-09-07（12）.

29. 袁灿兴.1899—1949：国际人道法在华传播与实践［N］.中国红十字报，2017-08-23.

30. 郝林娜.构建"一带一路"民间外交新格局［N］.中国红十字报，2015-04-28（3）.

31. 王亦君.中国民间组织首次协同开展国际救援［N］.中国青年报，2015-04-28（5）.

32. 澜沧江–湄公河合作五年行动计划（2018—2022）［N］.人民日报，2018-

01-11（9）.

33. 吕鹏飞.中国企业正在为斯里兰卡修筑近90年来的首条铁路"感谢中国朋友给我们巨大帮助"［N］.人民日报，2015-01-19（3）.

34. 给红十字国际委员会捐款我国红十字会汇出一万个瑞士法郎［N］.人民日报，1958-06-24（4）.

35. 中华人民共和国代表团团长乔冠华在联合国大会上的发言［N］.人民日报，1971-11-17（1）.

36. 红十字会之救灾恤邻［N］.申报，1914-10-01（10）.

37. 黄恒.在伊人道主义援助人员成为攻击目标，"凯尔国际"女负责人被绑［N］.新民晚报，2004-10-20（29）.

38. 孙广勇，赵益普.在老挝溃坝灾区见证中国真情［N］.环球时报，2018-07-31（7）.

39. 田雅婷.凝聚人道力量弘扬奉献精神——中国特色红十字事业发展取得一系列新成就［N］.光明日报，2019-08-31（5）.

40. 推动共建丝绸之路经济带和21世纪海上丝绸之路的愿景与行动［N］.人民日报，2015-03-29.

41. 童杰.古代东亚海域的国际海难救援［N］.光明日报，2014-06-11.

42. 我国人民救济总会汇款救济日本灾民［N］.人民日报，1952-07-1（4）.

43. 杨洁篪.积极承担国际责任和义务［N］.人民日报，2015-11-23（6）.

44. 杨丽琼.新中国对外援助究竟有多少？——我国外交档案解密透露1960年底以前的实情［N］.新民晚报，2006-07-29（11）.

45. 增强国家卫生突发事件和灾害的管理能力以及卫生系统的应变能力［Z］.第六十四届世界卫生大会WHA64.10号决议，2011-05-24.

46. 张骥.中国外交决策的基本过程［N］.东方早报，2013-03-18.

47. 中国红十字会第八次会员代表大会开幕［N］.人民日报（海外版），2004-10-28（1）.

48. 张洁.澜湄机制打造区域合作新模式［N］.人民日报（海外版），2018-01-13（1）.

49. 自然灾害管理国际研讨会在京召开［N］.光明日报，1999-06-11（1）.

（四）网络资料

1. 世界红卍字会中华总会编.世界红卍字会史料汇编［M/OL］.香港：世界红卍字会中华总会，2000-08-01，http://hkrss.org/Reference/Reference1.pdf.

二、英文资料

（一）英文专著

1. ANDREW S, NATSIOS. US foreign policy and the four horsemen of the apocalypse: Humanitarian relief in complex emergencies [M]. Westport, CT: Praeger, 1997: 76.

2. BUCKINGHAM, CLYDE E .Red Cross Disaster Relief: Its Origin and Development[M]. Public Affairs Press Washington, D.C., 1956.

3. CHARLES A, SCHMITZ. Disaster! The United Nations and International Relief Management [M] .Council of Foreign Relatios, 1987.

4. DAVID LEWIS AND NAZNEEN KANJI. Non-Governmental Organizations and Development[M]. London: New York, 2009.

5. DAVID P, FORSYTHE .The Humanitarians: The International Committee of the Red Cross [M]. Cambridge University Press, September 5, 2005.

6. DONALD W, WHISENHUNT. President Herbert Hoover : A Volume in First Men, America's Presidents Series [M]. Editorial: Nova Science Publishers, UK ed. Edición, 28 Abril 2009.

7. FRANK M.SURFACE AND BLAND.L RAYMOND. American food in the World War and reconstruction period. [M].Stanford University Press. 1931.

8. GEORGE I. GAY. The Commission for Relief in Belgium: Statistical Review of Relief Operations [M].Stanford, California: Stanford University Press, 1925.

9. INTER-AGENCY STANDING COMMITEE. Handbook for RCs and HCs on Emergency Preparedness and Response [M].2010, http://eird.org/publicaciones/

Handbook.pdf.

10. JULIA STEETS. From B-Envelopes to the F-Bureau: Understanding Transatlantic Approaches to Humanitarian Assistance [M]// Julia Steets and Daniel S.Hamilton. Humanitarian Assistance: Improving U.S.-European Cooperation. Centre for Transatlantic Relations, Johns Hopkins University, 2009.

11. LLOYD, CRAIG. Aggressive introvert: A study of Herbert Hoover and public relations management, 1912-1932, Columbus[M].Ohio State University Press, 1972 [c1973].

12. MARTIN BARBER (Author), Lord Malloch-Brown (Foreword).Blinded by Humanity: Inside the UN's Humanitarian Operations [M].2015

13. MERRIAM WEBSTER. Collegiate Dictionary [M].10th edition.

14. MICHAEL BARNETT. Empire of Humanity: A History of Humanitarianism [M]. Ithaca, Cornell University Press, 2011.

15. MICHAEL BARNETT.The International Humanitarian Order [M].Routledge, 2010.

16. PETER WALKER AND DANIEL MAXWELL. Shaping the Humanitarian World [M].London: Routledge, 2009.

17. RANDOLPH C. KENT. The Anatomy of Disaster Relief: The International Networkin Action [M]. Frances Pinter, London and New York, 1987.

18. STEPHEN S. FENICHELL AND PHILLIP ANDREWS. The United Nations-lueprint for Peace [M]. The John C.Winston Company. 1954.

19. THOMAS G.WEISS. Negotiating Relief: The Politics of Humanitarian Space [M].Hurst &Company, London, 2014.

20. THOMAS STEPHENS. The United Nations Disaster Relief Office: The Politics and Administration of International Relief Assistance, [M], University Press, 1978.

（二）期刊

1. DANIELA IRRERA. Humanitarian NGOs in Peace Building and Reconstruction Operations [J].Attinà F. eds., The Politics and Policies of Relief, Aid and Reconstruction. Palgrave Macmillan, London.

2. DIETRICH SCHINDLER. Significance of the Geneva Conventions for the contemporary world[J]. International Review of the Red Cross, No. 836, 31-12-1999.

3. LAURA HAMMOND. NGOs: When Too Many Can Be a Bad Thing [J]. Habitat Debate, Vol. 6, No. 2, 2000.

4. PAUL GROSSRIEDER. Humanitarian action in the 21st century: the danger of a setback [J] .Refugee Survey Quarterly, 2002(3).

5. WOLF-DIETER EBERWEIN AND BOB REINALDA. A Brief History of Humanitarian Actors and Principles [J]//ZEYNEP SEZGIN AND DENNIS DIJKZEUL. The New Humanitarians in International Practice: Emerging actors and contested principles, Routledge, 2015.

6. WOOYEAL PAIK. Authoritarianism and Humanitarian Aid: Regime Stability and External Relief in China and Myanmar [J].The Pacific Review, Vol.24, No.4, September 2011.

7. YAN YUYE. The new Chinese diplomacy's right hand: the Chinese Red Cross[J]. Fudan Journal of the Humanities and Social Sciences (China), No.1, 2014.

（三）报告

1. ALNAP, The State of the Humanitarian System 2012 Edition.[R]. London. Overseas Development Institute.2012.

2. Disaster Response in Asia and the Pacific: A Guide to International Tools and Services[R]. OCHA, 2013.

3. Global Humanitarian Assistance (GHA) report 2013 [R]. Development Initiative, Jul 17, 2013 (23).

4. HARVEY. P. STODDARD, A. HARMER, A AND G, TAYLOR. The State of the Humanitarian System: Assessing Performance and Progress - A Pilot Study [R]. January 1, 2010.

5. ICRC - INTERNATIONAL COMMITTEE OF THE RED CROSS. The International Red Cross and Red Crescent Movement at a glance[R].November 2007, http://www.alnap.org/resource/11222.

6. INTERNATIONAL FEDERATION OF RED CROSS AND RED CRESCENT SOCIETIES, Geneva.Independent Auditors' Report to the President of the International Federation of Red Cross and Red Crescent Societies on the Consolidated Financial Statements 2017[R].Geneva, April 2018.

7. MICHAEL VANROOYEN, RAGHU VENUGOPAL, P GREGG GREENOUGH. International Humanitarian Assistance: Where Do Emergency Physicians Belong? [R].Emergency Medicine Clinics of North America, 2005 Feb; 23(1):118.

8. HANNA B.KREBS. The Chinese way? The evolution of Chinese humanitarianism [R]. HPG Working Paper, September 2014(2).

9. Humanitarian NGOs: Challenges and Trends [R].Humanitarian Policy Group (HPG) Overseas Development Institute, Number 12, July 2003.

10. JOANNA MACRAE ED. The New Humanitarianisms: A Review of Trends in Global Humanitarian Action [R]. HPG Report 11, London: ODI, April 2002.

11. KOBAYASHI. T. Evolution of China's Aid Policy [R]. Japan Bank for International Cooperation Institute (JBIC) Working Paper, No.27, Tokyo: JBIC, April, 2008(5).

12. MIWA HIRONO. Exploring the Links between Chinese Foreign Policy and Humanitarian Action: Multiple Interests, Processes and Actors [R].HPG report, January 2018.

13. PAUL HARVEY. Towards good humanitarian government: the role of the

affected state in disaster response[R]. HPG Report 29, September 2009.

14. Protecting Development Gains Reducing Disaster Vulnerability and Building Resilience in Asia and the Pacific: The Asia-Pacific Disaster Report, 2010[R]. UN Economic and Social Commission for Asia and the Pacific (ESCAP), United Nations Office for Disaster Risk Reduction (ISDR), October 2010.

15. TADANORI INOMATA. Financing for Humanitarian Operations in the United Nations system[R].United Nations Joint Inspection Unit, JIU/REP/2012/11, Geneva 2012, https://www.unjiu.org/en/reports-notes/pages/reports.aspx.

16. Strengthening of the Coordination of Emergency Humanitarian Assistance of the United Nations-Report of the Secretary General[R]. UN Document A/69/80–E/2014/68, April 29, 2014, p.13.

17. Strengthening of the Coordination of Emergency Humanitarian Assistance of the United Nations-Report of the Secretary General [R].30 May 2008, UN Document A/63/81-E/2008/71, p.14.

18. UN Human Right Report 2017 [R].United Nations Human Rights Office of the High Commissioner Annual Report, p.51, https://www2.ohchr.org/english/OHCHRreport2017/allegati/Downloads/1_Whole_Report_2017.pdf.

19. United Nations Human Settlements Programme (UN-Habitat). For a Better Urban Future: Annual Report 2021. [R].HS Number: HS/001/22E, 2022.

20. WILLETTS. P. The conscience of the world: The influence of non-governmental organisations in the UN system(1996)[R]. Washington, D.C.: Brookings Institution.

21. YUKIKO NISHIKAWA. Japan's changing role in humanitarian crises [R]. Routledge Taylor &Francis Group, London and New York, 2005.

（四）网络资料

1. AMERICAN RED CROSS. International Humanitarian Law and Red Cross and Red Crescent Movement [EB/OL]. http://www.redcross.org/images/

MEDIA_CustomProductCatalog/m21969109_IHL_and_RCRC_Movement_Factsheet.pdf.

2. CATHERINE BRAGG. Disaster Management and Multilateral Humanitarian Aid: Parallelism vs Combined Forces [A]//The Humanitarian Challenge: 20 Years European Network on Humanitarian Action(NOHA) [C]. PAT GIBBONS (Editor), HANS-JOACHIM HEINTZE (Editor). Springer International Publishing Switzerland 2015.

3. DANIELA IRRERA. Humanitarian NGOs in Peace Building and Reconstruction Operations [A]. The Politics and Policies of Relief, Aid and Reconstruction [C]. Palgrave Macmillan, London.

4. DANIELA IRRERA. Ngo's Roles in Humanitarian Interventions and Peace Support Operations [EB/OL].January 2010,https://www.researchgate.net/publication/242512942.

5. DOROTHEA HILHORST AND ELINE PEREBOOM. Multi-Mandate Organizations in Humanitarian Aid [A]//The New Humanitarians in International Practice: Emerging actors and contested principles [C]. ZEYNEP SEZGIN AND DENNIS DIJKZEUL. Routledge.2015.

6. Good Humanitarian Donorship, Principles and good practice of humanitarian donorship, (17 June, 2003) [EB/OL], available at http://www.goodhumanitariandonorship.org/gns/principles-good-practice-ghd/overview.aspx.

7. Good Humanitarian Donorship, 24 Principles and Good Practice of Humanitarian Donorship [EB/OL]. https://www.ghdinitiative.org/assets/files/GHD%20Principles%20and%20Good%20Practice/GHD%20Principles.pdf.

8. History of CARE, Posted 10/15/13, http://www.care.org/impact/our-stories/care-history.

9. ICRC Annual report 2016 (Volume I) [EB/OL]. ICRC, May 2017, p.12, https://www.icrc.org/data/files/annual-report-2016/ICRC-2016-annual-report.pdf.

10. ICRC Annual Report 2017 (VOLUME I), [EB/OL]. ICRC, June 13 2018:520,

https://www.icrc.org/en/document/annual-report-2017.

11. INTER-AGENCY STANDING COMMITTEE (IASC). Operational Guidance for Cluster Lead Agencies on Working with National Authorities [EB/OL]. https://www.humanitarianresponse.info/system/files/documents/files/IASC%20 Guidance%20on%20Working%20with%20National%20Authorities_July2011. pdf.

12. IZTOK POTOKAR. The Role of NGO in Relief Missions [J/OL]. 04/11/2011, http://unitedexplanations.org/english/2011/11/04/the-role-of-ngos-in-relief-missions.

13. OCHA on Message. Humanitarian Principles [EB/OL]. https://docs.unocha.org/ sites/dms/Documents/OOM_HumPrinciple_English.pdf.

14. OCHA On Message: Cluster Approach [EB/OL], May 25, 2012, https://www. unocha.org/node/3213.

15. OCHA United Nations Office for the Coordination of Humanitarian Affairs. The Global Evaluation of Emergency Response Funds (ERFs) Final Report March 2013 [R].https://docs.unocha.org/sites/dms/Documents/The%20 Global%20ERF%20Evaluation%20_%20Vol%20I_%20Final%20Report.pdf.

16. OCHA United Nations Office for the Coordination of Humanitarian Affairs. Review of OCHA Emergency Response Funds (ERFs) [EB/OL]. January 2007, http://reliefweb.int/report/world/review-ocha-emergency-response-funds-erfs.

17. OCHA: Plan & Budget 2017.United Nations Office for the Coordination of Humanitarian Affairs [EB/OL].2017-3, https://www.unocha.org/sites/unocha/ files/OCHA_P_B_2017.pdf.

18. OECD. International Migration Outlook 2017 (Summary in Chinese) / 2017年 国际移民展望 [EB/OL].http://www.keepeek.com/Digital-Asset-Management/ oecd/social-issues-migration-health/international-migration-outlook-2017/ summary/chinese_46f2877b-zh#page1.

19. POTAPKINA, VIKTORIA. The Role of International Humanitarian NGOs in African Conflicts in the Post-Cold War Period [M/OL]. Brno, 2009. Bachelor's

thesis, Masaryk University, http://theses.cz/id/l1qezl/.

20. Refugees.International Refugee Policies. [EB/OL]. http://law.jrank.org/ pages/9719/Refugees-International-Refugee-Policies.html.

21. SAMUEL CARPENTER AND RANDOLPH KENT. The Military, the Private Sector and Traditional Humanitarian Actors: Interaction, interoperability and effectiveness [A].The New Humanitarians in International Practice: Emerging actors and contested principles.[C].Zeynep Sezgin, Dennis Dijkzeul.2015.

22. SHERINE EL TARABOULSI, HANNA B. KREBS, STEVEN A ZYCK AND BARNABY WILLITTS-KING. Regional organisations and humanitarian action: rethinking regional engagement [EB/OL] [2016-05]. https://www. odi.org/publications/10427-regional-organisations-and-humanitarian-action-rethinking-regional-engagement.

23. STREET. A. Synthesis Report: Review of the engagement of NGOs with the humanitarian reform process [M]. October 2009.

24. SVEN GRIMM WITH RACHEL RANK, MATTHEW MCDONALD AND ELIZABETH SCHICKERLING. Transparency of Chinese Aid-An analysis of the published information on Chinese external financial flows [EB/OL]. http:// www.ccs.org.za/wp-content/uploads/2011/09/Transparency-of-Chinese-Aid_ final.pdf.

25. United Nations, OCHA United Nations Office for the Coordination of Humanitarian Affairs Plan & Budget 2017 [EB/OL] [2017-03-13] https://www. unocha.org/sites/unocha/files/OCHA_P_B_2017.pdf.

（五）博士论文、决议

1. CAROLINE BETH REEVES. The power of mercy: The Chinese Red Cross Society 1900-1937, Harvard University Ph.D dissertation [D], May 1998.

2. OAS NATURAL DISASTER REDUCTION AND RESPONSE MECHANISMS. Resolution adopted at the first plenary session, held on June 7, 1999, Organization of American States (OAS), AG/RES. 1682 (XXIX-O/99).